深圳律师实务丛书

破产衍生诉讼
裁判规则与实务指南

张雪莲 著

BANKRUPTCY-RELATED LITIGATION
ADJUDICATION RULES AND PRACTICE GUIDE

法律出版社
LAW PRESS · CHINA
北京

图书在版编目（CIP）数据

破产衍生诉讼：裁判规则与实务指南／张雪莲著.
北京：法律出版社，2025. --（深圳律师实务丛书）.
ISBN 978－7－5244－0443－9

Ⅰ. D922.291.925

中国国家版本馆 CIP 数据核字第 2025RL9641 号

破产衍生诉讼：裁判规则与实务指南
POCHAN YANSHENG SUSONG：CAIPAN GUIZE YU SHIWU ZHINAN

张雪莲 著

策划编辑 朱轶佳
责任编辑 朱轶佳
装帧设计 鲍龙卉

出版发行 法律出版社
编辑统筹 司法实务出版分社
责任校对 张翼羽
责任印制 胡晓雅
经　　销 新华书店

开本 710 毫米×1000 毫米　1/16
印张 19　　**字数** 300 千
版本 2025 年 8 月第 1 版
印次 2025 年 8 月第 1 次印刷
印刷 三河市龙大印装有限公司

地址：北京市丰台区莲花池西里 7 号（100073）
网址：www.lawpress.com.cn
投稿邮箱：info@lawpress.com.cn
举报盗版邮箱：jbwq@lawpress.com.cn

销售电话：010－83938349
客服电话：010－83938350
咨询电话：010－63939796

书号：ISBN 978－7－5244－0443－9
定价：72.00 元

凡购买本社图书，如有印装错误，我社负责退换。电话：010－83938349

深圳市律师协会
SHENZHEN LAWYERS ASSOCIATION

深圳律师实务丛书
编委会

回归专业　潜心钻研
促进高质量发展

斗转星移，继往开来。深圳市律师协会自2012年启动“深圳律师实务丛书”（以下简称丛书）出版工作以来，至今已出版实务专著48部，内容涵盖诸多专业领域，全面展现了深圳律师业务的研究成果和实务经验，已成为深圳市律师协会推进行业专业化建设的品牌项目。

鼓励和引导律师著书立说是深圳市律师协会推动律师专业化的一项长期性的重点工作。丛书旨在充分发挥深圳市律师协会的业务指导作用，通过鼓励深圳律师和深圳市律师协会各专业委员会撰写实务专著，可以有效提升律师业务水平，增强律师业务能力，保证律师服务质量，以专业引领和成果共享助推深圳律师行业高质量发展。

本套丛书凝集着深圳律师的心血与经验，展现了深圳律师的专业水平。本套丛书在律师业务的众多领域，汇集了深圳律师的业务成果，总结了深圳律师的执业经验，体现了深圳律师的专业能力，彰显了深圳律师的职业精神。这一本本专著必将成为深圳律师专业化发展史上一颗颗璀璨的明珠，永远镶嵌在深圳律师专业化发展的史册上。

2023年是全面贯彻落实党的二十大精神的开局之年，深圳律师要深学细悟笃行党的二十大精神，让党的二十大精神在深圳律师行业落地生花，要以习近平法治思想为指引，大兴专业研究之风，切实回归专业，潜心研究，深挖专业和实务问题，以高品质的法律服务保障行业的高质量发展。开展业务和实务研究不能脱离实际，必须密切关注经济社会发展和法治建设，聚焦其中的热点、难点、堵点问题，深入开展有针对性的研究，进而提出应用对策与实践指引，也期待深圳律师能输出更多的法律实务研究成果，并能形成专著与同行共享，这本身也是律师业务领域的一种先行示范。

希望本套丛书成为广大实习人员、执业律师期待、必备的好工具，也希望未来能够出版更多、更好的供律师们学习提高、掌握律师实务知识与技能的好专著！

张　斌

深圳市律师协会会长

2023 年 1 月 9 日

序

破产是任何一个以市场经济为基础的社会或迟或早必然会出现的经济与法律现象。破产法是市场经济国家的基础法律制度,其作为实体法与程序法性质同时兼备的法律,重要的特征之一,就是在破产程序中并不直接解决各方当事人之间的实体权益争议。这些实体性权利义务争议是通过破产程序外的破产衍生诉讼解决的,从这一意义上讲,破产本身属于非讼程序。破产法的立法目的就是要公平解决债务清偿、合理处理资源配置问题,而这离不开对各种实体争议问题的正确解决。所以,破产衍生诉讼在破产案件审理中具有十分重要的法律地位。

破产衍生诉讼是破产程序的重要延伸,涉及内容广泛,其审理不仅要依据破产法对相关问题的实体性特别规定,而且要遵循《民事诉讼法》及其他法律的有关规定,并充分考虑破产审理的特别需要,要有对法律规则的坚守与创新。张雪莲律师撰写的《破产衍生诉讼——裁判规则与实务指南》一书,以 19 项诉讼案由为纲,以实务难点问题为脉,以典型案例为镜,为破产衍生诉讼问题的解决提供了具有理论性、操作性的研究资料与成果。

本书的体例建构亦具匠心。作者以《企业破产法》的立法逻辑为经线,以司法实践中发生的高频争议为纬线,将复杂的破产衍生诉讼形成逻辑自洽的规则图谱。无论是“追收抽逃出资纠纷”中的举证责任分配,“特殊取回权纠纷”中的权利边界厘定,“管理人责任纠纷”中的勤勉义务审查标准,还是“破产抵销权纠纷”中对债权人主观恶意、债务形成时间、交易关联性三重审查标准的归纳,抑或在“重整计划强裁规则”的适用中,“绝对优先原则”与“可行性审查”的协同适用路径等方面的理论与实务经验提炼,均体现出理论密切联系实际的研究思路。作者通过对案例的解析与规则的提炼，实现了破产衍生诉讼从法律条文规定到实务操作成果的精准转化。本书“以案由定框架、以问题为导向”的写作模式，契合了法官的裁判思维，亦贴合律师的代理逻辑，更呼应了管理人履职的现实需求。

当前，我国的《企业破产法》正在修改过程中。本书从破产衍生诉讼角度进行的深入研究也为法律的修订完善提供了助益。伴随立法修改将逐步制定出台的个人破产制度、金融机构破产制度以及跨境破产等制度，不断拓展着破产衍生诉讼的范围与深度，要求我们不断对之进行深入的理论研究和实务探索。张雪莲律师以实务经验为根基，以规则提炼为目标，完成的这部有理论、有实践、具有实务可操作性的著作，不仅解析了破产衍生诉讼的制度逻辑，而且探索其现实问题，并努力优化解决路径。

本书对破产衍生诉讼进行的研究与探讨，难免可能有表述不当之处，仅希望能起抛砖引玉之用，恭请读者们能够予以商讨指正。我期望本书的出版，能够进一步推动我国对破产衍生诉讼的理论研究、规则完善以及实务规范操作，亦盼更多的破产同仁投身破产法治事业建设，共同谱写中国破产法的市场化、法治化实施的新篇章。

中国人民大学破产法研究中心主任、法学院教授

2025 年 6 月 26 日

前　言

在市场经济的浪潮中，企业兴衰更迭，而破产法律正是平衡利益、化解风险、守护公平的“司法灯塔”。随着我国经济转型升级，破产程序已从单纯的企业退出机制，逐步演变为债务清理、资源优化与市场主体拯救的综合法律工具。然而，破产程序一旦启动，其复杂性与辐射效应便即刻显现，因破产引发的各类衍生诉讼成为司法实践中的难点与焦点。

破产衍生诉讼，属于破产程序与民事诉讼的交叉领域，体现了实体法与程序法的冲突与融合。这类诉讼既涉及破产法特有的撤销权、债权确认、管理人责任等规则，又嵌套着合同效力、物权归属、侵权责任等传统民事争议；既需要法官在破产法的集体清偿逻辑与民法个体权利保护之间找到平衡，又要求管理人、律师在债权人利益最大化和程序效率之间精准博弈。然而，当前的司法实践中，破产衍生诉讼的裁判标准尚未完全统一，程序衔接规则仍存模糊地带，理论与实务的鸿沟亟待弥合。本书的写作初衷，正是为了破解这一困境。笔者以“从裁判规则到实务策略”为主线，通过“类型化分析+类案裁判规则提炼+实务难点攻防”的三维框架，系统梳理了从破产启动到程序终结的全周期争议解决路径。

在结构上，本书以企业破产清算、和解、重整情形下债权人、债务人、投资人及原股东等各方利益保护与平衡为出发点，结合与破产衍生诉讼有关的19个案由，从法理解读、定义概述、典型案例和疑难问题解答、诉讼实务等方面总结出可复用的裁判规则图谱与实务操作清单，构成完整的破产衍生诉讼知识体系，以期为司法实践提供理论参考与解决路径。但囿于篇幅，书中疏漏之处在所难免，恳请读者不吝指正。亦愿本书能成为与破产实务工作者的交流媒介，在守护债权人利益、挽救困境企业、优化市场生态，共同推动破产法治的进步与完善的征途上，与诸君共勉。

目　录

第一章 与破产前损害责任追究有关的纠纷

一、请求撤销个别清偿行为纠纷

（一）请求撤销个别清偿行为纠纷的概念

“请求撤销个别清偿行为纠纷”，是指当债务人出现破产原因时，为确保全体债权人的公平受偿，对于债务人在破产程序开始前规定期限内实施不利于债权人整体利益的个别清偿行为。而个别清偿行为属于偏袒性清偿行为的一种，是指破产程序开始前，债务人明知具备破产原因，仍恶意在法定期间内对个别债权人进行清偿，损害其他债权人利益之行为。在破产程序开始后赋予管理人为将相关利益复归破产财产而向法院请求予以撤销的纠纷。

当债务人出现破产情形时，出于确保全体债权人依据一定顺序和债权比例公平受偿的目的，债务人须依照破产程序保全财产并集中处理债权债务关系。但在司法实务中，一些债务人明知自身已具备破产原因，却以逃废债方式恶意逃避债务，具体包括以下几种情形：（1）利用公司分立方式将原企业的有效资产划转到新企业，债务保留在原企业，原企业并不破产关闭或注销，而是留下一副空架子来应付债务而逃废债；（2）利用承包、租赁和转让方式将优质的收益权利转移的方式逃废债；（3）利用对外投资方式将企业主要的生产设备、厂房、楼宇等有效资产抽逃，投资组建新的有限责任公司，把债务和不良资产留在原企业，结果新公司有资无债，原企业有债无资而逃废债;(4)利用低价出卖资产的方式,即通过不规范兼并、联合、合资逃废债,企业在兼并、联合后,原有承贷法人取消,使得贷款的债权债务关系变得模糊,失去了物资保证和安全保障而逃废债;等等。此外,还存在偏袒清偿等情形,即于破产申请之前恶意地优先清偿其关联企业或亲朋好友等特定债权人的到期债务,导致债务人可分配财产不当减少,使其他债权人的利益在随后启动的破产程序中受损,破坏平等保护、公平清偿原则。故法律赋予管理人在破产程序中请求撤销个别清偿行为的权利,追回因该行为转让的财产。

然而,撤销权乃一柄"双刃剑",与之相伴的,会产生债务人在此期间内所有的自愿或非自愿的清偿行为可能全部被撤销的风险,相应债权可能遭受无法全部偿还的损失,损害善意第三人的权益,会严重影响交易安全和经济秩序的稳定。随之衍生出与之相关联的清偿行为双方当事人的主观因素性质、后位新价值的个别清偿行为认定、清偿行为使债务人财产受益认定等争议问题。因此,无论是管理人还是个别清偿的相对人,研究个别清偿行为的构成要件以及法院认定撤销个别清偿行为的观点都颇有价值。

《企业破产法》第32条对请求撤销个别清偿行为纠纷进行了较为明确的规定,指向债务人在破产申请受理前6个月内的个别清偿行为,或称"偏颇性清偿行为",如清偿行为使债务人财产受益的认定和可撤销个别清偿行为的起算点,对原来没有担保的债务提供财产担保、对未到期的债务提前清偿、对到期既存债务的本意清偿之主观恶意。在清偿过程中,管理人与债权人就撤销个别清偿行为有关问题而产生的权利义务纠纷,即请求撤销个别清偿行为纠纷。依照上述规定,撤销该类行为需要满足以下条件:

(1)该清偿发生在破产申请受理前6个月内。通常而言,破产申请受理日系法院就债务人破产的申请作出受理裁定之日,即只有在破产申请受理前的6个月内进行的个别清偿才可能被撤销。这种清偿,当事人的主观上必须有恶意,即债权人明知或因重大过失不知债务人已无支付能力的本意清偿可予撤销。即该偏颇行为系债务人在临界期间内实施的,使个别债权人的地位、得到等大于其他债权人的行为。

(2)该清偿发生时,债务人具备破产情形。即《企业破产法》第2条第1款规定的"不能清偿到期债务+资不抵债或明显缺乏清偿能力"的情形。这是个别清偿可撤销的实质条件,只有当债务人出现破产原因时,其个别清偿行为才可能损害其他债权人的利益,因此才需要被撤销。

(3)该清偿未使债务人财产受益。此系《企业破产法》第32条但书之规定,但也是个别清偿撤销案件认定之难点。如果个别清偿行为能够增加债务人财产,从而有利于所有债权人,那么这种清偿行为就不应该被撤销。例如,债务人为了维系基本生产需要而支付的水费、电费等,这些支付行为保障了债务人的正常运营,有利于债务人财产的增加,因此不应该被撤销。

需要注意的是,本条文法律规定的各项条件必须同时满足,个别清偿行为才可能被撤销。

撤销个别清偿行为的申请应当由管理人提出,由法院进行裁定,被撤销的行为自始无效,相关财产须返还至债务人财产池,重新分配。我国《企业破产法》通过赋予管理人破产撤销权来保护债权人的整体利益。管理人应基于债权人之间利益平衡和正常债务清偿秩序的平衡需要,准确认定撤销个别清偿行为,维护破产财产最大化,保障整体债权人的公平受偿。

(二)典型案例分析

1. 债权人善意取得,不影响个别清偿行为的撤销

案例 | 东辰集团与第一创业证券请求撤销个别清偿行为纠纷案

审理法院:最高人民法院

案　　号:(2021)最高法民申7688号

【基本案情】

2018年11月27日,东辰集团基于担保责任向第一创业证券清偿债务共200万元。截至2018年11月30日,东辰集团资产总额为591,981.90万元,负债总额为985,761.33万元,资产负债率为167%。2018年12月,东辰集团信用评级仍保持在A+等级。

2019年3月15日东辰集团被裁定进入重整程序,管理人以东辰集团对第一创业证券的偿债行为发生在法院受理破产重整案件前的6个月内,应予以撤销为由,诉至法院。一审、二审法院均裁判认定东辰集团向第一创业证券支付200万元的行为属于个别清偿,管理人有权撤销。

第一创业证券认为,东辰集团向第一创业证券清偿200万元时资产状况良好,信用评级为A+等级,不具备破产原因。对此,第一创业证券作为债权人是完全善意的。东辰集团既未提供证据证明东辰集团清偿时存在破产原

因，更未证明第一创业证券知道东辰集团清偿时已出现破产原因。二审未考察债权人是否存在恶意，及是否与债务人存在恶意串通等行为，认定东辰集团向第一创业证券清偿属于《企业破产法》第32条规定的可撤销行为属于适用法律错误。并认为东辰集团为避免违约风险进一步扩大而向第一创业证券偿付案涉200万元款项的行为已经进行披露，二审法院支持东辰集团撤销案涉清偿行为是对债券业务信息披露的否定，将严重影响债券金融市场秩序的稳定。第一创业证券依据《民事诉讼法》（2017年）第200条第2项、第6项[1]的规定申请再审。

【争议焦点】

东辰集团向第一创业证券支付200万元的行为是否属于个别清偿，应否予以撤销？

【审理结果和裁判要点】

法院认为，首先，根据《企业破产法》第2条第1款的规定，企业法人不能清偿到期债务，并且处于资不抵债或者明显缺乏清偿能力的，依照法律规定处理债务。本案中，东辰集团资产负债率已经达到167%，二审认定其具备破产情形并无不当。第一创业证券提出的根据东辰集团自行披露的材料和第三方机构作出的评估报告，截至2018年12月东辰集团信用评级仍保持在A+等级的主张，不足以推翻东辰集团财务资料显示的资不抵债状态。

其次，根据《企业破产法》第32条及相关司法解释规定的可撤销个别清偿行为的情形，基于保护全体债权人的目的，从法条的文字表达上均为客观要件，对于当事人的主观因素并未提及。故在审理请求撤销个别清偿行为该案由时，主观因素并非法院应予审查的要素所在。因此，无论债务人及债权人具有主观恶意抑或主观善意，债权人、债务人是否知道或应当知道债务人为个别清偿时存在破产原因等主观因素，一概应予以撤销。本案中，东辰集团2018年11月27日向第一创业证券清偿债务，2019年3月该公司进入重整程序，符合偿债行为发生在法院受理破产重整案件前的6个月内，管理人有权予以撤销。

《企业破产法》第32条规定从平等保护全体债权人的角度出发，规定管

---

[1] 参见2023年《民事诉讼法》第211条第2项、第6项。

理人有权撤销发生在受理破产前6个月内的个别清偿行为,并未设置债权人是否善意的条件。需要明确的是,关于公司存在不能清偿到期债务,且资不抵债或者明显丧失清偿能力的认定存在一定的司法适用难点。最高人民法院《关于适用〈中华人民共和国企业破产法〉若干问题的规定(一)》(以下简称《企业破产法解释(一)》)第4条的规定明确了认定明显丧失清偿能力的规则。因此,需要借助公司的各项财务报表、公司的法人行为等综合判断其是否具备破产事由。具体到本案中,第一创业证券主张根据东辰集团自行披露的材料和第三方机构作出的评估报告,截至2018年12月东辰集团信用评级仍保持在A+等级,但此时东辰集团资产负债率已达167%,所以不足以推翻东辰集团财务资料显示的资不抵债状态。第一创业证券以其不存在恶意为由主张案涉清偿行为不应被撤销,对于当事人的主观因素并非法院审理的重点要素,因此法院认定东辰集团向第一创业证券支付200万元的行为属于个别清偿,管理人有权撤销。

2. 债权人放弃部分债权而受偿,不属于使债务人财产受益的除外

案例 | 黎建公司与中恒公司管理人请求撤销个别清偿行为纠纷案

审理法院:辽宁省高级人民法院

案　　号:(2019)辽民终539号

【基本案情】

2010年10月12日,中恒公司与黎建公司签署工程协议书,约定黎建公司承建中恒公司地下管网、外网安装等工程。工程于2012年完工,但中恒公司尚有工程款尾款未支付给黎建公司。2017年11月25日,中恒公司与黎建公司签署协议书约定:2010年至2012年,黎建公司中标中恒公司相关工厂厂区内地下管网安装工程。工程竣工后,双方多次协商达成分批次支付工程款的事实。截至2017年10月30日,剩余工程尾款58.5万元及26万元临时签证施工款,经协商,中恒公司支付55万元后,双方不再存在任何债权、债务关系。

2017年11月30日,中恒公司向黎建公司银行账户转账支付30万元,2017年12月8日,再次转账25万元。2017年12月11日,恒天集团有限公司以中恒公司不能清偿到期债权,且资不抵债为由,向法院申请破产清算。管理人在破产财产审查中发现上述两笔转账,以破产申请受理后6个月内债

务人仍对个别债权人进行清偿，不符合法律规定为由诉至法院，请求撤销该个别清偿行为。一审法院裁判认定中恒公司对黎建公司的清偿行为本质上显然是有利于黎建公司本身，而非中恒公司的其他债权人，更不利于中恒公司财产的最大化，显然不属于使中恒公司财产受益的行为，故中恒公司管理人有权行使破产撤销权。

黎建公司不服一审判决，认为中恒公司清偿行为系其放弃了3.5万元工程款和26万元临时签证施工款，其与中恒公司达成的协议免去中恒公司一部分债务，使债务人财产受益。中恒公司管理人行使破产撤销权的目的在于尽可能地实现债务人财产的最大化。遂提起上诉。

【争议焦点】

中恒公司对黎建公司所清偿的55万元是否属于可撤销个别清偿行为?

【审理结果和裁判要点】

法院认为，依据《企业破产法》第32条的规定，债务人对债权人的个别清偿行为发生在债务人破产申请受理前6个月内的应予撤销，但使债务人财产受益的除外。债权人黎建公司虽主张该清偿行为基于其放弃了一部分款项，表面上免去另外一部分债务从而使得债务人中恒公司受益，但实质上，该个别清偿只有利于该债权人自身利益，不利于债务人中恒公司财产的最大化，更无益于其他债权人整体利益，未使债务人财产受益，应予以撤销。

在进入破产程序后，为了实现债务人的财产最大化，使全体债权人获得整体和公平受偿，法律赋予管理人请求法院撤销债务人的个别清偿行为的权利。在撤销取回清偿财产时也要把握限度，尤其对于该清偿行为是否使债务人财产受益的认定，切忌仅表面作判断，要从本质上进行分析。具体到本案中，黎建公司称该清偿行为系其放弃3.5万元工程款和26万元临时签证施工款，免去中恒公司一部分债务，使债务人财产受益。然而，在中恒公司已经出现破产原因的情况下，此清偿行为本质上仅有利于黎建公司本身，对其他债权人的整体受偿相对减少，不利于破产财产最大化，因此不属于使债务人财产受益的行为，属偏颇性清偿。

3. 银行利用其控制地位自行扣划债务人资金，属于个别清偿行为

案例 | 住龙公司管理人与中银富登银行请求撤销个别清偿行为纠纷案

审理法院：浙江省金华市中级人民法院

案　　号：(2021)浙07民终5090号

【基本案情】

2018年11月13日，浙江建信村镇银行有限责任公司向住龙公司发放贷款390万元，借款到期日为2019年11月12日，借款到期后住龙公司未能还款。2020年5月27日、6月3日、7月27日由中银富登银行直接通过银行自动扣划系统从住龙公司账号为×××的账户中扣划2万元、2万元、1.1万元三笔款项，合计扣划5.1万元，用于归还贷款。2020年7月27日，中银富登银行向一审法院提出诉讼请求，其中请求1为要求住龙公司归还贷款本金386万元，利息408,783.33元。一审法院于2020年8月25日作出(2020)浙0723民初2037号民事判决书，该判决第一项内容为住龙公司于判决生效后10日内归还中银富登银行借款本金386万元，并支付利息408,783.33元(利息已算至2020年7月22日，以后仍按合同约定的利率支付至清偿之日)。2020年8月26日，该院作出(2020)浙0723破申13号民事裁定书，裁定受理马某进、朱某丽对住龙公司的破产清算申请。

破产程序中，住龙公司管理人向一审法院起诉请求：(1)撤销中银富登银行对住龙公司名下账号为×××的账户2020年5月27日、2020年6月3日、2020年7月27日三笔扣划行为，合计5.1万元；(2)判令中银富登银行向住龙公司返还债务人财产5.1万元。

一审法院认为，《企业破产法》第2条第1款规定："企业法人不能清偿到期债务，并且资产不足以清偿全部债务或者明显缺乏清偿能力的，依照本法规定清理债务。"第32条规定："人民法院受理破产申请前六个月内，债务人有本法第二条第一款规定的情形，仍对个别债权人进行清偿的，管理人有权请求人民法院予以撤销。但是，个别清偿使债务人财产受益的除外。"首先，该院于2020年8月26日裁定受理对住龙公司的破产清算申请，中银富登银行于2020年5月27日、6月3日、7月27日扣划三笔款项，符合"人民法院受理破产申请前六个月内的"时间条件。其次，根据该院(2020)浙0723破申13号民事裁定查明之事实，住龙公司在该院总执行标的金额为763,901

元,经执行调查,住龙公司名下财产极少,不能履行到期债务,且明显缺乏清偿能力。故裁定认定其具备破产原因。再次,涉案《最高额保证借款合同》中关于"贷款人收回到期贷款本息或依约提前收回贷款本息,可直接从借款人、保证人账户中扣划"之约定应属委托代扣条款,而中银富登银行扣划款项的行为本质上即是住龙公司清偿其所负中银富登银行债务的行为,中银富登银行未能举证证明住龙公司向其还款5.1万元的行为使住龙公司的财产受益。最后,本案所涉2020年5月27日、6月3日的扣款行为发生在(2020)浙0723民初2037号案件起诉之前;2020年7月27日的扣款行为发生在起诉当日,该笔款项未在判决中扣减。三笔款项的清偿行为均发生在该院(2020)浙0723民初2037号案件开庭审理判决之前,且系银行系统自动扣划,并非债务人经诉讼、仲裁、执行程序对债权人进行的个别清偿。综上,住龙公司管理人的诉讼请求具有事实和法律依据,予以支持。依照《企业破产法》第32条、最高人民法院《关于适用〈中华人民共和国企业破产法〉若干问题的规定(二)》(以下简称《企业破产法解释(二)》)第9条第1款之规定,判决:(1)撤销中银富登银行于2020年5月27日、2020年6月3日、2020年7月27日对住龙公司的三笔共计5.1万元款项的扣划行为;(2)中银富登银行返还住龙公司管理人个别清偿债务款5.1万元,于判决生效之日起10日内履行。

【争议焦点】

中银富登银行于2020年5月27日、6月3日、7月27日分别扣划住龙公司2万元、2万元、1.1万元的行为是否属于《企业破产法》规定的应予撤销的个别清偿行为?

【审理结果和裁判要点】

二审法院认为,法院受理破产申请前6个月内,银行债权人基于对债务人银行账户的控制地位自行扣划债务人银行账户资金清偿其债务的行为属于《企业破产法》第32条规定的"对个别债权人进行清偿"的行为,对该行为不应从狭义上理解为仅限于债务人主动清偿的行为,否则将会导致债务人恶意规避法律、串通、特殊地位等优先清偿行为的增加,破坏破产财产对其余债权人的公平受偿,破产撤销权立法目的难以实现。

司法实践中存在两种观点:否定说认为,个别清偿行为应为债务人主动向债权人实施的偿还债务的行为，银行基于对银行账户的控制地位所实行的自行扣划，使债务人处于被动，不属于债务人的清偿。肯定说认为，判断是否应予撤销，关键在于债务人的破产财产是否因该行为而减少。银行利用自身优势地位单方实施扣划行为，客观上造成债务人财产的减少，损害了其他债权人平等受偿的利益，属于个别清偿行为，依法应予撤销。该案件法院采取肯定说，对个别清偿行为的撤销不可单纯限于债务人主动清偿，更重要的是从客观上认定是否违反破产法整体公平清偿的基本原则，而对于清偿行为实施的主体是谁，在所不问。此外，《企业破产法解释（二）》第15条肯定了个别清偿行为可以是借助司法手段实施的，举重以明轻，银行自行扣划不影响予以撤销的适用。

4.个别清偿行为发生在债务人破产前6个月内，债务人有《企业破产法》第2条第1款规定的情形，且个别清偿未使债务人财产受益的，应予撤销

案例 | 恩都公司管理人与叶某菲请求撤销个别清偿行为纠纷案

审理法院：浙江省台州市中级人民法院

案　　号：（2015）浙台商终字第1113号

【基本案情】

恩都公司以其公司不能清偿到期债务，且资产不足以清偿全部债务，但有通过重整获得新生的可能为由，于2014年7月8日向玉环县人民法院申请重整。玉环县人民法院于2014年7月9日作出（2014）台玉破（预）字第4号民事裁定书，裁定受理恩都公司的重整申请，并于2014年7月17日经台州市中级人民法院指定浙江某律师事务所担任恩都公司管理人。

恩都公司于2012年7月1日向叶某菲借款700,000元，2013年4月7日归还了400,000元及相应利息，于2014年1月10日偿还了部分借款本金及利息合计328,350元。另查明，根据恩都公司2013年12月31日的资产负债表，公司总资产为1,528,372,465.30元，总负债为140,2702,428.07元；流动资产合计416,387,170.02元，其中货币资金9,709,130.93元，预付款项为282,797,238.62元，其他应收款为11,7475,272.36元，存货为6,405,528.11元；流动负债合计1,010,862,086.38元，其中短期借款310,846,087元，应付账款594,960,075.52元，应付职工薪酬44,381.67

元,应缴税金7,518,917.98元,其他应交款16,826.95元,其他应付款97,475,797.26元。

恩都公司管理人于2015年8月18日以叶某菲为被告向法院提起诉讼,要求撤销恩都公司于2014年1月9日至2014年7月9日对叶某菲的个别清偿行为;叶某菲向恩都公司管理人返还328,350元。一审法院依法予以支持。

叶某菲不服一审判决,提起上诉。

【争议焦点】

恩都公司于2014年1月9日至2014年7月9日对叶某菲的个别清偿行为是否应予撤销?

【审理结果和裁判要点】

二审法院认为,恩都公司曾向叶某菲借款700,000元,后分两次清偿了借款本息,事实清楚,有收款收据、领款单和银行转账凭证为据。本案的争议焦点在于恩都公司于2014年1月10日偿还给叶某菲的328,350元是否属于应当被撤销的个别清偿行为。恩都公司对叶某菲的清偿行为发生在法院受理其破产重整的前6个月内,且从恩都公司破产案件查明的相关事实可以看出,在法院受理其破产案件6个月前,恩都公司已不能清偿多笔到期债务,融资情况亦不正常,此外,从恩都公司2013年12月31日的资产负债表看,虽然恩都公司账面资产未少于负债,但是恩都公司的流动负债远大于流动资产,其固定资产不能及时变现,资金严重不足,明显缺乏清偿能力,故恩都公司对叶某菲的清偿行为符合《企业破产法》第32条规定的情形,依法应予撤销。《企业破产法》系特别法,旨在保护更多债权人的利益,法律对撤销权的行使作出了明确的规定,这无关乎受偿人是否为善意,也无关乎受偿人数占所有债权人总数的比例,故叶某菲以其为善意受偿,且恩都公司破产前6个月内清偿人数占总债权人数的68.9%作为抗辩理由,依据不足,法院不予采信。综上所述,叶某菲的上诉理由不能成立,二审法院不予支持。

《企业破产法》第32条规定的破产撤销权的行使,并不区分善意还是恶意,其立法目的是保护所有债权人享有公平受偿权。具体到本案中,恩都公司对叶某菲的清偿行为发生在法院受理恩都公司破产申请前6个月内,只要满足两大前提即可予以撤销：一是恩都公司具有《企业破产法解释（一）》第4条规定的情形，符合《企业破产法》第2条第1款的规定；二是该清偿行为并未使恩都公司的财产受益。

（三）核心法条

1.《企业破产法》

第二条　企业法人不能清偿到期债务，并且资产不足以清偿全部债务或者明显缺乏清偿能力的，依照本法规定清理债务。

企业法人有前款规定情形，或者有明显丧失清偿能力可能的，可以依照本法规定进行重整。

第二十一条　人民法院受理破产申请后，有关债务人的民事诉讼，只能向受理破产申请的人民法院提起。

第三十二条　人民法院受理破产申请前六个月内，债务人有本法第二条第一款规定的情形，仍对个别债权人进行清偿的，管理人有权请求人民法院予以撤销。但是，个别清偿使债务人财产受益的除外。

第三十四条　因本法第三十一条、第三十二条或者第三十三条规定的行为而取得的债务人的财产，管理人有权追回。

第一百二十八条　债务人有本法第三十一条、第三十二条、第三十三条规定的行为，损害债权人利益的，债务人的法定代表人和其他直接责任人员依法承担赔偿责任。

2.《企业破产法解释（一）》

第三条　债务人的资产负债表，或者审计报告、资产评估报告等显示其全部资产不足以偿付全部负债的，人民法院应当认定债务人资产不足以清偿全部债务，但有相反证据足以证明债务人资产能够偿付全部负债的除外。

第四条　债务人账面资产虽大于负债，但存在下列情形之一的，人民法院应当认定其明显缺乏清偿能力：

（一）因资金严重不足或者财产不能变现等原因，无法清偿债务；

（二）法定代表人下落不明且无其他人员负责管理财产，无法清偿债务；

（三）经人民法院强制执行，无法清偿债务；

（四）长期亏损且经营扭亏困难，无法清偿债务；

（五）导致债务人丧失清偿能力的其他情形。

3.《企业破产法解释(二)》

第九条 管理人依据企业破产法第三十一条和第三十二条的规定提起诉讼,请求撤销涉及债务人财产的相关行为并由相对人返还债务人财产的,人民法院应予支持。

管理人因过错未依法行使撤销权导致债务人财产不当减损,债权人提起诉讼主张管理人对其损失承担相应赔偿责任的,人民法院应予支持。

第十条 债务人经过行政清理程序转入破产程序的,企业破产法第三十一条和第三十二条规定的可撤销行为的起算点,为行政监管机构作出撤销决定之日。

债务人经过强制清算程序转入破产程序的,企业破产法第三十一条和第三十二条规定的可撤销行为的起算点,为人民法院裁定受理强制清算申请之日。

第十四条 债务人对以自有财产设定担保物权的债权进行的个别清偿,管理人依据企业破产法第三十二条的规定请求撤销的,人民法院不予支持。但是,债务清偿时担保财产的价值低于债权额的除外。

第十五条 债务人经诉讼、仲裁、执行程序对债权人进行的个别清偿,管理人依据企业破产法第三十二条的规定请求撤销的,人民法院不予支持。但是,债务人与债权人恶意串通损害其他债权人利益的除外。

第十六条 债务人对债权人进行的以下个别清偿,管理人依据企业破产法第三十二条的规定请求撤销的,人民法院不予支持:

(一)债务人为维系基本生产需要而支付水费、电费等的;

(二)债务人支付劳动报酬、人身损害赔偿金的;

(三)使债务人财产受益的其他个别清偿。

(四)疑难问题解答

1.清偿行为使债务人财产受益的认定

从法理上分析,破产领域的可撤销行为分为诈害行为和偏颇行为。偏颇行为的功能价值在于平衡破产程序中各方当事人的利益,使各债权人最大限度上地公平受偿。《企业破产法》第 32 条规定的清偿个别债权人的行为即为偏颇行为,管理人撤销并恢复债务人在进入破产程序前的6 个月内因对个别债权人清偿而减损的财产,确保债务人对全体债权人的统一公平分配。与此同时，对该个别清偿的撤销行为在运用中应把握限度，在保障债权人的合法权益时，也要维护债务人的正常经营活动，维护交易安全。否则，将导致债权人对债务人的信用支持减少或丧失，使债务人难以维持经营进而加速走向破产。[1]

《企业破产法》第 32 条以 6 个月为临界期限，规定个别清偿行为可予以撤销及其“债权人受益”的例外情形，为释义性规定，内容稍显单薄和笼统，在实务中的适用性有所欠缺。虽然通过《企业破产法解释（二）》第 14 条至第 16 条规定的例外情形和本条“个别清偿使债务人财产受益的除外”这一兜底条款进行了相应限制，然而实践中情形复杂，仅凭司法解释条款难以处理司法实务中遇到的具体问题。并且，对于该但书部分“使债务人财产受益”的具体理解和运用，则没有明确法律认定。

司法实践中通常由法官根据个案具体情况、《企业破产法》和相关司法解释，根据其立法背景和目的，进行具体分析和自由裁量。在仁泽公司、太平公司管理人请求撤销个别清偿行为纠纷案[2]中，仁泽公司认为其受偿前已减免债务人部分债务，该行为使债务人受益，因此债务人对其的个别清偿行为依法不应予以撤销。法官在判断个别清偿行为是否使债务人财产受益时，形成的较为统一的标准是看该个别清偿行为能否产生使债务人财产增加或增值的结果，而非单纯的债务总额的减少。撤销个别清偿行为的目的是禁止偏颇清偿，保障债权人公平受偿，以减免部分债务为前提的个别清偿显然不能使破产财产增加或增值，且破产财产总额减少的情况必然侵害了其他债权人公平受偿的权利。在前述典型案例 2 黎建公司、中恒公司管理人请求撤销个别清偿行为纠纷案中，辽宁省高级人民法院也持类似观点。该观点对“债务人财产受益”的理解符合立法目的，因此具有参考和借鉴意义。

2. 当事人主观因素对于个别清偿行为可撤销的影响

司法实践的不少案例中，个别清偿行为相对人以善意取得或对债务人的破产危机情况不知情等原因为由，主张其接受的个别清偿不应予以撤销。

---

〔1〕参见孙兆辉：《破产撤销权制度研究——制度功能视角下的一种比较法进路》，中国政法大学出版社 2019 年版，第 114 页。

〔2〕参见浙江省杭州市中级人民法院民事判决书，（2020）浙 01 民终 11140 号。

对于债务人作为清偿人与受偿人在主观上是出于善意还是恶意,以及偿债和受领的意思表示形成时间等,是否应该构成法院值得纳入考量个别撤销例外情形的因素,实践中存在一定争议。

在富成公司管理人、山海天公司请求撤销个别清偿行为纠纷案[1]中,浙江省宁波市中级人民法院认为,《企业破产法》及相关司法解释规定的可撤销个别清偿行为的情形,从文义上理解,均为客观要件,而不需要考虑当事人的主观因素,债务人及债权人在主观上是否存在恶意,债权人、债务人是否知道或应当知道债务人为个别清偿行为时存在破产原因等主观因素,并不是法院撤销个别清偿行为应予审查的要素。在中得印务公司请求撤销个别清偿行为纠纷案[2]中,上海市第二中级人民法院也持相同观点。笔者在通过大量类案检索后发现,实务中绝大多数法院均认同该观点,即对于当事人主观因素的审查非重点所在。

3. 可撤销个别清偿行为期间的起算点

对于可撤销个别清偿行为期间的起算点,应首先确定的是企业具备破产原因,根据《企业破产法解释(一)》第 1 条的规定,即当债务人符合不能清偿到期债务和资产不足以清偿全部债务或明显缺乏清偿能力两种情况的其中之一时,即具备破产原因。对于上述第一种情况的判断,债务人应根据《企业破产法解释(一)》第 3 条的规定提交相关财务资料,实务中,若债务人未提交财务资料,法院还可根据债务人是否有较多涉诉案件和无可供执行财产等情况综合判断。对于第二种情况的判断,根据《企业破产法解释(一)》第 4 条的规定,符合存在资金严重不足、财产不能变现、法定代表人下落不明,以及长期亏损且经营困难等情况的应当认定为具备破产原因。

原则上,可撤销个别清偿行为的期间起算时间点以法院受理破产申请之日为准,向前推 6 个月。但司法实践中有些企业是经行政清理程序或公司强制清算程序转入破产清算程序的,因此会出现企业早已存在破产原因,且已对个别债权人进行清偿,待转入破产清算时其个别清偿行为的发生已超过临界期限的情况。此时仍以法院受理破产申请的时间为起算点,显然不利于债权人的公平受偿,因此《企业破产法解释(二)》第 10 条规定,债务人

---

〔1〕 参见浙江省宁波市中级人民法院民事判决书,(2020)浙 02 民终 4939 号。

〔2〕 参见上海市第二中级人民法院民事判决书,(2017)沪 02 民终 10884 号。

经过行政清理程序转入破产程序的，可撤销行为的起算点为行政监管机构作出撤销决定之日；债务人经过强制清算程序转入破产程序的，可撤销行为的起算点为法院裁定受理强制清算申请之日。

4. 债权人替代管理人行使追回职责的具体条件和程序

在破产程序中，管理人通常负有追回债务人财产、撤销不当行为的职责。但在特定条件和程序下，债权人可依法替代管理人行使追回职责，以维护自身及全体债权人的利益。

(1)条件

债权人必须确保债务人的行为影响了债权人的债权实现，且该行为属于可撤销的范围，如债务人无偿转让财产等行为。

(2)程序

债权人需要向法院提出申请，请求撤销债务人的行为。如果管理人不行使或无法行使撤销权，债权人可以直接向法院请求行使民法上的撤销权。《企业破产法解释(二)》第 13 条规定，在管理人不行使或无法行使撤销权时，债权人可以代表全体债权人直接向法院请求行使撤销权，追回财产。

债权人替代管理人行使追回职责的条件的核心在于管理人存在怠于履职的过错，且债权人已通过法定程序穷尽救济。其本质是对管理人失职的补充性救济机制，旨在保障破产财产最大化，维护债权人公平受偿。债权人行使此类权利时，须严格遵循法定程序，避免因滥用权利干扰破产程序的正常进行。

5. 获得“后位新价值”的个别清偿行为的认定

在企业危机期间，债务人对先前的债务进行清偿后，债权人随即根据新的信用提供了“新价值”，即提供贷款。此种情况下的个别清偿后获得的新价值在《美国破产法》第 547 条(c)(4)中被称为“后位新价值”。对于该种情况是否属于《企业破产法》第 32 条规定的可撤销个别清偿行为，实践中存在较大争议。一种观点认为，债务人的清偿行为符合《企业破产法》第 32 条的规定，构成偏颇性清偿，应当予以撤销。另一种观点认为，虽然债权人对先前的债务进行了清偿，但是债务人获得了新价值，在新价值额度范围内的不应被撤销。从企业和债权人整体利益和撤销权立法目的的考量出发，大多数法院更认同第二种观点。

在润隆公司管理人诉平安银行瑞安支行请求撤销个别清偿行为纠纷案[1]中,法院认为,虽然润隆公司清偿先前债务的行为减少了破产财产,但相应地,被告随即根据新的信用提供了贷款,破产财产最终没有减少,在新价值范围内没有出现偏颇性清偿的后果,不应被撤销。法律之所以赋予请求撤销个别清偿行为权,旨在避免债务人在破产程序下偏颇性清偿个别或部分债权人,使其他债权人的利益受到损害。整体债权人的利益大于部分债权人的利益,因此破坏全体债权人的公平受偿的行为应当撤销。在获得"后位新价值"情形下,虽然先前的清偿行为使破产财产暂时性减少,但是通过债权人基于新的信用提供的商品或贷款,其破产财产又得到增加,清偿和新价值相互抵销,债务人的责任财产并没有减少。而且,原债权人则成为新价值的债权人,其受偿地位也没有变得更为有利。因此,对债务人为了获取"后位新价值",而对先前债务所做的个别清偿,在新价值范围内没有出现偏颇性清偿的后果,不予撤销。[2] 取得"后位新价值"驱使债权人继续与债务危机的债务人进行商业活动,有利于避免破产,挽救企业的发展。反之必然使得债权人的信任缺失,加速债务人的破产进程。

(五)请求撤销个别清偿行为纠纷的实务操作

1. 诉讼主体

(1)原告:管理人。

(2)被告:行为的相对人。

2. 案由

《民事案件案由规定》将请求撤销个别清偿行为纠纷作为四级案由规定在内。

3. 管辖

根据《企业破产法》第 21 条的规定,法院受理破产申请后,有关债务人的民事诉讼,只能向受理破产申请的法院提起。

---

〔1〕 参见浙江省瑞安市人民法院民事判决书,(2015)温瑞商初字第 5901 号。

〔2〕 参见黄益强:《获得"后位新价值"的个别清偿不应被撤销——浙江瑞安法院判决润隆公司管理人诉平安银行瑞安支行请求撤销个别清偿行为纠纷案》,载《人民法院报》2016 年 12 月 1 日,第 6 版。

4. 诉讼时效

《企业破产法》第32条规定，法院受理破产申请前6个月内，债务人仍对个别债权人进行清偿的，管理人有权请求法院予以撤销。这主要是为了保护全体债权人的利益，确保债务人的财产用于公平清偿所有债权人。

请求撤销个别清偿行为纠纷的诉讼时效一般是3年。根据《民法典》第188条的规定，向法院请求保护民事权利的诉讼时效期间为3年。法律另有规定的，依照其规定。诉讼时效期间自权利人知道或者应当知道权利受到损害以及义务人之日起计算，但自权利受到损害之日起超过20年的，法院不予保护。

5. 诉讼请求

(1)请求撤销债务人对接受清偿债权人的个别清偿行为。

(2)请求返还相关财物。

(3)请求责任人承担损害赔偿责任。

二、请求确认债务人行为无效纠纷

(一)请求确认债务人行为无效纠纷的概念

“请求确认债务人行为无效纠纷”，是指债务人进入法院破产案件审理程序后，管理人或债权人对债务人实施的特定行为提起诉讼，请求法院确认该行为无效的民事纠纷。确认债务人行为无效在法律上被认定为不发生法律效力，即该行为自始无效，不因当事人承认、除斥期间、诉讼时效经过与否，或者无效原因的消灭与否而成为有效。

在破产司法实践中，其存在着债务人陷入财务危机后隐匿、转移财产，虚构债务或者承认不真实债务等逃避债务的情形，即债务人财产信息隐匿，相关财产被隐藏，严重侵害债权人的合法权益，导致管理人无法有效控制、接管债务人财产。故法律予以该债务人行为无效的强制性规定，旨在维护破产程序的公正性，实现全体债权人的公平受偿。换言之，破产行为无效系利益取舍的结果，毕竟在支付能力不足时，若允许债务人只对特定债权人清偿，或准许其任意处分其权利、财产，将产生损害其他债权人的结果，这会破坏破产程序的启动，亦不利于公平受偿的实现。请求确认债务人行为无效与《企业破产法》规定的可撤销行为相比，债务人主观恶意极大，更为严重地损害了债权人利益，而可撤销权行为针对的是债务人在进入破产程序前一定时期内以有偿或无偿的方式转让或放弃财产权益的行为，这类行为虽然有悖于破产程序公平受偿的价值取向，但债务人不一定具有逃避债务的恶意，并且其行为的后果也未必会导致债务人财产的减损，属于可撤销的民事行为。故只有债务人以逃避债务为目的实施的，严重损害债权人利益情形下的行为被认定为无效。追根溯源，根据管理人本身职责所在和法律赋予其的地位，管理人应及时全面审查债务人的债权债务关系，准确认定债务人以逃避债务为目的的无效行为，维护债务人财产利益之最大化。

《企业破产法》第 16 条、第 33 条及相关司法解释对请求确认债务人行为无效纠纷进行了较为明确的规定，包括法院受理破产申请后，债务人对个别债权人的债务清偿，为逃避债务隐匿、转移财产，虚构债务或者承认不真实债务等行为的认定，对债务人行为“无效”的理解、确定。涉及债务人财产的无效行为主要有两类：

（1）为逃避债务而隐匿、转移财产。是指债务人为逃避债务而实施的隐瞒债务人财产信息、将财产置于隐蔽场所或者改变财产的物理位置方式，从而使管理人不能有效控制、接管债务人财产的行为。

（2）虚构债务或者承认不真实债务。其中虚构债务的行为，是指为了弥补转移或侵吞债务人财产的亏空，债务人申报债务时，将尚未发生的债务进行申报的行为；承认不真实债务的行为，是指债务人为实现使个别债权人获得更多清偿利益或者掩盖其真实财务状况的目的，对债权人虚构申报的债务予以承认的行为。

两类行为的共同点是债务人的主观恶意明显，即使行为有相对人，该相对人也普遍存在与债务人恶意串通的情形，且相对人对财产不享有合法权益。债务人实施这两类行为必然会导致债务人财产的不当减少，因此该无效行为应当认定为自始无效，且不因当事人的承认与否、除斥期间和诉讼时效的经过与否，或者无效原因消灭与否而有效。

还应注意的是，为逃避债务而隐匿、转移财产等行为，可能是事实行为，而非法律行为。通常情况下，对于事实行为法院不作出是否有效的认定，但由于破产程序中债务人实施的这类行为损害了社会公共利益，接受财产的相对人没有合法依据占有该财产，因此，法院可以认定该行为无效并判令财产占有人返还财产。在破产程序中，债务人的财产应由管理人接管，追回债务人财产属于管理人的追回职责所在。因此,管理人可以作为原告提起这类诉讼。债务人的行为实际损害的是全体债权人的利益,在管理人不作为的情况下,债权人也可以起诉至法院。

(二)典型案例分析

1. 名为房屋买卖实为逃避债务的行为无效

案例 | 汇成公司破产管理人与张某等请求确认债务人行为无效纠纷案

审理法院:最高人民法院

案　　号:(2018)最高法民申 1348 号

【基本案情】

2014 年 10 月 17 日,汇成公司与张某签订 7 份房地产买卖合同,并约定张某一次性付清房款。后涉案房产均已办理产权移转登记至张某名下,但张某并未按照约定支付购房款。汇成公司对亚航公司 5000 万元的债务承担连带清偿责任,2016 年 9 月 7 日法院受理申请人亚航公司对汇成公司的破产清算申请。

2017 年 7 月 19 日,汇成公司破产管理人以张某为被告请求确认案涉 7 份房地产买卖合同行为无效,向法院提起诉讼。一审法院判决张某与汇成公司签订的 7 份房地产买卖合同无效。

张某不服一审判决,遂提起二审诉讼。二审法院驳回上诉,维持原判。

张某不服二审判决,遂向最高人民法院申请再审。

【争议焦点】

张某与汇成公司签订 7 份《房地产买卖合同》的行为是否有效?

【审理结果和裁判要点】

再审法院认为,在汇成公司对亚航公司 5000 万元的债务承担连带清偿责任且该案已经进入执行程序、债务尚未履行的情形下,作为汇成公司股东和监事的张某与汇成公司签订 7 份《房地产买卖合同》,且未实际支付购房款便取得汇成公司名下的房产并办理移转登记。依据《企业破产法》第 33 条的规定,债务人为逃避债务而隐匿、转移财产,或者虚构债务或承认不真实的债务的行为无效。汇成公司与张某签订《房地产买卖合同》并办理移转登记的行为是汇成公司为逃避债务而将房产无偿转移、损害其他债权人利益的行为。据此，原审认定汇成公司与张某签订《房地产买卖合同》的行为无效，有事实和法律依据，予以支持。

本案中，张某取得涉案房屋并未支付对价，且相关生效裁判在已确认汇成公司对亚航公司5000万元的债务承担连带清偿责任且该案已经进入执行程序、债务尚未履行的情形下，作为汇成公司股东和监事的张某与汇成公司签订《房地产买卖合同》，且未实际支付购房款便取得汇成公司名下的房产并办理移转登记。因此，张某与汇成公司签订《房地产买卖合同》的行为是汇成公司为逃避债务而隐匿、转移财产的行为，应属无效。

2. 破产法中的无效行为，须系债务人主观表现为故意，以逃避债务为目的之行为

案例 | 凡学教育公司管理人与方某智等请求确认债务人行为无效纠纷案

审理法院：上海市第三中级人民法院

案　　号：(2022)沪03民终104号

【基本案情】

2015年3月10日，广东家睿公司成立，注册资本为1500万元，股东为凡学教育公司(40%)、家庭期刊公司(40%)、杨某(14%)、洪某凌(3%)、方某智(1.5%)、谢某亮(1.5%)。3月31日，杨某、洪某凌、方某智、谢某亮将持有的广东家睿公司股权一并转让给凡学教育公司。故凡学教育公司持股60%、家庭期刊公司持股40%。5月，广东家睿公司形成会议决议，家庭期刊公司以300万元的价格转让其持有的广东家睿公司10%的股份；方某智、周某以30万元的价格购买广东家睿公司各2%的股权，万某以15万元的价格购买广东家睿公司1%的股权。11月2日，广东家睿公司就上述两项股权转让事宜办理工商变更登记手续，故凡学教育公司持股70%，家庭期刊公司持股25%，方某智、周某各自持股2%，万某持股1%。

2015年7月14日，凡学教育公司与方某智、周某、万某签订《股权转让协议》，约定方某智、周某各以40万元持股2%，万某以20万元持股1%。12月10日，凡学教育公司与方某智、周某、万某分别签订《股权转让协议》，凡学教育公司受让方某智、周某、万某持有的凡学投资公司2%、2%、1%股份，转让金额分别为285万元、285万元、130万元，共计700万元。通过本次股

权收购,凡学教育公司完成对广东家睿公司的绝对控股,并将广东家睿公司的报表合并至凡学教育公司。

2019年8月8日,德邦物流公司以凡学教育公司不能清偿到期债务且资不抵债为由向一审法院申请对凡学教育公司进行破产清算,一审法院裁定受理破产清算一案。凡学教育公司管理人上海求是会计师事务所以凡学教育公司以700万元受让方某智、周某、万某持有的凡学投资公司5%股权的行为属于无效情形为由提起诉讼。一审法院判决认定凡学教育公司以700万元受让上述三方当事人持有凡学投资公司5%股权并非逃避债务而转移资产的行为,即不存在债务人行为无效的情形,驳回上述诉讼请求。

凡学教育公司管理人不服一审判决,遂提起二审诉讼。

【争议焦点】

凡学教育公司以700万元受让三被上诉人持有的凡学投资公司5%股权的行为是否属于《企业破产法》规定的无效情形?

【审理结果和裁判要点】

二审法院认为,根据《企业破产法》第33条的规定,无论是隐匿财产还是转移财产的行为,要成为无效的行为,必须是以逃避债务为目的的行为。也就是说,《企业破产法》中规定的无效行为必须是债务人在主观上表现为故意的行为。公司的发展处于较为迅速的状态和阶段,公司的经营处于动态过程,存在负债,也存在债权或者市值,如果债务人转移财产的目的是债务人正常的生产经营活动的需要,而不是为了逃避债务,则该行为不属于《企业破产法》第33条所规范的无效行为。本案中,凡学教育公司在2015~2016年处于飞速发展阶段,市场估值较高,公司经营是一个动态过程,既存在负债也存在债权或市值,凡学教育公司虽在当时存在负债,但却不存在到期不能清偿债务的情形,故上诉人主张凡学教育公司股权转让的行为是以逃避债务为目的的证据不足,二审法院无法支持。

本案中,涉案交易发生时凡学教育公司并不存在大量债务。公司资产负债表、利润表及审计报告均显示,在2016年6月前,凡学教育公司正常缴税,资产充足,足以覆盖报表中显示的债务;凡学教育公司在2018年前仅有3起诉讼案件,且均以原告撤诉结案,无任何需执行款项或执行案件;凡学教育公司自2015年年末开始,吸引到大批投资人注资,公司估值飞速增长。此外,凡学教育公司与该三人的交易对价合理,与广东家睿公司20%股权的价值持平。凡学教育公司在2015~2016年处于飞速发展阶段,市场估值较高,公司经营是一个动态过程,既存在负债也存在债权或市值,凡学教育公司虽在当时存在负债,但却不存在到期不能清偿债务的情形,该交易是为了公司正常生产经营和扩大规模,故凡学教育公司股权转让的行为不属于《企业破产法》第33条第1款规定的无效情形。

3. 债务人与债权人之间虽为关联公司但无虚构债务之行为,管理人认定无效的不能成立

案例 | 新能源公司管理人与东方电气公司请求确认债务人行为无效纠纷案

审理法院:浙江省杭州市中级人民法院

案　　号:(2018)浙01民终10004号

【基本案情】

新能源公司系由东方电机公司投资设立的全资子公司。东方电机公司系由东方电气公司投资设立的全资子公司。2013年8月15日,东方电气公司与华电国际公司签订主合同,东方电气公司为龙口东宜风电公司北马一期30风电场项目提供有关货物和服务。2013年8月29日,东方电气公司与新能源公司签订分包合同。2017年4月6日,因新能源公司履约困难,无力继续履行合同项下有关义务,新能源公司与东方电气公司签订终止协议,双方同意于2017年3月3日终止履行分包合同。

2017年5月5日,新能源公司因不能清偿到期债务,且资产不足以清偿全部债务,经债权人东方电机公司申请,进行破产清算。法院受理新能源公司破产清算一案,并指定浙江择大律师事务所担任管理人。新能源公司管理人以东方电气公司原为新能源公司的最大债务人,即新能源公司对东方电气公司有应收账款,通过终止协议调整账目,变成新能源公司对东方电气公司有应付款。而东方电气公司在债权申报期间,就终止协议冲抵的款项又向管理人申报了债权。

新能源公司管理人主张终止协议中质量损失及未完成质保运修责任扣款条款效力无效,向一审法院提起诉讼。一审法院裁判认定质量损失扣款基于债权债务的让与事实,未完成质保运修责任扣款责任基于双方平等、自愿达成的妥协,不存在价格不合理的情况,故无法认定上述条款无效。新能源公司管理人的主张不能成立,一审法院不予支持而予以驳回。

新能源公司管理人不服一审判决,遂提起二审诉讼。

【争议焦点】

新能源公司与东方电气公司订立的终止协议是否存在虚构债务或承认不真实债务的情形?

【审理结果和裁判要点】

关于质量损失扣款条款的问题,二审法院认为,鉴于新能源公司亦确认案涉合同履行过程中发生了机组倒塌事故,东方电气公司主张质量扣款有合同依据。即便风机修复工作由案外人风电公司完成,但风电公司并未就修复费用向新能源公司管理人申报债权,也未见风电公司对东方电气公司相关款项扣除提出异议,故新能源公司管理人主张该扣款条款无效缺乏事实和法律依据,二审法院不予支持。

关于未完成质保运维责任扣款条款的问题,二审法院认为,该条款系双方协商一致的结果,东方电气公司对运维费包含范围的解释符合合同约定,其也对运维费的测算情况进行了详细说明,提供的具体测算依据虽未经新能源公司书面确认,但新能源公司也未能提供反驳证据支持自身的观点,考虑到重新核定相关费用的可行性及成本,二审法院对双方共同书面确认的金额不再予以调整。

综上所述,新能源公司管理人的上诉请求不能成立,二审法院不予支持。

结合本案终止协议及合同主体来看,新能源公司与东方电气公司均系国有企业,经法院审查,双方交易往来不属《公司法》规定的关联方交易,也排除存在《企业国有资产法》禁止的关联方利用与国家出资企业之间的交易,谋取不当利益,损害国家出资企业利益的情形。控股股东从从属公司获得债务清偿,是基于已有的债权效力,从属公司支配自身的合法财产清偿有效债权也不构成违法。从结算内容的性质分析,工程价款的结算数据可依据财务凭据并结合项目履行情况据实计算,新能源公司相关人员也进行了核对,即使部分分项内容缺少凭据或存在数据偏差,也是双方根据实际履行现状作出妥协的结果，法律不禁止当事人对自身合法权利的处分。同时需要说明的是，针对其中的质量赔偿扣款的争议焦点，因东方电气公司不是设备投保人，其实际也未取得保险理赔款，东方电气公司从应付新能源公司的货款中扣除质量赔偿款具有合同依据，新能源公司认为东方电气公司重复取得赔偿的事实不能成立。且新能源公司管理人提供的证据材料不足以证明新能源公司与东方电气公司存在虚构工程量结算金额的现象，因此该结算条款应认定为客观真实，不属于无效行为。

（三）核心法条

1.《企业破产法》

第八条 向人民法院提出破产申请，应当提交破产申请书和有关证据。

破产申请书应当载明下列事项：

（一）申请人、被申请人的基本情况；

（二）申请目的；

（三）申请的事实和理由；

（四）人民法院认为应当载明的其他事项。

债务人提出申请的，还应当向人民法院提交财产状况说明、债务清册、债权清册、有关财务会计报告、职工安置预案以及职工工资的支付和社会保险费用的缴纳情况。

第十一条 人民法院受理破产申请的，应当自裁定作出之日起五日内送达申请人。

债权人提出申请的，人民法院应当自裁定作出之日起五日内送达债务人。债务人应当自裁定送达之日起十五日内，向人民法院提交财产状况说明、债务清册、债权清册、有关财务会计报告以及职工工资的支付和社会保险费用的缴纳情况。

第十六条 人民法院受理破产申请后，债务人对个别债权人的债务清偿无效。

第三十三条 涉及债务人财产的下列行为无效：

（一）为逃避债务而隐匿、转移财产的；

（二）虚构债务或者承认不真实的债务的。

第三十四条 因本法第三十一条、第三十二条或者第三十三条规定的行为而取得的债务人的财产,管理人有权追回。

第一百二十八条 债务人有本法第三十一条、第三十二条、第三十三条规定的行为,损害债权人利益的,债务人的法定代表人和其他直接责任人员依法承担赔偿责任。

2.《企业破产法解释(二)》

第十七条 管理人依据企业破产法第三十三条的规定提起诉讼,主张被隐匿、转移财产的实际占有人返还债务人财产,或者主张债务人虚构债务或者承认不真实债务的行为无效并返还债务人财产的,人民法院应予支持。

第二十三条 破产申请受理后,债权人就债务人财产向人民法院提起本规定第二十一条第一款所列诉讼的,人民法院不予受理。

债权人通过债权人会议或者债权人委员会,要求管理人依法向次债务人、债务人的出资人等追收债务人财产,管理人无正当理由拒绝追收,债权人会议依据企业破产法第二十二条的规定,申请人民法院更换管理人的,人民法院应予支持。

管理人不予追收,个别债权人代表全体债权人提起相关诉讼,主张次债务人或者债务人的出资人等向债务人清偿或者返还债务人财产,或者依法申请合并破产的,人民法院应予受理。

(四)疑难问题解答

1. 债务人无效行为是否界定在破产程序启动后

债务人行为无效,是指债务人实施的严重损害债权人整体利益的行为,请求确认行为无效应当无时间限制,与债务人是否出现破产原因无关。破产无效行为在性质上属于欺诈行为,无论何时发生,均自始无效。因此,无论是破产程序启动前还是启动之后,只要存在债务人以逃避债务为目的实施的严重损害债权人利益的行为,管理人或者债权人就有权提起确认债务人行为无效之诉讼,不应限制在破产程序启动之后,否则不利于对债权人利益的维护,且无效行为自始、当然、绝对无效,法律后果是恢复原状,使财产恢复到行为发生前的状态。

2. 逃避债务而隐匿、转移财产行为的界定

隐匿财产行为,是指将债务人的财产秘密藏匿或转移至他人无法找到或自认为他人无法找到的处所,或者隐瞒不报债务人财产,使之不能依破产

程序被管理人接管和处分的行为。对隐匿的财产应作广义理解,包括财产与财产性权利,如对债权的隐匿不报等。隐匿财产的行为是多种多样的,既包括积极藏匿财产的行为,也包括消极隐瞒的行为,如对财产不在财务报表上作相应记载或者作不真实的记载、对财产去向隐匿不报、在接受有关财产情况的询问时不如实回答等。隐匿并不以转移财产所在地为要件,只要是秘密藏匿,意欲不为管理人、债权人和司法机关知晓,无论财产留在原处还是转藏他处,均构成隐匿行为。〔1〕 根据《企业破产法》第 8 条、第 11 条的规定,债务人提出破产申请时,或债权人提出的破产申请为法院受理时,债务人应当向法院提供财产状况说明等证据材料。凡债务人未将企业财产列入财产清单的,在没有相反证据的情况下,均属于隐匿财产的行为。

转移财产,是指将债务人企业的财产转移至原所在地之外或债务人企业的控制之外,使管理人无法接管和处分。转移必涉及财产的移动,所以其适用的范围一般为动产。若从广义上讲,隐匿财产可以涵盖转移财产行为,只不过"转移财产"不强调其行为的秘密性。司法实践中,通常被隐匿、转移的财产仍处于债务人或债务人的控制人,如法定代表人、高级管理人员的直接或间接控制之下,完全摆脱债务人控制的,则有可能构成财产的非法赠与、转让行为。在垦鑫达公司与敏像公司管理人案〔2〕中,敏像公司在发生破产原因后,未召开股东大会及董事会决议而将所持有的维讯公司的债权无偿转让给无任何交易信息的垦鑫达公司,应认定敏像公司该转让行为系为逃避债务而隐匿、转移财产,因而无效。

3. 虚构债务或者承认不真实的债务的界定

虚构债务,是指债务人主观上凭空捏造本不存在的债务,虚假增加债务人的人数,并使该"虚构的债务人"参加到债务人财产的分配中来,以减少真正债权人清偿份额的行为。承认不真实的债务,是指债务人在他人提出虚假债务请求时予以承认的行为,包括两种情况,一是承认根本不存在的债务;二是承认较低数额的债务为较高数额的债务。主要是指债务人的董事、经理或者其他负责人,故意对事实上不准确的债务予以确认,从而隐瞒债务

〔1〕 参见最高人民法院民事审判第二庭编著:《最高人民法院关于企业破产法司法解释理解与适用:破产法解释(一)·破产法解释(二)》,人民法院出版社 2017 年版,第 247 页。

〔2〕 参见辽宁省沈阳市中级人民法院民事判决书,(2022)辽 01 民再 215 号。

人财产的真实情况。债务人可能通过虚构债务或者承认不真实的债务，恶意串通，向其他人转移利益，变相抽逃财产，逃避债务，对此种欺诈行为应加以严厉打击。在前述典型案例3新能源公司管理人与东方电气公司请求确认债务人行为无效纠纷案中，该债务有合理根据，应认定客观真实，且管理人提供的证据不足以证明双方之间存在虚构债务行为，不属于无效行为。在迈斯特公司管理人与黄某峰、陈某慧等请求确认债务人行为无效纠纷案[1]中，法院认为，债务人企业承认其法定代表人与债权人的债务并代偿，属于承认不真实债务情形，应予以确认无效并由行为人承担赔偿责任，管理人可以据此主张代偿行为无效。

对于"为逃避债务而隐匿转移财""虚构债务或者承认不真实的债务"这两项行为的界定，在实质结果上都会给债务人财产带来伤害。按照齐明的观点，这些行为都可以归类为破产欺诈行为，其存在严重损害了债务人财产的保值增值，如不加以遏制，不仅有违债务人财产最大化的初衷，也会动摇破产法的基础。[2] 这也是《企业破产法》对于破产欺诈行为持十分严厉立场的原因：只要债务人的行为符合《企业破产法》第33条所列举的两项行为，无论在多长时间范围内发生的行为，管理人均可直接确认其无效，而无须法院的批准。破产无效行为的行为人，既可能面临《企业破产法》第128条规定的民事责任，也可能面临《企业破产法》第131条所规定的刑事责任。在涉及破产无效行为的刑事处罚时，对应的刑法罪名是虚假破产罪。

4. 破产法语境下"无效"含义的理解

准确理解《企业破产法》第33条，需要深入理解"无效"的含义，尤其是其法律后果。从最终结果来说，既然债务人在破产申请前"为逃避债务而隐匿、转移财产"或"虚构债务或者承认不真实的债务"的行为都归于无效，那么相关财产应由管理人追回。法院受理破产申请后，债务人对个别债权人的债务清偿无效。法院受理破产申请后，债务人的债务人或者财产持有人应当向管理人清偿债务或者交付财产。债务人的债务人或者财产持有人故意违反前述规定向债务人清偿债务或者交付财产的行为无效，使债权人受到损失的，不免除其清偿债务或者交付财产的义务。这里的"无效"，是当然

[1] 参见浙江省瑞安市人民法院民事判决书，(2014)温瑞商初字第4020号。

[2] 参见齐明：《中国破产法原理与适用》，法律出版社2017年版，第91页。

无效、自始无效。[1] 或者更严苛地说,这里的无效是绝对无效。[2]

按照韩传华的解读,如果管理人认为债务人在法院受理破产申请前,在明知的情况下,有意且主动“为逃避债务而隐匿、转移财产”或“虚构债务或者承认不真实的债务”,无论该行为发生在破产申请前多长时间内,相关行为就是无效行为,管理人有权要求取得相应财产的相对人返还财产;如果相关财产无法返还,相对人则应该赔偿损失;如果相对人取得财产的同时还取得孳息,那么在返还财产时应连同孳息一并返还:如果相对人在取得财产过程中有过错并造成债务人损失,还应该承担相关赔偿责任;如果相对人拒绝返还或者返还不充分,管理人则需要请求法院判令确认无效并返还财产。也就是说,《企业破产法》第 33 条法律规范已将无效行为定性,由此在事实上赋予管理人对债务人无效财产的追回权。[3]

5. 管理人追回职责的认定与司法适用

实务审判中,管理人提起涉及债务人无效行为的诉讼,原告、被告应如何安排?在这种情形下,原告只能是管理人,而被告则是债务人不当行为的相对方,其他诸如管理人以债务人为原告、被告或者以债务人为共同被告,均在法理上欠周延。[4] 根据民事法律的基本原则,无效行为是因其本质具有违法性,所以自始不发生法律效力的行为。对无效行为无论何时发现,均可追回被行为人非法处分的财产,而且任何人均可主张其行为无效,法院也应主动进行审查,不以利害关系人提出请求为认定行为无效、追回财产的前提。[5] 但是,在破产司法实践中,法院不一定能发现所有的无效行为,因此根据《企业破产法》第 34 条的规定,管理人有权追回,并且基于涉及债务人财产的相关无效行为追回的财产属于债务人财产。这是由管理人的职责和法律地位所决定的,因为管理人有职责和义务为维护债务人财产利益最大化而通过撤销与无效之诉来追回债务人的财产。

---

〔1〕 参见齐明:《中国破产法原理与适用》,法律出版社 2017 年版,第 90 页。
〔2〕 参见《中华人民共和国企业破产法》起草组编:《〈中华人民共和国企业破产法〉释义》,人民出版社 2006 年版,第 139 页。
〔3〕 参见韩传华:《企业破产法解析》,人民法院出版社 2007 年版,第 131 页。
〔4〕 参见韩传华:《企业破产法解析》,人民法院出版社 2007 年版,第 123 ~ 124 页。
〔5〕 参见最高人民法院民事审判第二庭编著:《最高人民法院关于企业破产法司法解释理解与适用:破产法解释(一)· 破产法解释(二)》,人民法院出版社 2017 年版,第 249 页。

对于遏制债务人的恶意破产行为来说，无效行为制度是比撤销权制度更为有力的法律武器。在规定撤销权制度的同时，规定无效行为制度，不仅是我国破产法律制度的创新，也是实践的需要。在当前的企业破产实践中，一些债务人通过隐匿、转移财产或者虚构债务等方式逃避债务，侵害债权人的合法权益的问题还较为突出。对债务人的这些行为，无论其何时发生，任何人的主张无效，这样的制度设计无疑是为了更好地维护全体债权人的合法权益。同时，由于无效行为的确认对于破产程序开始前的交易安全影响较大，法院宣告无效行为应当坚持合法、审慎原则，既要发挥无效行为制度对恶意破产行为的威慑作用，又要注重保护善意第三人的合法权益。[1]

6. 债务人行为无效纠纷与请求撤销个别清偿行为纠纷的区别

(1) 主观恶意的要求不同

请求确认债务人行为无效纠纷，需证明债务人存在恶意侵害债权人利益的主观故意，如存在欺诈或恶意串通之情形；请求撤销个别清偿行为通常发生在债务人已具备破产原因即资不抵债或明显缺乏偿债能力后，且债权人明知债务人困境仍接受清偿，即在主观方面为债权人明知债务人困境，并不要求债务人具有逃避债务的恶意。

(2) 行为的具体方式不同

请求确认债务人行为无效纠纷，针对的是债务人以逃避债务为目的而实施的两类行为，即隐匿、转移财产行为以及虚构债务、承认不真实债务的行为；请求撤销个别清偿行为纠纷针对的是债务人进入破产程序前一定时期内的有偿或无偿行为，债务人的行为不一定具备逃避债务之情形。

(3) 权利行使主体不同

在请求确认债务人行为无效纠纷中，因债务人进入破产程序后，追回债务人财产属于管理人的职权范围，在管理人不作为的情况下，由于债务人的行为损害的是全体债权人利益，故债权人也可以行使该权利。即对于绝对无效的法律行为，任何人均可主张，而相对无效的法律行为，享有相应权利者可主张，法院也可依职权主动审查并宣告行为无效；对于可撤销行为，只有享有撤销权者方可提起，法院无权主动撤销。请求撤销个别清偿行为纠

〔1〕 参见蔡人俊：《解读新企业破产法撤销权制度与无效行为制度》，载《华东政法学院学报》2006年第6期。

纷中，权利行使主体则原则上为管理人。

(4)法律后果不同

请求确认债务人行为无效纠纷中，债务人的违法行为随着破产程序的启动而被法院认定无效后，行为自始无效，不因当事人的承认、除斥期间、诉讼时效经过或者无效原因消灭而成为有效，强调的是国家对违法行为的主动干预与制裁；请求撤销个别清偿行为纠纷中，仅要求债权人返还已受偿财产，不影响其他债权债务关系，且破产程序中虽强调概括式的公平清偿规则，但更注重尊重当事人的意思自治行为，即由权利人选择是否行使撤销权。

(五)请求确认债务人行为无效纠纷的实务操作

1. 诉讼主体

(1)原告：管理人或债权人。

(2)被告：无效行为相关人。

2. 案由

《民事案件案由规定》将请求确认债务人行为无效纠纷作为四级案由规定在内。

3. 管辖

根据《企业破产法》第21条的规定，法院受理破产申请后，有关债务人的民事诉讼，只能向受理破产申请的法院提起。

4. 诉讼时效

《企业破产法》上的无效行为，是指债务人实施的有害于债权人整体利益的行为在法律上被认定为不发生法律效力，该行为自始无效，不因当事人的承认、除斥期间、诉讼时效的经过或者无效原因的消灭而成为有效。管理人对债务人实施的行为提起请求确认该行为无效的民事纠纷，不受诉讼时效的影响。

5. 诉讼请求

(1)请求确认债务人与相关责任人之间的行为无效。

(2)请求返还相关财物。

(3)请求承担损害赔偿责任。

三、对外追收债权纠纷

(一)对外追收债权纠纷的概念

“对外追收债权纠纷”,是指债务人的债务人拒绝清偿或者债务人的债务人对管理人主张的债权数额产生争议而引发的债务人之债务人与管理人之间的纠纷。简言之,基于合同约定或者法律规定,债务人存在尚未收回的价款债权、因出售货物而形成的应收账款债权等,管理人在接管债务人财产后,享有收回债务人在外财产的财产请求权。

随着市场经济的深入发展,公司进入破产程序的现象日益增多,破产企业资产中往往存在大量应收账款类对外债权,此部分系破产企业可行使的财产权利,属于破产企业财产的组成部分,应当予以清理和追收。债权清收直接关系到可分配财产的变现和给付,亦关系到破产债权人、破产企业自身利益能否得到充分保障。但该对外债权受债务人财务账面记载、债务人之债务人清偿能力、案件诉讼效率等因素影响,[1]甚至产生确认债权、破产清算的难题,易损害债权人、债务人及其他利害关系人的利益,降低破产程序的效率,例如,清收效率低下、清收不透明、财务账面记账不公开等问题。因而,这也导致管理人与债务人就债权的确认、数额多少的争议、拒绝清偿问题等产生的纠纷数不胜数,管理人如何处理债务人的账款等债权成为棘手问题。究其根源,管理人宜全面调查债务人的财产,履行财产追索职责,拟定不同类型的追收策略,防止债务人利用各种手段隐匿和转移财产,从而维护全体债权人和相关利益主体的合法权益。[2]

《企业破产法》第 17 条规定,在法院受理破产申请后,债务人的债务人或者财产持有人应当向管理人清偿债务或者交付财产。此规定既是对债务人的债务人拒绝清偿债务人的债权或交付财产所产生的法律后果的认定,同时,对管理人追收对外债权的职责进行了较为明确的规定。下文结合《企业破产法》及相关司法解释,阐述对外追收债权实务关键点。

---

〔1〕 参见蒋黔贵主编:《中华人民共和国企业破产法释义》,中国市场出版社 2006 年版,第 82 ~ 83 页。

〔2〕 参见《中华人民共和国企业破产法释义》起草组编:《〈中华人民共和国企业破产法〉释义》,人民出版社 2006 年版,第 82 ~ 83 页。

1. 债权调查与确认

首先,接管债务人资料。接管债务人财务账册、合同、交易凭证、银行流水等,识别对外债权线索,如应收账款、未履行合同债权、投资权益等。通过ERP系统数据导出、函证交易相对方、审计报告交叉验证;其次,债权分类与评估。将有效债权、瑕疵债权及已过时效债权进行分类梳理和登记,明确债权的具体金额、债务人、债权形成的原因及相关证据等信息。并确定合同明确、履行证据充分、未过诉讼时效;对存在争议、证据不足或超过诉讼时效的债权,虽丧失胜诉权,但仍可尝试催收或抵销。

2. 催收与协商

先采取非诉催收,向债务人的债务人发送《履行债务通知书》,要求限期清偿,对配合的债务人可签订分期还款协议,避免诉讼成本。以诉促和,通过律师函、财产保全施压,提高和解成功。对于一些难以直接追讨的债权,可以根据具体情况进行评估和处置,例如,通过与相关债务人协商达成和解协议,以较为灵活的方式收回部分债权、接受实物抵债或将某些债权进行转让,或引入第三方参与债权的回收。

3. 诉讼/仲裁追收

对于债务人的债务人拒绝履行或债权存在争议的债权,管理人须取得债权人会议或法院的诉讼授权,管理人可向破产受理法院提起债权追收诉讼。对于约定仲裁条款的协议,在破产情境下,原先的仲裁协议仍然有效,但仲裁程序须遵循破产法的特别规定。同时,在追收过程中,应当注意特殊情形的处理,如对关联交易债权,审查交易真实性,防范债务人通过虚假债权稀释破产财产;对于已质押/转让债权,确认权利归属,协调质权人或受让人参与分配。

总之,对外追收债权需要遵循《企业破产法》等相关法定程序,通过系统化、专业化的对外债权追收程序,管理人可最大限度充实破产财产,实现债权人利益保护与市场资源优化配置的双重目标。

（二）典型案例分析

1. 对外追收债权的诉讼时效认定

案例 | 刘某与雪山河公司股权转让纠纷所涉追收破产债权纠纷案

审理法院:最高人民法院

案　　号：(2018)最高法民申1646号

【基本案情】

2007年9月，雪山河公司与大湾塘公司的刘某、郭某等4人签订《大湾塘公司股权转让协议》，由雪山河公司收购该4名股东所持有的大湾塘公司的全部股份，其中约定刘某名下的股权以33万元转让给雪山河公司。协议签订后，雪山河公司向协议所约定收款的第三人金桥公司支付了股权转让款8,321,383.23元，但各方未办理大湾塘公司的股权变更手续。

2013年4月12日，法院裁定受理雪山河公司的破产重整申请。2016年8月，雪山河公司管理人主张追收刘某的债权，遂向一审法院提起诉讼。刘某认为，雪山河公司对刘某主张返还股权转让款的诉讼请求已超过诉讼时效，雪山河公司依法已丧失胜诉权。雪山河公司的破产管理人于2013年4月12日受理其破产申请之后，并未自破产申请受理之日起2个月内通知刘某继续履行或解除《股权转让协议》。故根据《企业破产法》第18条第1款的规定，本案《股权转让协议》已于2013年6月12日解除。《股权转让协议》解除后，刘某与雪山河公司之间产生了不当得利的债权债务关系，雪山河公司向刘某主张返还股权转让款的请求权的诉讼时效期间已于2015年6月11日届满。本案诉讼时效期间为两年，诉讼时效自2013年6月12日起算，诉讼时效自起算之日没有发生中断或中止事由，故诉讼时效期间于2015年6月11日届满。而雪山河公司于2016年8月22日才提起诉讼，显然已过法律规定诉讼时效。

一审法院裁判雪山河公司的破产程序并未终结，故并未超过诉讼时效。

刘某不服一审判决，遂提起二审诉讼。二审法院裁定驳回上诉，维持原判。

刘某不服二审判决，遂提起再审诉讼。

【争议焦点】

雪山河公司对刘某享有的债权是否超过诉讼时效？即诉讼时效期间中断的，应从何时重新起算？

【审理结果和裁判要点】

再审法院认为，雪山河公司依据股权转让协议与前述大湾塘公司4名股东之间的债权债务关系，自合同生效即清楚、确定。刘某关于雪山河公司对其享有的债权在法院受理破产申请之后且股权转让协议解除时才确定，故《企业破产法解释(二)》(2013年)第19条第1款不适用于本案的再审申请理由不能成立。《企业破产法》第 18 条规定,法院受理破产申请后,管理人对破产申请受理前成立而债务人和对方当事人均未履行完毕的合同有权决定解除或者继续履行,并通知对方当事人。据此,雪山河公司的破产管理人对未履行完毕的股权转让协议有权选择解除或者继续履行。《企业破产法》第 18 条虽然规定,管理人自破产申请受理之日起 2 个月内未通知对方当事人,或者自收到对方当事人催告之日起30 日内未答复的,视为解除合同。但管理人自破产申请受理之日起2 个月未通知相对人解除或继续履行合同,并不当然产生合同解除的法律后果,仅视为管理人选择解除合同。故刘某关于股权转让协议已在雪山河公司破产申请受理后两个月的 2013 年 6 月 12 日解除的理由不能成立。《企业破产法解释(二)》第 19 条规定,债务人对外享有债权的诉讼时效,自法院受理破产申请之日起中断。故已经中断的诉讼时效重新起算,从中断、有关程序终结时起,诉讼时效期间重新计算。本案雪山河公司的破产程序至本案诉讼发生时仍未终结,故原审认定雪山河公司于 2016 年 8 月 22 日提起本案诉讼并未超过诉讼时效,并无不当。综上所述,再审法院依法裁定驳回刘某的再审申请。

根据《企业破产法解释(二)》第 19 条的规定,债务人对外享有债权的诉讼时效自法院受理破产申请之日发生中断效力。具体到本案中,即 2013 年 4 月 12 日发生中断效力。但债务人进入破产程序后,其对外债权的诉讼时效重新计算的起算时点如何确认,司法实践中存在分歧,主要有以下两种观点:一种观点认为,依据《企业破产法》第 17 条的规定,法院受理破产申请后,债务人的债务人应当向管理人清偿债务或交付财产,故宜以破产受理日为诉讼时效重新起算点;〔1〕另一种观点认为,破产受理产生诉讼时效中断效力,基于破产程序系连续过程,程序期间亦应理解为诉讼时效中断,故破产程序终结为诉讼时效的重新起算点。〔2〕但从债权人的角度出发,就破产重整程序而言,既然债务人在程序终结后仍处于存续状态,那么债务人仍有权利和能力追索债权,即延长时间进行财产调查和债权追索,并不损害债权人

〔1〕 参见最高人民法院民事判决书,(2012)最高法民提字第 138 号。最高人民法院认为,诉讼时效的中断亦发生重新计算之效力。

〔2〕 参见最高人民法院民事判决书,(2012)最高法民提字第 138 号。湘西土家族苗族自治州中级人民法院、湖南省高级人民法院均认为,诉讼时效虽发生中断效力,但实际破产案件仍处于尚未审理终结状态,故认定未超过诉讼时效。

的利益。[1] 因此,本案中,2013 年 4 月法院裁定受理雪山河公司的破产重整申请,2016 年 8 月雪山河公司提起股权转让协议的诉讼,而实际雪山河公司的破产程序尚处于审理期间,并未终结,则该中断效力期间并未进行重新起算,即并未超过诉讼时效。

2. 破产程序中对外追收债权纠纷,适用《民事诉讼法》关于举证责任的相应规定

案例 | 城实公司与圣都公司对外追收债权纠纷案

审理法院:广东省高级人民法院

案　　号:(2017)粤民终 2706 号

【基本案情】

圣都公司与城实公司于2007 年 1 月 31 日签订《定作加工合同》,合同约定圣都公司向城实公司提供加工模坯、模具钢材,城实公司应在确认并签收货物后75 天内向圣都公司支付全部价款。如城实公司在收货后对金额、数量有异议的,要在7 个工作日内与圣都公司联系。合同履行期间,圣都公司依约向城实公司交付货物,2013 年6 月26 日至11 月1 日共计发生交易货值637,440 元。圣都公司收到了其中的100,000 元价款,其余价款尚未支付。

2014 年7 月9 日,广东省佛山市中级人民法院依法裁定受理圣都公司破产重整一案,案号为(2014)佛中法民二破字第25 号,并于当月16 日指定广东华法律师事务所和佛山市鸿正会计师事务所为该公司管理人。重整期间,圣都公司管理人于2015 年 7 月 20 日向城实公司发送《清偿债务通知书》,要求城实公司支付尚欠的款项537,440 元(未含利息或违约金)。并诉至法院。

圣都公司主张城实公司拖欠价款,提起诉讼,并提供《定作加工合同》《出仓单》等证据证实。一审法院判决城实公司应于判决发生法律效力之日起7 日内向圣都公司支付价款537,440 元,并以此为基数,从起诉之日起至实际清偿之日止按中国人民银行同期贷款利率计付利息。

城实公司不服一审判决,提起上诉。

---

〔1〕 参见李汉超、姜梅:《破产案件中债务人对外债权的诉讼时效中断与重新起算》,载微信公众号“破产法维律”2021 年 5 月 24 日,https://mp. weixin. qq. com/s/Jy6_K2rTbvOWnQFcDOjrHQ。

【争议焦点】

(1)一审审判是否程序违法?

(2)《出仓单》能否作为认定货物交付的依据及一审判决证据规则适用是否错误?

【审判结果和裁判要点】

首先,关于一审审判是否程序违法的问题。《企业破产法》第21条规定:"人民法院受理破产申请后,有关债务人的民事诉讼,只能向受理破产申请的人民法院提起。"一审法院作为圣都公司破产案的审理法院,受理本案破产债权追收纠纷,符合上述关于破产衍生诉讼专属管辖的规定。破产案件的审判法官与本案诉讼案件的审判法官在同一审判庭并不违反诉讼法及司法解释的规定。因此,城实公司上诉称一审审判程序违法的理由并不成立,二审法院不予支持。

其次,关于《出仓单》能否作为认定本案货物交付的依据及一审判决证据规则适用是否错误的问题。《最高人民法院关于适用〈中华人民共和国民事诉讼法〉的解释》(以下简称《民事诉讼法解释》)(2015年)第90条规定:"当事人对自己提出的诉讼请求所依据的事实或者反驳对方诉讼请求所依据的事实,应当提供证据加以证明,但法律另有规定的除外。在作出判决前,当事人未能提供证据或者证据不足以证明其事实主张的,由负有举证证明责任的当事人承担不利的后果。"按照"谁主张,谁举证"的原则,圣都公司为证明对城实公司享有涉案债权,提供了《定作加工合同》《出仓单》《2014年7月对账单》等作为证据,城实公司认可《定作加工合同》的真实性,但认为该合同的签订时间早于其他证据多年;认为《出仓单》没有送达城实公司、所加盖的方形收货章不是其公司所有、《出仓单》没有城实公司员工签名,不能证明城实公司收到货物。按照前述规定,城实公司反驳对方的诉讼主张也应当提供证据证明,但城实公司并未提供双方解除《定作加工合同》的证据,也未对《出仓单》上加盖的城实公司收货章申请鉴定,亦未提供社保或工资发放等证据以证明签收人李丹凤等不是其员工。由于城实公司反驳对方诉讼主张未提供证据证明,一审结合城实公司已支付100,000元价款的事实,认定城实公司已接收货物、尚欠货款537,440元的事实,符合民事诉讼举证责任分配规定,证据规则适用并无不当。城实公司该上诉理由缺乏事实依据和法律依据,二审法院不予支持。

综上所述，二审法院认定城实公司的上诉理由均不能成立，判决驳回上诉，维持原判。

《民事诉讼法》第67条第1款规定："当事人对自己提出的主张，有责任提供证据。"《民事诉讼法解释》第91条规定："人民法院应当依照下列原则确定举证证明责任的承担，但法律另有规定的除外：（一）主张法律关系存在的当事人，应当对产生该法律关系的基本事实承担举证证明责任；（二）主张法律关系变更、消灭或者权利受到妨害的当事人，应当对该法律关系变更、消灭或者权利受到妨害的基本事实承担举证证明责任。"本案中，圣都公司管理人主张城实公司拖欠价款，提供了《定作加工合同》《出仓单》等证据证实，且已收到其中100,000元价款，证明城实公司拖欠其价款537,440元法律关系存在的证据已经充分，而城实公司并未完成相应的举证责任，应当承担不利后果。

3. 对外追收债权诉讼中，债务人的债务人提起反诉的法院不予受理，应按照破产法相关规定申报债权

案例 | 金茂司与北恒公司对外追收债权纠纷案

审理法院：最高人民法院

案　　号：（2021）最高法民申3284号

【基本案情】

北恒公司与金茂公司签订相关合同并履行，北恒公司完成了向金茂公司的部分供货义务，而金茂公司尚有部分货款未向北恒公司支付。2018年8月，法院作出受理北恒公司破产重整申请的民事裁定，并依法指定了破产管理人。北恒公司在破产重整期间对金茂公司提起对外追收债权诉讼，要求金茂公司支付欠付款项。2020年8月，金茂公司提起反诉，主张北恒公司支付不能交货违约金、逾期交货违约金等诉讼请求。一审法院裁判认定北恒公司已进入破产重整程序，金茂公司所主张的债权应向管理人进行申报，或者提起债权确认之诉，故驳回金茂公司的反诉请求。金茂公司不服一审裁定，提起二审诉讼。二审法院驳回上诉，维持原裁定。

金茂公司不服二审裁定，遂提起再审诉讼。

【争议焦点】

对外追收债权诉讼中，债务人的债务人金茂公司提起反诉能否予以受理？

【审理结果和裁判要点】

根据《全国法院民商事审判工作会议纪要》（以下简称《九民纪要》）第110条的规定，法院受理破产申请后，已经开始而尚未终结的有关债务人的民事诉讼，在管理人接管债务人财产和诉讼事务后继续进行。债权人已经对债务人提起的给付之诉，破产申请受理后，法院应当继续审理，但是在判定相关当事人实体权利义务时，应当注意与《企业破产法》及其司法解释的规定相协调。裁判作出并生效前，债权人可以同时向管理人申报债权，但其作为债权尚未确定的债权人，原则上不得行使表决权，除非法院临时确定其债权额。裁判生效后，债权人应当根据裁判认定的债权数额在破产程序中依法统一受偿，其对债务人享有的债权利息应当按照《企业破产法》第46条第2款的规定停止计算。法院受理破产申请后，债权人新提起的要求债务人清偿的民事诉讼，法院不予受理，同时告知债权人应当向管理人申报债权。债权人申报债权后，对管理人编制的债权表记载有异议的，可以根据《企业破产法》第58条的规定提起债权确认之诉。因此，基于《企业破产法》第40条的规定，再审法院认为债权人应当按照《企业破产法》及其司法解释行使权利。本案中，金茂公司提起反诉，而个案中的反诉与单独的起诉具有相同的法律效力，亦应遵守《企业破产法》的相关规定。基于北恒公司于2018年8月进入破产重整程序，金茂公司提出的反诉不符合起诉条件，故宜按照《企业破产法》及其司法解释的相关规定行使权利。综上所述，再审法院认为金茂公司的再审事由不成立，裁定驳回金茂公司的再审申请。

对于对外追收破产债权诉讼中，法院能否受理作为被告的债务人的反诉，实务中存在两种观点。根据《九民纪要》的意见，被告应当向破产管理人申报债权，并依据相关法律及其司法解释行使债权，不得提起反诉；根据《企业破产法》的相关规定，其并未明确禁止本诉被告提起反诉，有些法院认为本诉被告基于相同法律事实、相同法律关系对破产企业提出反诉的，合情合理。[1] 从实践结果来看，两种意见都能达到一致的法律效果，即本诉实体上产生抵销或者部分抵销的法律效果，但从提高诉讼效率的角度考虑，法院承

〔1〕 参见辽宁省高级人民法院民事判决书，(2020)辽民终1221号；浙江省高级人民法院民事判决书，(2020)浙民终507号；辽宁省高级人民法院民事判决书，(2020)辽民终1168号的裁判观点均支持未申报债权提起反诉。

认破产债务人的债务人作为被告能够提起反诉并不能提高效率，反而增加破产案件的办案成本。本案中，依据《企业破产法》及其司法解释的相关规定，法院否认金茂公司拥有反诉权利并无矛盾之处，符合破产程序及债权人公平清偿原则。

（三）核心法条

1.《民法典》

第五百五十七条　有下列情形之一的，债权债务终止：

（一）债务已经履行；

（二）债务相互抵销；

（三）债务人依法将标的物提存；

（四）债权人免除债务；

（五）债权债务同归于一人；

（六）法律规定或者当事人约定终止的其他情形。

合同解除的，该合同的权利义务关系终止。

第五百六十八条　当事人互负债务，该债务的标的物种类、品质相同的，任何一方可以将自己的债务与对方的到期债务抵销；但是，根据债务性质、按照当事人约定或者依照法律规定不得抵销的除外。

当事人主张抵销的，应当通知对方。通知自到达对方时生效。抵销不得附条件或者附期限。

2.《企业破产法》

第十七条　人民法院受理破产申请后，债务人的债务人或者财产持有人应当向管理人清偿债务或者交付财产。

债务人的债务人或者财产持有人故意违反前款规定向债务人清偿债务或者交付财产，使债权人受到损失的，不免除其清偿债务或者交付财产的义务。

第二十一条　人民法院受理破产申请后，有关债务人的民事诉讼，只能向受理破产申请的人民法院提起。

第二十五条　管理人履行下列职责：

（一）接管债务人的财产、印章和账簿、文书等资料；

（二）调查债务人财产状况，制作财产状况报告；

（三）决定债务人的内部管理事务；

（四）决定债务人的日常开支和其他必要开支；

（五）在第一次债权人会议召开之前，决定继续或者停止债务人的营业；

（六）管理和处分债务人的财产；

（七）代表债务人参加诉讼、仲裁或者其他法律程序；

（八）提议召开债权人会议；

（九）人民法院认为管理人应当履行的其他职责。

本法对管理人的职责另有规定的，适用其规定。

第二十七条 管理人应当勤勉尽责，忠实执行职务。

第四十条 债权人在破产申请受理前对债务人负有债务的，可以向管理人主张抵销。但是，有下列情形之一的，不得抵销：

（一）债务人的债务人在破产申请受理后取得他人对债务人的债权的；

（二）债权人已知债务人有不能清偿到期债务或者破产申请的事实，对债务人负担债务的；但是，债权人因为法律规定或者有破产申请一年前所发生的原因而负担债务的除外；

（三）债务人的债务人已知债务人有不能清偿到期债务或者破产申请的事实，对债务人取得债权的；但是，债务人的债务人因为法律规定或者有破产申请一年前所发生的原因而取得债权的除外。

第四十四条 人民法院受理破产申请时对债务人享有债权的债权人，依照本法规定的程序行使权利。

第五十八条 依照本法第五十七条规定编制的债权表，应当提交第一次债权人会议核查。

债务人、债权人对债权表记载的债权无异议的，由人民法院裁定确认。

债务人、债权人对债权表记载的债权有异议的，可以向受理破产申请的人民法院提起诉讼。

第六十九条 管理人实施下列行为，应当及时报告债权人委员会：

（一）涉及土地、房屋等不动产权益的转让；

（二）探矿权、采矿权、知识产权等财产权的转让；

（三）全部库存或者营业的转让；

（四）借款；

（五）设定财产担保；

（六）债权和有价证券的转让；

（七）履行债务人和对方当事人均未履行完毕的合同；

（八）放弃权利；

（九）担保物的取回；

（十）对债权人利益有重大影响的其他财产处分行为。

未设立债权人委员会的，管理人实施前款规定的行为应当及时报告人民法院。

3. 最高人民法院《关于审理企业破产案件若干问题的规定》

第九十四条　列入破产财产的债权，可以进行债权分配。债权分配以便于债权人实现债权为原则。

将人民法院已经确认的债权分配给债权人的，由清算组向债权人出具债权分配书，债权人可以凭债权分配书向债务人要求履行。债务人拒不履行的，债权人可以申请人民法院强制执行。

4.《企业破产法解释（二）》

第十九条　债务人对外享有债权的诉讼时效，自人民法院受理破产申请之日起中断。

债务人无正当理由未对其到期债权及时行使权利，导致其对外债权在破产申请受理前一年内超过诉讼时效期间的，人民法院受理破产申请之日起重新计算上述债权的诉讼时效期间。

第二十三条　破产申请受理后，债权人就债务人财产向人民法院提起本规定第二十一条第一款所列诉讼的，人民法院不予受理。

债权人通过债权人会议或者债权人委员会，要求管理人依法向次债务人、债务人的出资人等追收债务人财产，管理人无正当理由拒绝追收，债权人会议依据企业破产法第二十二条的规定，申请人民法院更换管理人的，人民法院应予支持。

管理人不予追收，个别债权人代表全体债权人提起相关诉讼，主张次债务人或者债务人的出资人等向债务人清偿或者返还债务人财产，或者依法申请合并破产的，人民法院应予受理。

5.《九民纪要》

110. ……

人民法院受理破产申请后，债权人新提起的要求债务人清偿的民事诉讼,人民法院不予受理,同时告知债权人应当向管理人申报债权。债权人申报债权后,对管理人编制的债权表记载有异议的,可以根据《企业破产法》第58条的规定提起债权确认之诉。

(四)疑难问题解答

1. 对外债权的常见处理模式

债务人进入破产程序,对外债权属于破产企业财产的组成部分,应当予以清理和追收。根据《企业破产法》的相关规定,在法院受理破产申请后,即由管理人接管破产企业财产,因此应当由管理人根据应收款的不同情况,拟定对应的追收策略。通常情况下为以下几种模式。

第一,追收债权。追收债权必须具备三个要件:(1)对外债权必须真实有效,即具有经过债务人认可的合同、合同履行的证据等;[1](2)债务的履行期限届满但并未超过诉讼时效;(3)债务人能够被找到且具有偿债能力。但落实到实务来看,存在企业财务管理混乱,大多数债权仅在账册上反映,无其他有效原始凭证,加之经办人也未有效归档,很难符合对外债权真实有效之要件;债务人大多有逃避债务的思想,仅有少数承认债务,而管理人又不能以充分的证据证明债权存在等困难。

第二,放弃债权。此种模式直接影响全体债权人的受偿利益,管理人必须经过债权人会议通过相应的财产管理方案。实务中,破产企业的对外债权遍布各地,必然产生相应的差旅费、本身资产的缺乏等原因,导致追收成本过高,即诉讼追收债权模式会产生大量的诉讼成本和时间成本,认为应放弃的管理人宜确定债权管理方案并经过债权人会议通过,向法院报告管理方案。

第三,拍卖债权。拍卖债权具有将来的高收益,但也存在成本高、耗时长等无法实现的风险。以不良债权为例,管理人需要评估债权价值及交易过程中的困难,并需先行垫付拍卖的相关费用,从而保障后期债权工作的正常进行。就破产程序的拍卖债权而言,相关法律法规和司法解释中缺乏对其的规制,北京市高级人民法院《关于破产程序中财产网络拍卖的实施办法》可为管理人处理债权提供参考意见。

---

〔1〕 参见王卫国:《破产法精义》(第2版),法律出版社2020年版,第65页。

第四,分配债权。分配债权适用的前提是追收成本未过高且不适宜放弃债权时,例外情况下的分配债权的处理方式。目前实务中的分配债权处理方式并未被司法解释予以规定,常见的做法是在给予债权人同意的前提下,管理人尊重债权人的意思自治,制定相应的财产管理方案并经过债权人同意,并报告受理法院。这样既能兼顾债权人的意思自治,同时也能降低管理人的履职风险。

2. 对外追收债权的程序要求

管理人应先全面核查债务人的基本情况,对债务人的债权进行调查,核定数额,列明清单,向法院申请《偿还债务通知书》且向债务人的债务人送达。并做好追收债权工作的程序工作:

第一,必须征得债权人会议或债权委员会同意或向法院报告。根据《企业破产法》第 69 条的规定,管理人实施追收债权等行为以及其他对债权人利益有重大影响的财产处分行为,必须及时向债权人委员会或者受理法院报告。

第二,制定的财产管理方案必须经过债权人会议通过。根据最高人民法院《关于适用〈中华人民共和国企业破产法〉若干问题的规定(三)》(以下简称《企业破产法解释(三)》)第 15 条第 1 款的规定,管理人处分债务人重大财产必须事先制作财产管理方案并通过表决进行处理。未经债权人会议表决通过的,管理人不得进行处分。

3. 实际施工人挂靠债务人经营形成的应收账款是否属于债务人财产

司法实践中对此问题存有两种观点,一种观点认为,在被挂靠企业即债务人进入破产程序后,发包人所欠付的工程款应作为债务人财产,按照债务人的破产财产相关规定进行处理;另一种观点认为,基于保护农民工合法权益的目的,实际施工人的权益应当受到保护,不因被挂靠企业进入破产程序而有所改变。

从上述对立的观点来看,简单地从破产企业破产程序抑或实际施工人的权利的角度来看失之偏颇。首先,实际施工人即挂靠人仅借用被挂靠单位的资质,并未具有实际订立施工合同的意思表示,施工人与被挂靠企业仅形成债法上的请求权,能够向发包人主张工程款。[1] 其次,根据最高人民法

[1] 参见最高人民法院民事判决书,(2019)最高法民再 329 号。

院《关于审理建设工程施工合同纠纷案件适用法律问题的解释（一）》第43条的规定，实际施工人有权向发包人追索工程款，从根本上保护了农民工的合法权益。再次，根据《企业破产法解释（二）》第2条的规定，债务人基于仓储、保管、租赁等合同或其他法律关系占有、使用的他人财产不属于债务人财产，[1]则挂靠债务人的应收债权名义上由承包人收取，实际为实际施工人的工程款，不宜作为破产的财产。但是，该观点在理论界存在争议，有观点认为，债务人的财产持有人系指仓储、保管、租赁等法律关系中占有、使用债务人财产的人；[2]亦有观点认为，债务人的债务人常与财务报表上的"应收账款"相对应的给付义务人一致。[3] 无论是从理论上还是依据司法解释来认定债务人财产，其旨在保护破产企业的有效资产，但挂靠破产企业涉及的是实际施工人的工程款，而该工程款并不直接发生施工合同的履行效力。最后，被挂靠人仅享有收取管理费的权利，但不具体承担合同的权利义务，故挂靠人不享有向被挂靠人主张工程款的权利，实际施工人挂靠债务人经营形成的应收账款亦无法作为债务人财产。

4.对外追收债权纠纷中管理人的行为效力

根据《企业破产法》第17条以及相关司法解释的规定，在对外追收债权纠纷中，管理人的行为能够发生以下效力：第一，在破产申请被受理后，债务人对债务人财产的处分无效；第二，债务人的债务人或财产持有人应当向管理人清偿债务或交付财产；第三，关于债务人财产争议的诉讼，以管理人为诉讼主体。[4] 这是由于法院受理破产申请后，债务人自身权利能力受限，不具有受偿能力，转由管理人承担事务。同时，也可防止实际占有财产的债务人滥用占有权，事实上危及债务人财产的行为。需要注意的是，法院受理破产申请后，债务人的债务人或财产持有人交付财产的行为系一种强制性规定，必须予以法律承认，才能够实际履行。故法律赋予管理人代表债务人提起

---

〔1〕 参见陈雪芬：《天衡研究|破产中挂靠工程款的取回问题》，载微信公众号"天衡联合律师事务所"2019年8月14日，https://mp.weixin.qq.com/s/qY4160GWkpuhKZPRx9UOVQ。

〔2〕 参见《中华人民共和国企业破产法释义》起草组编：《〈中华人民共和国企业破产法〉释义》，人民出版社2006年版，第82页。

〔3〕 参见王卫国：《破产法精义》（第2版），法律出版社2020年版，第65～68页。

〔4〕 参见《中华人民共和国企业破产法释义》起草组编：《〈中华人民共和国企业破产法〉释义》，人民出版社2006年版，第82页。

诉讼的权利。

5. 破产程序终结后对外追收诉讼是否适用集中管辖

《企业破产法》第 123 条规定，破产程序终结后两年内，债权人发现债务人有应当追回的财产或者其他应供分配财产的，可以请求法院按照破产财产分配方案进行追加分配。《企业破产法》第 21 条仅规定了破产受理后的集中管辖问题，对破产程序终结后的诉讼管辖没有明确规定。笔者认为，因追加分配而需要进行的追收诉讼与原破产程序密切相关，且追回的财产需要按照原破产程序中的分配方案进行追加分配，仍由原破产案件受理法院管辖，能够更好地统筹个案审理与后续追加分配，充分保障债权人清偿利益。因此，对于破产程序终结后，根据《企业破产法》第 123 条的规定，发现应当追收的债务人财产所引发的诉讼，可以适用集中管辖的规定由原破产受理法院管辖。应当注意，该条规定适用于破产程序终结后新发现债务人有应当追回或者可供分配的财产，且财产数量足以支付分配费用的情形，如果是在破产程序中已经发现的应当追收财产或财产线索，根据破产程序概括性、全面性清偿的原则，应当统一在破产程序中由管理人依职权进行追收，不应留待破产程序终结后再行处理。

6. 无产可破案件中，如何处理债务人财产追收诉讼的问题

理论上，对外追收财产等衍生诉讼费用应当属于《企业破产法》第 41 条规定的破产费用。司法实践中，存在破产案件属无产可破，追收财产的诉讼费用短缺的情况，根据《企业破产法》第 43 条的规定，债务人财产不足以清偿破产费用的，管理人应当提请法院终结破产程序。但是，对外追收债务人财产，涉及债权人清偿利益的保护和打击逃废债等问题。因此，在破产程序中存在应追收情形或者线索，但债务人财产不足以支付相关诉讼费用的情况下，可以参照最高人民法院《关于审理企业破产法案件确定管理人报酬的规定》第 12 条的规定，允许债权人、管理人、债务人的出资人或者其他利害关系人垫付费用，由管理人提起诉讼进行追收，垫付的费用作为破产费用在追回的财产中优先予以支付。如果没有上述相关主体垫付的，管理人应当及时向债权人会议或者债权人委员会报告财产线索、追收成本和追回的可能性等情况，由全体债权人综合考虑上述因素，通过债权人会议决议的方式决定是否予以追收。如果债权人会议决定追收的，应当筹集相关费用。如果债权人会议不垫付费用、决定不予追收，或者未作出决议的，破产程序终

结后,单个债权人不得再以个人名义提起诉讼,否则法院应当驳回起诉。[1]

(五)对外追收债权纠纷的实务操作

1. 诉讼主体

(1)原告:债务人、管理人代表债务人提起诉讼。

(2)被告:债务人的债务人或财产持有人。

2. 案由

《民事案件案由规定》将对外追收债权纠纷作为四级案由规定在内。

3. 管辖

对外追收债权纠纷应由受理破产申请的法院管辖。

《企业破产法》第 21 条规定,法院受理破产申请后,有关债务人的民事诉讼,只能向受理破产申请的法院提起。《企业破产法解释规定(二)》第 47 条规定,法院受理破产申请后,当事人提起的有关债务人的民事诉讼案件,应当依据《企业破产法》第 21 条的规定,由受理破产申请的法院管辖。

4. 诉讼时效

根据《民法典》第 188 条的规定,向法院请求保护民事权利的诉讼时效期间为 3 年。法律另有规定的,依照其规定。《企业破产法解释(二)》第 19 条第 1 款规定:"债务人对外享有债权的诉讼时效,自人民法院受理破产申请之日起中断。"该条规定属于《民法典》第 188 条规定的对诉讼时效"法律另有规定的,依照其规定"的情况,应优先适用。依据该规定,破产企业对外债权的诉讼时效自破产案件受理时发生中断效果,且为自动中断。而根据《民法典》第 195 条的规定,诉讼时效中断的,从中断、有关程序终结之日起,诉讼时效期间重新计算。

5. 诉讼请求

(1)请求支付或返还相应款项或财物。

(2)请求承担损害赔偿责任。

---

〔1〕 参见郁琳:《最高法院丨无产可破案件中对外追收诉讼相关法律适用问题》,载微信公众号"法眼劳动"2024 年 8 月 23 日,https://mp. weixin. qq. com/s? __biz = MzIwOTY2MzI5Ng = = &mid = 2247502545&idx = 4&sn = 551170f434a24d929e89b0cf8c9fd14e#ocr。

四、追收未缴出资纠纷

(一)追收未缴出资纠纷的概念

“追收未缴出资纠纷”,是指管理人在债务人进入破产程序后,因债务人的出资未履行按期缴纳所认缴的出资义务,管理人在破产程序中进行追收而产生的民事纠纷。[1] 本质而言,追收未缴出资纠纷属于破产衍生诉讼,系伴随公司破产而产生的纠纷。当存在债务人股东未履行出资或者未全面履行出资的义务时,管理人应当依法予以追收。

为了充分保障广大债权人合法权益,《公司法》规定股东应足额缴纳认缴出资并承担相应的责任。股东以自身认缴的出资额对公司承担责任,相应的出资额转化为公司独立财产,公司以公司全部财产对债务人承担责任。然而,一些公司股东对注册资本的认缴与履行随心所欲,甚至规避法律的控制,存在注册资本未实缴的情况。《公司法》第 4 条第 1 款规定:“有限责任公司的股东以其认缴的出资额为限对公司承担责任;股份有限公司的股东以其认购的股份为限对公司承担责任。”第 47 条规定:“有限责任公司的注册资本为在公司登记机关登记的全体股东认缴的出资额。全体股东认缴的出资额由股东按照公司章程的规定自公司成立之日起五年内缴足。法律、行政法规以及国务院决定对有限责任公司注册资本实缴、注册资本最低限额、股东出资期限另有规定的,从其规定。”第 96 条规定:“股份有限公司的注册资本为在公司登记机关登记的已发行股份的股本总额。在发起人认购的股份缴足前,不得向他人募集股份。法律、行政法规以及国务院决定对股份有限公司注册资本最低限额另有规定的,从其规定。”有限责任公司注册资本经历了“实缴—认缴—5 年内缴足”的立法变化,这一改革进一步完善了注册资本认缴登记制,主要目的是加强市场监管,防范注册资本虚高和抽逃出资等问题,对于引导创业者理性认缴出资、及时足额缴纳出资,促使企业呈现更客观的经营数据,优化经营环境、保障交易安全、保护各方利益起到了积极的作用。而对于股份有限公司,确定发起人认购的股份必须缴足才能向他人募集股份,包括募集设立、公开发行新股和定向发行新股。要求股

---

〔1〕 参见最高人民法院研究室编著:《最高人民法院新民事案件案由规定理解与适用》(下),人民法院出版社 2021 年版,第 805 页。

份有限公司在向他人募集股份前发起人必须缴足其认购股份，这么规定一方面是基于社会公共利益的考虑，另一方面也是制约部分发起人借募集股份之名损害他人利益的措施。

《企业破产法》第35条对追收未缴出资纠纷进行了较为明确的规定，破产企业管理人应当向所有承担实缴出资义务以及承担连带责任的董事、股东进行追缴，以便提高追收财产的数额。换言之，追收未缴出资纠纷旨在督促股东足额履行出资义务，维护债权人整体利益。追收未缴出资涉及法律适用、证据审查、程序操作等多方面实务要点，具体分析如下。

1. 出资义务加速到期

根据《企业破产法》《公司法》的相关规定，破产受理后，管理人有权要求未完全履行出资义务的股东立即缴纳出资，不受原出资期限限制。股东未履行或未全面履行出资义务，公司或其他股东可主张补足，债权人亦可要求其在未出资本息范围内对公司债务承担补充责任。企业进入破产程序，股东出资义务加速到期。

2. 确定责任主体范围

股东出资义务责任主体认定范围包括公司设立时发起人对其他股东未缴出资承担连带责任的出资义务人，公司增资时股东的出资义务人，股东转让过程中受让人明知或应知原股东未实缴出资须承担连带责任的义务人，以及董事、监事、高级管理人员的勤勉尽责督促责任人等。

3. 调查与确认未缴出资

具体包括核查出资文件，查阅公司章程、股东协议、验资报告、银行流水等，确认认缴金额、出资方式及实缴情况。重点审查非货币出资（如房产、知识产权）是否完成评估、交付及权属变更登记。识别出资瑕疵类型，如完全未出资即股东未缴纳任何出资、部分未出资即未足额缴纳认缴金额、虚假出资即以不实评估的非货币财产出资（如虚增专利价值）等。制作未缴出资清单，列明股东名称、认缴金额、实缴金额、欠缴金额及出资期限，提交债权人会议核查。

在破产程序中，追收股东未缴出资是管理人履行法定职责、维护债权人利益及市场秩序的核心任务之一。若未缴出资游离于破产财产之外，将削弱破产制度的清偿功能，损害程序正当性。通过追收未缴出资可淘汰“僵尸企业”中的不诚信股东，释放资源用于优质企业再生，推动市场健康迭代及企业治理规范化，倒逼股东在公司存续期间审慎履行出资义务，促进公司治理合规化，降低未来破产风险。其意义不仅在于填补破产财产缺口，更在于强化股东责任、维护资本制度公信力，进而实现法律效果与社会效果的统一。

（二）典型案例分析

1. 转让股东与受让股东应在未履行出资范围内承担连带责任

案例 ｜ 中铁集团公司与中铁物流公司、远大公司追收未缴出资纠纷案

审理法院：江苏省无锡市中级人民法院

案　　号：（2018）苏02民终1516号

【基本案情】

2014年8月12日，中铁物流公司成立，注册资本为2亿元，实缴资本为0元，股东系中铁集团公司，认缴期限至2044年5月28日，法定代表人为王某相。2016年5月9日，法定代表人变更为王某清。2017年2月23日，中铁集团公司与远大公司签订《股权转让协议》，约定中铁集团公司将其在中铁物流公司中100%的股权零对价转让给远大公司。中铁集团公司与远大公司均未向中铁物流公司缴纳注册资本。同年3月24日，江阴市市场监督管理局核准并公告该股权变更。

在上述股权转让之前，中铁物流公司存在三个票据请求权纠纷案件，分别判决中铁物流公司向鹏翔公司、谷阔公司、张店经营部支付票据款50万元、50万元、100万元及相应利息。判决生效后，中铁物流公司因资不抵债而被终结执行。债权人之一谷阔公司向一审法院申请中铁物流公司破产，一审法院裁定受理。

中铁物流公司向一审法院起诉，请求判令中铁集团公司立即补缴注册资本2,160,164.5元，判令远大公司对中铁集团公司的上述债务承担连带责任。一审裁判认定中铁物流公司在未履行出资义务的情况下即向远大公司转让股权，远大公司对此知情且未支付对价，故中铁集团公司应当履行出资义务，远大公司应当对此承担连带责任。

中铁集团公司不服一审判决，遂提起二审诉讼。

【争议焦点】

中铁物流公司能否请求中铁集团公司缴纳出资款？能否请求远大公司对中铁集团公司未缴纳的出资款承担连带责任？

【审理结果和裁判要点】

本案中，案涉3笔债务均发生于中铁集团公司转让中铁物流公司的股权之前，该3笔债务生效判决作出后，中铁物流公司均未能在法院确定的期限内主动履行付款义务，该3起案件皆因执行中未发现中铁物流公司有可供执行的财产、中铁物流公司不能清偿到期债务且明显无清偿能力而由申请执行人申请终结执行。虽然中铁物流公司为认缴出资制，中铁集团公司出资的认缴期限为2044年5月28日之前，但中铁集团公司作为唯一股东在上述债务形成期间未有任何出资，在债务经法院生效判决确认后，因穷尽执行措施无财产可供执行，被法院裁定终结执行的情况下，也未积极履行债务，反以零对价向远大公司转让中铁物流公司股权。在中铁集团公司股权转让时，中铁物流公司的注册资本金始终为零且处于支付不能的状态，因此中铁集团公司在股权转让前触发出资义务。远大公司在受让股权时，明知其前手未出资，受让股权后也未进行出资，故远大公司与中铁集团应对股权转让时的公司债务在未出资2,160,164.5元的范围内承担连带责任。二审法院最终判决维持原判，驳回中铁集团公司的上诉请求。

根据《企业破产法》的规定，认缴制下公司以其独立的全部财产对公司债务承担责任，该财产也包括未届出资期限的注册资本。当公司对外支付不能时，触发出资义务，且不因股权转让而消灭。否则将导致股东向偿债能力较差的受让人转让股权，逃避出资义务进而损害公司外部债权人的利益和交易安全。《企业破产法解释（三）》第18条第1款规定："有限责任公司的股东未履行或者未全面履行出资义务即转让股权，受让人对此知道或者应当知道，公司请求该股东履行出资义务、受让人对此承担连带责任的，人民法院应予支持；公司债权人依照本规定第十三条第二款向该股东提起诉讼，同时请求前述受让人对此承担连带责任的，人民法院应予支持。"因此，转让股东与受让股东应在未出资范围内承担连带责任。依据2023年《公司法》第88条的规定，股东转让已认缴出资但未届出资期限的股权的，由受让人承担缴纳该出资的义务；受让人未按期足额缴纳出资的，转让人对受让人未按期缴纳的出资承担补充责任。未按照公司章程规定的出资日期缴纳出资或者作为出资的非货币财产的实际价额显著低于所认缴的出资额的股东转让股权的，转让人与受让人在出资不足的范围内承担连带责任。本案发生在2023年《公司法》实施之前，2023年《公司法》实施后对于未履行出资义务即转让股权之责任，应区分转让时出资期限是否届满，而承担补充责任或连带责任。

2. 股东未按照公司章程规定实际缴纳出资，或者实际出资的非货币财产的实际价额显著低于所认缴的出资额的，设立时的其他股东与该股东在出资不足的范围内承担连带责任

案例 | 爱彼公司与刘某平、李某辉等股东追收未缴出资纠纷案

审理法院：广东省高级人民法院

案　　号：(2021)粤民终1071号

【基本案情】

2013年5月24日，爱彼公司成立，注册资本为1000万元，股东刘某平认缴600万元，占股60%；刘某花认缴400万元，占股40%。2013年6月28日，爱彼公司注册资本由1000万元增资至5000万元，股东刘某平认缴3000万元，占股60%；刘某花认缴2000万元，占股40%。爱彼公司在增资后的公司章程中规定，股东以货币资金出资，各股东应当于2018年5月24日前缴清认缴出资额。股东可以以非货币出资，但是必须按照法律法规的规定办理有关手续。

2013年12月25日，爱彼公司的股东变更为：刘某平，认缴3000万元，占股60%；刘某花，认缴500万元，占股10%；李某辉，认缴1000万元，占股20%；胡某民，认缴500万元，占股10%。2014年10月24日，爱彼公司的股东变更为：刘某平，认缴3000万元，占股60%；刘某潘，认缴500万元，占股10%；李某辉，认缴1000万元，占股20%；胡某民，认缴500万元，占股10%。

2015年8月，爱彼公司召开股东，决定公司注册资本减少至2000万元，即刘某平认缴1200万元，占股60%；刘某潘认缴200万元，占股10%；李某辉认缴400万元，占股20%；胡某民认缴200万元，占股10%。2017年11月2日，李某辉和胡某民将爱彼公司的股权以1元对价转让给刘某平。转让后，爱彼公司的股东情况变更为：刘某平，认缴1800万元，占股90%；刘某

潘,认缴200万元,占股10%。

2019年4月30日,一审法院裁定受理意赛公司对爱彼公司的破产清算申请,并指定广东君言律师事务所担任爱彼公司管理人。爱彼公司管理人主张刘某平、李某辉、胡某民承担出资责任,遂向一审法院提起向股东追收未缴出资诉讼。

一审法院认为,刘某平应当在1800万元范围内承担出资责任,刘某潘应当在200万元范围内承担出资责任,李某辉应当在400万元范围内承担补充赔偿责任,胡某民应当在200万元内承担补充赔偿责任。爱彼公司向一审法院起诉请求刘某平、刘某潘分别承担324万元和36万元的出资责任,有事实和法律依据,其金额不超过刘某平、刘某潘承担的出资义务总额,一审法院依法支持。爱彼公司向一审法院起诉请求李某辉、胡某民分别在其认缴出资范围72万元和36万元之内,对刘某平出资责任承担连带清偿责任,其责任承担方式与法律规定不符,一审法院依法调整为补充赔偿责任,爱彼公司的该等诉请金额没有超过李某辉、胡某民依法应当承担的责任范围,一审法院依法支持。爱彼公司请求刘某平、刘某潘、李某辉、胡某民承担其购买保函的费用,系爱彼公司在破产清算期间为追回财产而发生的费用,属于破产费用,依法由破产财产支出,爱彼公司的该项请求没有法律依据,一审法院不予采纳。

一审法院判决如下:(1)刘某平自判决生效之日起10日内向爱彼公司履行出资义务,缴纳认缴的注册资本324万元;(2)刘某潘自判决生效之日起10日内向爱彼公司履行出资义务,缴纳认缴的注册资本36万元;(3)李某辉自判决生效之日起10日内向爱彼公司以72万元为限,对刘某平的出资义务承担补充赔偿责任;(4)胡某民自判决生效之日起10日内向爱彼公司以36万元为限,对刘某平的出资义务承担补充赔偿责任;(5)驳回爱彼公司其他诉讼请求。

刘某平、李某辉、胡某民等不服一审判决,遂提起二审诉讼。

【争议焦点】

(1)刘某平、刘某潘是否承担出资责任?

(2)李某辉、胡某民是否应承担出资责任及其承担责任的范围是什么?

【审理结果和裁判要点】

二审法院认为,第一,关于刘某平、刘某潘是否应承担出资责任的问题。股东出资应符合法律规定和公司章程约定。根据《公司法》(2018年)第48

条第2款[1]的规定，股东对作为出资的非货币财产应当评估作价，核实财产，不得高估或者低估作价。爱彼公司章程约定，股东以非货币形式出资的，必须按照法律法规的规定办理有关手续，应当由专业资产评估机构评估作价或由全体股东协商作价，核实财产，不得高估或者低估作价，并应当依法办理其财产权的转移手续。本案中，首先，刘某平转让给爱彼公司的股权，未经评估作价、验资，不符合法律规定的以股权出资的形式要件。其次，该股权转让行为与爱彼公司章程约定不符，且未经爱彼公司股东会决议确认为刘某平的出资行为，不能证明股东之间达成合意。且李某辉、胡某民在一审证据交换笔录中亦称对于爱彼公司对外投资是否属于以股权出资并不清楚。最后，爱彼公司《清产核资专项审核报告》中记载："五、清产核资企业概况：……截止2013年12月31日认缴实收资本总额为0。"爱彼公司2013年12月17日和2014年10月10日股东会决议中均记载："实收资本：0万元人民币。"综上所述，刘某平上诉主张其以股权出资证据不足，二审法院不予采信，刘某平应向爱彼公司履行出资义务。

第二，关于李某辉、胡某民是否应承担出资责任及承担责任的范围问题。公司以其全部财产对公司债务承担责任，股东认缴出资所体现的公司注册资本是公司财产的一部分，也是交易相对方判断公司偿债能力，衡量交易风险的重要依据。无论认缴制还是实缴制，并不改变公司注册资本是公司对外承担责任的基础这一法律设置。我国法律法规不禁止股东在认缴期限届满前转让股权，但股权转让的交易自由和股东期限利益的行使不能损害公司和公司债权人的利益，股东对公司出资既有合同属性也有法定属性，不当然随着股权的转让而转移。公司对外支付不能时，如允许未届出资期限的股东通过转让股权免除出资义务，实际上规避了法律对公司资本的限制，可能造成公司可偿债财产减少，或股东通过股权转让方式逃脱出资义务，最终危害经济交易秩序，这显然不是认缴制的初衷。本案中，虽然爱彼公司章程约定注册资本采取认缴制，股东可以在2018年5月24日前认缴，但涉案债务在李某辉、胡某民转让股权之前形成，而其作为公司股东，在上述债务形成期间，其并未向公司进行任何出资，在债务经法院生效判决确认后，也未积极履行债务，反而转让了其所持有的公司股权，在其转让公司股

---

[1] 参见2023年《公司法》第73条第4款。

权时,公司的注册资本始终为零且处于支付不能的状态。爱彼公司进入破产程序后,李某辉、胡某民对爱彼公司的出资义务已经到期,依法应当履行。鉴于其已将股权转让给刘某平,其应在认缴的出资额范围内对刘某平的出资义务承担补充责任。李某辉、胡某民上诉主张其股权已经在认缴期届满前转让,其应享有期限利益,不需认缴出资,没有法律依据,二审法院不予采信。刘某平、李某辉、胡某民对爱彼公司破产清算程序有异议的,可另循法律途径解决。

最终,二审法院判决驳回上诉,维持原判。

股东出资应符合法律规定和公司章程约定。公司以其全部财产对公司债务承担责任,股东认缴出资所体现的公司注册资本是公司财产的一部分,也是交易相对方判断公司偿债能力,衡量交易风险的重要依据。《公司法》第49条规定:"股东应当按期足额缴纳公司章程规定的各自所认缴的出资额。股东以货币出资的,应当将货币出资足额存入有限责任公司在银行开设的账户;以非货币财产出资的,应当依法办理其财产权的转移手续。股东未按期足额缴纳出资的,除应当向公司足额缴纳外,还应当对给公司造成的损失承担赔偿责任。"第50条规定:"有限责任公司设立时,股东未按照公司章程规定实际缴纳出资,或者实际出资的非货币财产的实际价额显著低于所认缴的出资额的,设立时的其他股东与该股东在出资不足的范围内承担连带责任。"具体到本案中,刘某平作为出资人,并未有以股权作为出资的意思表示,且该等转让方式未经验资程序,也未经股东会决议,不足以证明上述股权转让行为系刘某平出资的行为。当公司处于支付不能的状态时,出资义务不应随着股权的转让而转移,否则则免除义务的行为实际上规避了法律对公司资本的限制,将造成公司可偿债财产减少,或股东通过股权转让方式逃避出资义务,最终危害经济交易秩序,违反初衷。

3. 破产程序终结后,个别债权人可以起诉要求追收股东未缴出资,并要求对追回的资金进行破产分配

案例 | 江某与王某红、中盛公司等破产管理人追收未缴出资纠纷案

审理法院:江苏省泰州市中级人民法院

案　　号:(2022)苏12民终3264号

【基本案情】

中盛公司成立于2014年8月11日,公司章程载明的注册资本为1000万元,股东为卢某凤、卢某林、江某,认缴出资额分别为400万元、300万元、300万元,出资时间为2024年6月30日。

2017年,王某红以中盛公司为被申请人,向泰州市海陵区劳动人事争议仲裁委员会提起工伤保险待遇劳动争议仲裁。同年12月8日,泰州市海陵区劳动人事争议仲裁委员会作出泰海劳人仲字〔2017〕341号仲裁裁决:(1)申请人与被申请人于2017年8月22日解除劳动关系;(2)自本仲裁裁决书生效之日起15日内,被申请人一次性支付申请人一次性伤残补助金44,583.88元、一次性工伤医疗补助金70,000元、一次性伤残就业补助金30,000元、停工留薪期工资40,530.8元、护理费5920元,合计给付191,034.68元;(3)对申请人的其他仲裁请求,不予以支持。该仲裁裁决书于2017年12月30日发生法律效力。

2020年5月18日,王某红向一审法院申请中盛公司破产清算。6月9日,一审法院作出(2020)苏1202破8号民事裁定:受理申请人王某红对被申请人中盛公司的破产清算申请。6月24日,一审法院作出(2020)苏1202破8号决定书,指定江苏江豪海信律师事务所担任中盛公司的破产管理人。因中盛公司不配合,中盛公司管理人未能接管到任何财产和财务账册资料。经中盛公司管理人查询,中盛公司名下无银行存款、房产和车辆。8月24日,中盛公司管理人向王某红发送《征询函》,征询其是否同意垫付向股东提起出资纠纷诉讼的诉讼费用和其他破产费用。王某红仅同意垫付其债权金额相应的诉讼费,后中盛公司管理人向一审法院提请宣告破产并终结破产清算程序。一审法院于2020年9月11日作出(2020)苏1202破8－1号民事裁定:(1)宣告中盛公司破产;(2)终结中盛公司破产程序。后中盛公司管理人向泰州市行政审批局申请注销中盛公司,中盛公司于2020年9月30日被办理注销登记。

本案系王某红向一审法院另行提起的诉讼请求,请求判令中盛公司原股东卢某凤、江某、卢某林给付王某红工伤损失191,034.68元及利息17,933元(自2018年1月1日至2020年6月9日,按照同期银行拆借利率计算),上述款项由卢某凤、江某、卢某林支付给第三人中盛公司管理人进行破产分配。

一审法院认为,中盛公司破产程序系因不能清偿到期债务、资产不足以清偿破产费用终结,中盛公司的相关债权债务并未实质清算,法律亦未禁止破产程序终结后债权人再行提起诉讼追回债务人财产,王某红作为个别债权人有权提起本案诉讼。中盛公司虽已办理注销登记,但存在诉讼未决的情况,故中盛公司管理人应当继续执行职务,其作为第三人的诉讼主体资格适格。一审法院受理中盛公司破产申请后,卢某凤、卢某林、江某应当完全履行出资义务,不受公司章程约定的出资期限限制。现王某红请求卢某凤、江某、卢某林连带向中盛公司管理人出资208,967.68元,未超出卢某凤、江某、卢某林认缴出资额,一审法院予以支持,判决中盛公司原股东卢某凤、江某、卢某林于判决生效后10日内向第三人中盛公司管理人出资208,967.68元,该款项归入中盛公司财产。

江某不服一审判决,提起上诉。

【争议焦点】

破产程序终结后,个别债权人能否提起追收股东未缴出资诉讼,要求将追回的财产进行破产分配?

【审理结果和裁判要点】

二审法院认为,依据《企业破产法》第35条的规定,法院受理破产申请后,债务人的出资人尚未完全履行出资义务的,管理人应当要求该出资人缴纳所认缴的出资,而不受出资期限的限制。《企业破产法解释(二)》第23条规定,债权人通过债权人会议或者债权人委员会,要求管理人依法向次债务人、债务人的出资人等追收债务人财产,管理人无正当理由拒绝追收,债权人会议依据《企业破产法》第22条的规定,申请法院更换管理人的,法院应予支持。管理人不予追收,个别债权人代表全体债权人提起相关诉讼,主张次债务人或者债务人的出资人等向债务人清偿或者返还债务人财产,或者依法申请合并破产的,法院应予受理。

据此,破产程序中,追收股东未缴出资的责任是管理人的法定义务。若债务人无财产可供清偿破产费用,无财产支付诉讼费用,管理人应当召开债权人会议,就追缴出资的问题及债权人垫付诉讼费事宜形成议案。本案中,中盛公司管理人虽未召开债权人会议,但据查明的事实,其已向各债权人发送《征询函》,征询其是否同意垫付向股东提起出资纠纷诉讼的诉讼费用和其他破产费用。因王某红仅同意垫付其债权金额相应的诉讼费,导致中盛公司管理人无法在破产程序中追究股东出资责任,但这只是在破产程序中不予处理,并不意味着免除债务人的债务。因破产程序是概括性清偿程序,出资人的未缴出资属于破产财产,不能进行个别清偿,个别债权人只能代表全体债权人提起诉讼。现王某红提起诉讼要求追收中盛公司股东未缴出资,并要求追回的资金进行破产分配,应予支持,上诉人认为本案属于个别清偿无事实依据。综上,二审法院判决驳回上诉,维持原判。

本案中法院认为,因债权人仅同意垫付其债权金额相应的诉讼费,使得管理人无法在破产程序中追究股东出资责任,进而导致的破产程序的终结并不意味着股东出资义务的消除,个别债权人有权起诉,一旦个别债权人代表全体债权人起诉,其就不等于个别清偿,并不违反《企业破产法》的相关规定。同时,针对这种公司债权债务并未实质清算的情形,法律亦未禁止破产程序终结后债权人再行提起诉讼追回债务人财产。股东之未缴出资,事实上属于破产财产,个别债权人起诉本质上仍然属于破产衍生诉讼的范畴,可以参照破产法中追加分配程序进行处理。即在破产程序终结后,破产企业已经进行了工商注销的情况下,此时个别债权人可以依据最高人民法院《关于适用〈中华人民共和国公司法〉若干问题的规定(三)》(以下简称《公司法解释(三)》)第13条的规定,提起股东损害公司债权人利益责任纠纷之诉,要求公司股东承担清偿责任,追收股东的未缴出资。

(三)核心法条

1.《企业破产法》

第二十一条 人民法院受理破产申请后,有关债务人的民事诉讼,只能向受理破产申请的人民法院提起。

第三十五条 人民法院受理破产申请后,债务人的出资人尚未完全履行出资义务的,管理人应当要求该出资人缴纳所认缴的出资,而不受出资期限的限制。

2.《公司法》

第四十七条 有限责任公司的注册资本为在公司登记机关登记的全体股东认缴的出资额。全体股东认缴的出资额由股东按照公司章程的规定自公司成立之日起五年内缴足。

法律、行政法规以及国务院决定对有限责任公司注册资本实缴、注册资本最低限额、股东出资期限另有规定的,从其规定。

第四十九条 股东应当按期足额缴纳公司章程规定的各自所认缴的出资额。

股东以货币出资的,应当将货币出资足额存入有限责任公司在银行开设的账户;以非货币财产出资的,应当依法办理其财产权的转移手续。

股东未按期足额缴纳出资的,除应当向公司足额缴纳外,还应当对给公司造成的损失承担赔偿责任。

3.《企业破产法解释(二)》

第二十条第一款 管理人代表债务人提起诉讼,主张出资人向债务人依法缴付未履行的出资或者返还抽逃的出资本息,出资人以认缴出资尚未届至公司章程规定的缴纳期限或者违反出资义务已经超过诉讼时效为由抗辩的,人民法院不予支持。

4.《公司法解释(三)》

第九条 出资人以非货币财产出资,未依法评估作价,公司、其他股东或者公司债权人请求认定出资人未履行出资义务的,人民法院应当委托具有合法资格的评估机构对该财产评估作价。评估确定的价额显著低于公司章程所定价额的,人民法院应当认定出资人未依法全面履行出资义务。

第十一条 出资人以其他公司股权出资,符合下列条件的,人民法院应当认定出资人已履行出资义务:

(一)出资的股权由出资人合法持有并依法可以转让;

(二)出资的股权无权利瑕疵或者权利负担;

(三)出资人已履行关于股权转让的法定手续;

(四)出资的股权已依法进行了价值评估。

股权出资不符合前款第(一)、(二)、(三)项的规定,公司、其他股东或者公司债权人请求认定出资人未履行出资义务的,人民法院应当责令该出资人在指定的合理期间内采取补正措施,以符合上述条件;逾期未补正的,人民法院应当认定其未依法全面履行出资义务。

股权出资不符合本条第一款第(四)项的规定,公司、其他股东或者公司债权人请求认定出资人未履行出资义务的,人民法院应当按照本规定第九条的规定处理。

第十三条 股东未履行或者未全面履行出资义务,公司或者其他股东请求其向公司依法全面履行出资义务的,人民法院应予支持。

公司债权人请求未履行或者未全面履行出资义务的股东在未出资本息范围内对公司债务不能清偿的部分承担补充赔偿责任的,人民法院应予支持;未履行或者未全面履行出资义务的股东已经承担上述责任,其他债权人提出相同请求的,人民法院不予支持。

股东在公司设立时未履行或者未全面履行出资义务,依照本条第一款或者第二款提起诉讼的原告,请求公司的发起人与被告股东承担连带责任的,人民法院应予支持;公司的发起人承担责任后,可以向被告股东追偿。

股东在公司增资时未履行或者未全面履行出资义务,依照本条第一款或者第二款提起诉讼的原告,请求未尽公司法第一百四十七条第一款规定的义务而使出资未缴足的董事、高级管理人员承担相应责任的,人民法院应予支持;董事、高级管理人员承担责任后,可以向被告股东追偿。

(四)疑难问题解答

1. 关于股东欠缴出资之债与破产债权抵销的问题

对于当股东亦是债权人时,处于破产状态下,股东以其对公司的债权主张抵销其欠缴出资的债务,是否可以抵销的,存在不同观点,例如,韩传华主张在破产清算程序中,股东欠缴出资可以与股东债权抵销。〔1〕而王欣新教授主张二者不可抵销。〔2〕 从《公司法》第48条的规定来看,对股东出资方式的规定中采用了罗列加定义的方式,即“股东可以用货币出资,也可以用实物、知识产权、土地使用权、股权、债权等可以用货币估价并可以依法转让的非货币财产作价出资”。债权与其他出资方式相比,出资在价值评估、公平转让、利益保护等方面操作较为困难。因此股东欠缴出资之债抵销在企业破产程序中难以适用,在正常经营也应严加管控。允许抵销的前提必须是基于有利于全体债权人,对重整或改善公司财务状况有益,并且应建立起对抵销之债权的合理评估机制,严格把握抵销权行使的公允性、公正性。因

〔1〕 参见韩传华:《注册资本未到位债务能否抵销》,载《人民法院报》2007年7月11日,第6版。

〔2〕 参见王欣新:《破产企业出资人欠缴的注册资本不得与其破产债权抵销》,载《人民法院报》2007年8月30日,第6版。

此,股东欠缴出资之债一般不得抵销。

2. 未届期股东的出资义务加速到期

关于未届期股东的出资义务,实践中,将股权转让从而导致债权人利益落空的事件时有发生,此类事件中,围绕原股东和受让股东是否承担出资义务,存在三种观点:一是合同义务说,其基于合同理论,认为未届期股东转让股权时,并无出资义务,故转让后无须向公司承担出资责任,也无须向公司债权人承担补充责任,除非有证据证明其是恶意转让逃避出资为目。二是团体性义务说,根据《公司法》第 4 条的规定[1],股东认缴出资是对公司的责任,属于团体法上的义务,有别于一般的合同义务,因此转让股东的认缴义务不因股权转让而免除。至于股权转让合同则是新旧股东之间的法律关系,股权转让合同不能作为第三人的公司债权处理。三是债权人信赖利益说,公司注册资本及股东变更通过工商登记备案的方式对外宣示,债权人对股东出资应存在合理信赖,如债权形成于股权转让后,则转让股东不应承担补充责任,若债权形成于股权转让前,则不能免责。根据《企业破产法》第 35 条的规定,法院受理破产申请后,债务人的出资人尚未完全履行出资义务的,管理人应当要求该出资人缴纳所认缴的出资,而不受出资期限的限制。这表明,在公司破产的情形下,股东尚未履行的出资义务,无论是否到期,都应加速到期,以确保债权人的利益得到最大限度的保护。

具体到前述典型案例 1 中中铁集团公司与中铁物流公司、远大公司追收未缴出资纠纷案,当公司处于对外支付不能的状态时,公司有权通过诉讼要求未届出资期限的股东缴纳出资,未届期股东转让股权的,该出资义务也不因股权转让而免除,且股权受让方明知前手未出资情况,受让后亦未出资,承担连带责任。

3. 非货币财产出资方式的认定

《公司法》第 49 条第 2 款规定,以非货币财产出资的,应当依法办理其财产权的转移手续。《公司法解释(三)》第 10 条规定,出资人以房屋、土地使用权或者需要办理权属登记的知识产权等财产出资,已经交付公司使用

---

〔1〕《公司法》第 4 条规定:"有限责任公司的股东以其认缴的出资额为限对公司承担责任;股份有限公司的股东以其认购的股份为限对公司承担责任。公司股东对公司依法享有资产收益、参与重大决策和选择管理者等权利。"

但未办理权属变更手续，公司、其他股东或者公司债权人主张认定出资人未履行出资义务的，法院应当责令当事人在指定的合理期间内办理权属变更手续；在前述期间内办理了权属变更手续的，法院应当认定其已经履行了出资义务；出资人主张自其实际交付财产给公司使用时享有相应股东权利的，法院应予支持。出资人以前述规定中的财产出资，已经办理权属变更手续但未交付给公司使用，公司或者其他股东主张其向公司交付、并在实际交付之前不享有相应股东权利的，法院应予支持。基于以上规定可知，股东以实物出资的，对于不需要办理权属变更登记的动产，可以直接由股东将该项实物交付给公司，由公司控制，即可视为其履行了出资义务；对于需要办理实物资产的权属变更登记的（如房产），股东需要实际交付财产给公司使用并办理权属变更手续，才视为其履行了出资义务。

在张某元、吴某波追收未缴出资纠纷案〔1〕中，张某元、吴某波以个人名义购买的机器设备虽为豪辰尔泰公司使用，但未进行过财产价值评估，亦未依法办理财产权的转移手续，不符合以非货币财产出资的形式，也不符合公司章程的规定，不能认定为出资。在温州珍谷公司、朱某瑞追收未缴出资纠纷案〔2〕中，双方签订认购增资协议就各方的出资方式及出资期限已作出明确约定，为真实意思表示，应按协议约定履行出资义务。朱某瑞主张其系通过实物出资方式履行出资义务，但所移交的实物并未经评估机构进行评估，温州珍谷公司其他股东亦不认可其变更出资方式，在双方就出资方式存有明确约定的情况下，法院认定朱某瑞系以实物出资的方式履行出资义务，与认购增资协议约定的出资方式不符，其相关行为不能被认定为出资。

4. 股东未实缴出资的追收主体

股东未实缴出资的追收主体可以分为由管理人代表债务人追收和代表全体债权人的个别债权人追收两种，下面分别进行说明。

首先，由管理人代表债务人追收。依据《企业破产法解释（二）》第 20 条的规定，企业进入破产程序后，股东出资追收活动的开展主体原则上应当是管理人。管理人可依据《公司法》的相关规定代表债务人提起诉讼，主张公司的发起人和负有监督股东履行出资义务的董事、高级管理人员，或者协助

〔1〕 参见广东省高级人民法院民事判决书，(2017)粤民终 2805 号。
〔2〕 参见浙江省高级人民法院民事判决书，(2016)浙民终 592 号。

抽逃出资的其他股东、董事、高级管理人员、实际控制人等，对股东违反出资义务或者抽逃出资承担相应责任，并将财产归入债务人财产。但需要注意，在采用非诉手段进行催缴的过程中，管理人虽然可以基于法定职权以自身名义开展清收行为，但本质上还是代表债务人，相关权利和义务的承担主体还是债务人。同时，若因此发生股东出资追缴纠纷诉讼，管理人不能直接作为原告，而是只能作为债务人的诉讼代表人参与诉讼，适格原告仍然是债务人。通常，管理人在提起股东出资纠纷前可以在债权人会议中进行表决，向全体债权人披露证据材料内容、追收成本以及败诉风险，由全体债权人决定是否提起诉讼。

其次，代表全体债权人的个别债权人追收。破产程序可视为一个终局性、概括性的债务清偿程序，基于其债权债务公平清偿的基本原则，在法院受理公司破产申请后，股东未实缴的出资原则上应当由管理人代表公司进行追收，统一分配。个别债权人除代表全体债权人追收外，其无法以自己的名义清收，否则将导致个别清偿行为的发生。管理人怠于履职，债权人有权申请法院更换管理人，或直接由个别债权人代表全体债权人提起股东出资追收诉讼。在此种追收方式下，股东未实缴出资被追回后，提起诉讼的个别债权人并不会因此获得《企业破产法》规定的清偿顺位外的优先清偿权，追回的出资应当由法院或者管理人依法公平分配。

5. 被追收出资主体的范围

根据《企业破产法》第 35 条的规定，法院受理破产申请后，债务人的出资人尚未履行出资义务的，管理人应当要求该出资人缴纳所认缴的出资，此处“尚未完全履行出资义务”既包括完全未履行出资义务的情形，也包括已经部分履行出资义务的情形，还包括未适当履行出资义务的情形。赋予管理人突破公司注册资本认缴制下股东出资期限利益的权利，向股东追收未实缴之出资。结合《公司法》及相关司法解释的规定，在特定情形下，设立时其他股东、董事、高级管理人员、转让股权的原股东等也应当承担相应的法律责任，而这往往是实务中管理人容易忽略的地方，易引发管理人履职漏洞。现将股东未实缴出资中可能涉及的责任主体类型、承担责任的条件、责任范围及关联法条列举如下：

(1)股东。对于股东认缴但未实缴出资的，根据《公司法》第 49 条第 3 款的规定，股东未按期足额缴纳出资的，除应当向公司足额缴纳外，还应当对给公司造成的损失承担赔偿责任。

(2)设立时的其他股东。对于存在股东出资不足的情形的,根据《公司法》第50条的规定,有限责任公司设立时,股东未按照公司章程规定实际缴纳出资,或者实际出资的非货币财产的实际价额显著低于所认缴的出资额的,设立时的其他股东与该股东在出资不足的范围内承担连带责任。

(3)已转让股权的原股东。对于已转让股权的原股东,存在其转让的股权系已认缴但未实缴出资且受让股东未按期足额缴纳出资的情形,《公司法》第88条规定,已转让股权的原股东对受让股东未按期缴纳的出资承担补充责任。同时规定,未按照公司章程规定的出资日期缴纳出资或者作为出资的非货币财产的实际价额显著低于所认缴的出资额的股东转让股权的,转让股东与受让股东在出资不足的范围内承担连带责任,受让股东不知道且不应当知道存在该情形的,由已转让股东的股东承担责任。《公司法解释(三)》第18条规定,前手股东未履行或未全面履行出资义务,受让股东对此知情或应当知情的,应承担连带责任。

(4)董事、高级管理人员。董事、高级管理人员负有监督、催缴股东出资的义务,根据《公司法》第51条的规定,有限责任公司成立后,董事会应当对股东的出资情况进行核查,发现股东未按期足额缴纳公司章程规定的出资的,应当由公司向该股东发出书面催缴书,催缴出资。未及时履行上述规定的义务,给公司造成损失的,负有责任的董事应当承担赔偿责任,即可向未尽勤勉义务的董事和高级管理人员追究赔偿责任。司法实践中,在2023年修订的《公司法》实施之前,实践中有判决[1]认为,根据法律规定,公司董事、监事、高级管理人员对公司负有勤勉义务。公司增资时,向股东催收资本属于董事、高级管理人员勤勉义务的职责。如果股东未履行或者未全面履行出资义务的,公司、其他股东或者债权人有权请求公司董事、高级管理人员承担补充责任。董事、高级管理人员承担责任后,可以向未履行或未全面履行出资义务的股东追偿。

(5)失权股东。失权股东具体可分为两种情形:一是根据《公司法》第52条第2款的规定,如破产受理前债务人未完成丧失股权转让或注销的,就其未实缴的出资承担清偿责任。公司的其他股东,应按照出资比例对失权

---

〔1〕 参见上海市嘉定区人民法院民事判决书,(2020)沪0114民初13518号。

股东未实缴的出资承担连带出资责任。二是失权股东丧失的股权转让后,受让股东仍未实缴的,根据《公司法》第 88 条的规定,应当对受让股东未如期缴纳的出资承担补充责任。《公司法》第 52 条仅规定了股东失权发生后未在法定期限 6 个月内完成失权股东所持股权转让和注销时,由公司其他股东按照其出资比例足额缴纳相应出资,但未述及失权股东与其他股东之前的出资责任如何分配。基于公平原则,笔者认为,丧失股权所对应出资缴纳义务的责任主体仍应是失权股东,为保护公司债权人权益,其他股东仅按照出资比例承担连带出资责任,其他股东承担连带出资责任后有权向失权股东追偿。

(五)追收未缴出资纠纷的实务操作

1. 诉讼主体

(1)原告:债务人、管理人代表债务人提起诉讼。

(2)被告:债务人的未履行出资义务的股东、设立时的其他股东、已转让股权的原股东、未尽勤勉义务的董事和高级管理人员、失权股东等。

2. 案由

《民事案件案由规定》将追收未缴出资纠纷作为四级案由规定在内。

3. 管辖

根据《企业破产法》第 21 条的规定,法院受理破产申请后,有关债务人的民事诉讼,只能向受理破产申请的法院提起。

4. 诉讼时效

《企业破产法解释(二)》第 19 条第 1 款规定:"债务人对外享有债权的诉讼时效,自人民法院受理破产申请之日起中断。"该条规定属于《民法典》第 188 条规定的对诉讼时效"法律另有规定的,依照其规定"的情况,应优先适用。依据该规定,破产企业对外债权的诉讼时效自破产案件受理时发生中断效果,且为自动中断。而根据《民法典》第 195 条的规定,诉讼时效中断的,从中断、有关程序终结时起,诉讼时效期间重新计算。

5. 诉讼请求

(1)请求股东履行出资义务。

(2)请求设立时股东、转让股权的股东、失权股东、未尽勤勉义务的董事和高级管理人员承担补充责任或连带责任。

(3)请求承担未按期履行出资义务期间的利息。

五、追收抽逃出资纠纷

(一)追收抽逃出资纠纷的概念

"追收抽逃出资纠纷",是指管理人在破产程序中对债务人股东抽逃已投入公司的出资予以追收而产生的纠纷。《公司法》第53条规定,股东抽逃出资的,股东承担返还抽逃出资的责任,并新增第二款规定负有责任的董事、监事、高级管理人员承担连带赔偿责任。该规定进一步细化了禁止股东抽逃出资的责任,有效对接注册资本认缴登记制度,即有限责任公司股东出资期限不得超过5年的法律规定。因此,从法律层面加大对股东抽逃出资行为的规制,保障公司、其他股东以及公司债权人的合法权益。

股东的出资既是公司设立的物质基础,也是维护公司资本的必备要素,更是公司有效运营的内在要求。"股东不得抽逃出资"体现公司资本维持原则,亦是公司对外独立承担责任的基本要求。据此,公司验资注册后,股东不得将所缴公司的出资暗中撤回,而保留股东身份和原有出资额,否则将侵蚀公司资本,损害公司的合法财产利益,甚至是债权人利益。换言之,股东的出资形成公司的独立财产,依据公司"法人人格独立"制度和权利义务相一致原则,则公司的财产不得随意发生变动,亦不可能发生股东抽逃出资的情形。对于股东而言,其仅能通过转让方式或者特定情形下由公司回购股东而收回资本,不得随意撤回出资。司法实践中存在公司股东或发起人在完成出资后,以非法手段将已投入的资本撤回,同时保留股东身份的行为。该行为损害公司资本信用,危及债权人利益,属于违法行为。司法实践中常见的抽逃出资情形如下,管理人应谨慎注意。

1. 虚构债务或合同套取资金

通过伪造虚假合同或虚构债务关系(如虚假货款、服务费、赔偿金等),将公司资金转移至关联方或个人账户。如股东与关联公司签订无真实交易的采购合同,以支付货款名义转移资金,随后关联方将资金返还股东。

2. 虚假交易或虚开发票

通过虚增成本、虚构业务支出或虚开发票套取资金。如设立空壳公司,以虚高价格采购商品,资金经空壳公司回流至股东账户。表面符合商业流程，但无真实交易背景，资金流向异常。

3. 利用关联交易转移资产

通过关联方以不合理价格交易（如高价采购、低价出售资产）转移资金。如股东控制的关联公司以市价两倍向目标公司出售设备，变相抽回出资。交易价格明显偏离市场公允价值，损害公司利益。

4. 以股东借款名义长期占用资金

股东以“借款”名义提取资金，长期不归还或无还款意图。股东借款须经股东会决议，约定合理利息与期限；若未经程序或明显无偿还能力，可能被认定为抽逃。

5. 虚增利润进行非法分配

通过财务造假虚增利润，以分红名义分配公司资本。如公司未实际盈利，但伪造报表分配“利润”，导致资本减少。

6. 循环出资后抽逃

出资后迅速转出资金，再循环用于其他公司验资。如以投资名义转移，股东注资后立即以“对外投资”名义将资金转至关联企业，实际形成空壳公司。

7. 利用公司担保或抵押套现

以公司资产为股东个人债务提供担保，或抵押贷款后侵占资金。如此行为，将导致公司承担连带责任，变相抽逃资本，损害债权人利益。

8. 通过复杂股权结构转移资金

借助离岸公司、多层持股等架构，通过跨境或隐蔽交易转移资金。资金路径复杂，规避监管，但本质仍属抽逃行为。

股东抽逃出资行为形式多样，但核心在于非法转移公司资本，破坏资本维持原则。根据《企业破产法》及相关司法解释，在破产程序中，管理人依法追收股东抽逃的出资是维护公司资产完整性、保障债权人权益的重要职责。识别时须结合交易实质、资金流向及程序合法性，关联交易排查及第三方审计等方式，防范以合法形式掩盖非法目的的行为。若抽逃行为发生在破产受理前1年内，可结合破产撤销权请求法院撤销该行为并追回财产；对涉嫌抽逃出资罪的股东，管理人可向公安机关报案，通过刑事程序追缴赃款并移交破产财产分配。同时，管理人应与法院、债权人会议保持密切沟通，必要时申请专项授权，确保追收程序合法高效。依据相关规定，管理人代表债务人提起诉讼,主张公司的发起人和负有监督股东履行出资义务的董事、高级管理人员,或者协助抽逃出资的其他股东、董事、高级管理人员、实际控制人等,对股东违反出资义务或者抽逃出资承担相应责任,并将财产归入债务人财产。

(二)典型案例分析

1.管理人对股东抽逃出资及共同抽逃出资之行为承担举证责任

案例　大唐万安置业公司与国瑞投资集团追收抽逃出资纠纷、股东出资纠纷案

审理法院:最高人民法院

案　　号:(2019)最高法民申3096号

【基本案情】

大唐万安置业公司于2008年8月成立。截至2011年4月26日,公司注册资本和实收资本均为2亿元,股东为国瑞投资集团公司(42.15%)、首信金达公司(20.71%)、丰嘉投资公司(20%)。2015年4月19日,安徽某会计师事务所作出《专项审计报告》并载明大唐万安置业公司审计调减1.3亿元,相应股东资本依额调减,审计调整后实收资本7000万元。2015年6月29日,安徽东兰建筑公司、首信金达公司、许某、国瑞投资集团公司签订《项目合作协议书》,明确大唐万安置业公司重组资本结构为7000万元,股东变更安徽东兰建筑公司(51%)、首信金达公司(28%)、国瑞投资集团公司(7%)、许某(14%),并做出相应的调账说明,但并未到工商部门办理变更登记。2015年12月9日。法院受理大唐万安置业公司重整申请,并指定大唐万安置业公司清算组为管理人。

大唐万安置业公司管理人代表大唐万安置业公司提起追收抽逃出资纠纷诉讼,主张国瑞投资集团公司、许某、首信金达公司、丰嘉投资公司承担抽逃出资责任。一审法院裁判认定国瑞投资集团公司、许某、首信金达公司、丰嘉投资公司并不存在抽逃出资行为,驳回大唐万安置业公司的诉讼请求。

大唐万安置业公司不服一审判决,提起二审诉讼。二审法院裁判驳回上诉,维持原判。

大唐万安置业公司不服二审判决,遂提起再审诉讼。

【争议焦点】

大唐万安置业公司能否要求国瑞投资集团公司返还抽逃出资4930万元，许某、首信金达公司、丰嘉投资公司是否应承担连带责任？

【审理结果和裁判要点】

再审法院认为，大唐万安置业公司与公司股东及相关关系人之间存在一系列资金往来情况，大唐万安置业公司进入破产重整程序后，破产管理人应当完整审核大唐万安置业公司与公司股东及相关关系人之间的资金往来过程，确定大唐万安置业公司各股东的出资是否到位、出资是否被抽逃或被他人非法占有等具体情况，进而确定相应的责任主体、责任性质及责任数额等，如必要其可自行委托专业机构对各股东的出资及是否存在抽逃出资等事实进行审计，无须向法院申请，故原审法院对其调取相应的证据以及进行审计申请未予准许并无不当。而根据大唐万安置业公司提供的现有证据，尚不足以证明各被申请人存在抽逃出资及共同抽逃出资的行为，原审据此驳回其诉讼请求的基本事实并不缺乏证据证明、适用法律亦无不当。故再审法院依法裁定驳回大唐万安置业公司的再审申请。

抽逃出资本质是指公司的股东非法将出资抽回，从而损害公司甚至债权人的合法权益。对此，最高人民法院《关于适用〈中华人民共和国公司法〉若干问题的规定（二）》（以下简称《公司法解释（二）》）对抽逃出资的情形进行了规定，并明确将损害公司权益作为实质要件。就损害公司利益的实质要件而言，对其判断标准应是违反资本维持原则，具体表现为公司无法保持与注册资本相应的财产，对此需要通过审查公司生产经营的实际情况、公司资本、对外负债等经营情况，从而综合认定抽逃出资行为。公司进入破产程序后，为维护债权人的利益，管理人全权接管债务人的财产，负有完整审核债务人与相关关系人之间的资金往来情况的义务，查明抽逃出资事实及数额的义务。具体到本案来说，大唐万安置业公司仅有《股权转让协议书（内部）》复印件，且无法证明该复印件系从国瑞投资集团、许某等四股东处取得，即无法证实该复印件的真实，加之无其他证书，则无法证明四股东存在抽逃出资的行为。因此，大唐万安置业公司无权要求国瑞投资集团返还出资，亦无权要求许某、首信金达公司、丰嘉投资公司承担连带责任。

2. 认缴的出资额在验资程序后未有合理事由当日转出款项的，构成抽逃出资

案例 | 景田公司与陈某某、廖某、刘某追收抽逃出资纠纷案

审理法院：重庆市渝中区人民法院

出　　处：本案系重庆市第五中级人民法院2022年发布的破产衍生诉讼典型案例（三）〔1〕

【基本案情】

2016年12月27日，陈某某、廖某、刘某三人共同出资成立景田公司（分别持股35%、35%、30%），注册资本为300万元，并于2017年12月前完成所有认缴出资。2020年7月，重庆第五中级人民法院裁定受理景田公司破产清算，景田公司管理人经调查发现，三股东共同出资汇入300万元到公司账户，出具相应的验资报告。同日，景田公司将此款项认定为结算款性质，并转入聪志公司，但双方并不存在任何业务往来，且景田公司并未收到聪志公司的等价资产。景田公司管理人认为，陈某某、廖某、刘某将出资款转入公司账户，又以往来结算款的名义转出到无任何业务往来的公司，属于明显的通过虚构债权债务关系抽逃出资损害公司财产权益，应对三股东抽逃出资的事实予以认定。景田公司管理人代表债务人提起诉讼，要求各股东返还各自抽逃的出资款并赔偿利息损失，各股东对彼此出资本息责任承担连带责任。

【争议焦点】

债务人破产申请受理前，陈某某、廖某、刘某已完成认缴的出资额验资程序后当日转出款项的行为是否构成抽逃出资？

【审理结果和裁判要点】

法院审理认为，股东在验资当天将全部出资款从公司账户转出，以往来结算款的名义转至第三人聪志公司账户，未能提供证据证明公司与第三人聪志公司订立时有相关合同及存在商业往来活动的事实，公司亦未收到第

〔1〕 参见重庆五中院：《债务人破产申请受理前，股东已完成认缴的出资额验资程序后当日转出是否构成抽逃出资——景田公司诉陈某某、廖某、刘某追收抽逃出资纠纷案》，载重庆市第五中级人民法院网2022年9月20日，http://cq5zy.cqfygzfw.gov.cn/article/detail/2022/09/id/6921248.shtml。

三人聪志公司提供的等价资产。故对股东抽逃出资的事实应当予以认定,即三股东的汇款又转出的行为构成抽逃出资的事实成立。法院依法判决:支持景田公司管理人的全部诉讼请求。

抽逃出资是严重损害公司利益的行为,构成侵蚀公司资本的行为,但司法实践中抽逃出资的方式多种多样,具有复杂性、模糊性、隐蔽性质的特点,往往很难从表面判断其是否构成抽逃出资。实践中,需要具体看出资行为是否实际属于公司资本,或转化为公司实际运营的物质基础等。本案中,首先,股东出资资金从景田公司转移至第三人聪志公司时,聪志公司并未向景田公司交付等值的资产或权益。景田公司财务记录虽记为"其他往来"且系"结算款"性质,但聪志公司与景田公司并未有真正的、公平的业务往来,也无有关的合同、发票、汇款单据予以佐证。其次,转出资金的数额与股东出资的数额相吻合,且在完成验资程序后立即转入聪志公司银行账户。三股东的这一行为减少了公司的财产,破坏了公司的运营和营利能力,虽已经过验资程序,但该出资并未为公司的运营提供物质基础,也并未使用出资进行生产经营。因此,破产受理申请前,三股东汇入景田公司款项又转出至聪志公司的行为构成抽逃出资行为。法院受理破产申请后,债务人股东抽逃出资的,势必会削弱债务人的清偿能力,使债权人的权益得不到充分保护,管理人依法应当要求股东全面履行出资义务,亦包括代表债务人对股东提起诉讼主张返还抽逃的出资本息。

3. 管理人可向名义股东追缴抽逃出资

案例 | 吴某艳等与艳阳公司追收抽逃出资纠纷案

审理法院:浙江省温州市中级人民法院

案　　号:(2017)浙03民终6079号

【基本案情】

2013年9月23日,艳阳公司成立,设立时注册资本150万元。2013年9月12日,公司章程约定吴某艳为出资人(持有公司股份的60%,应缴出资款为90万元)且为法定代表人,必须于2013年9月前缴足出资金额90万元。2013年9月23日,某会计师事务所出具验资报告,确认收到全体股东以货币形式缴纳的注册资本。2013年11月22日、12月2日,艳阳公司以借款名义分别转账10万元、28万元到吴某艳个人账户;2014年1月2日,艳阳公司以往来款项转账30余万元到吴某艳个人账户。

2015年10月30日，吴某艳与吴某雷签订股权转让协议，将其持有的90万元股权进行转让，并办理相关代表人变更手续。

2016年10月28日，法院受理艳阳公司的破产清算，指定浙江嘉瑞成律师事务所为管理人。艳阳公司管理人发现吴某艳与艳阳公司存在交易往来并未归还的情形，遂提起抽逃出资诉讼。一审法院判决吴某艳返还出资款并赔偿利息损失。

吴某艳不服一审判决，称其为名义股东，未实际出资或参与经营管理，且涉案银行卡实际为公司使用，相应的款项也没有用于其个人。遂提起上诉，请求撤销一审判决，依法改判驳回艳阳公司的诉讼请求。

【争议焦点】

公司破产后，破产管理人可否向名义股东追缴抽逃出资？

【审理结果和裁判要点】

二审法院认为，股东必须依法履行出资义务。违反出资义务的行为，在公司成立之后，则同时构成公司法上的违法行为和损害公司利益的行为，公司有权向其追究责任。吴某艳作为一名具备完全民事行为能力的自然人，应当明白在公司章程和工商登记材料上签字的法律后果。其在签名成为艳阳公司的股东后，不得将出资款项转入公司账户验资后又转出或通过虚构债权债务关系将其出资转出。而吴某艳在缴纳出资90万元后，将总计702,710元以借款、往来款名义从艳阳公司账户转入了其个人账户。

此外，吴某艳为工商登记持有艳阳公司60%股份的股东，在艳阳公司未能偿还债权人欠款经破产程序后，应由艳阳公司管理人向其追收抽逃出资。根据《公司法解释（三）》（2014年）第26条第1款“公司债权人以登记于公司登记机关的股东未履行出资义务为由，请求其对公司债务不能清偿的部分在未出资本息范围内承担补充赔偿责任，股东以其仅为名义股东而非实际出资人为由进行抗辩的，人民法院不予支持”的规定，无论其在本案中是名义股东还是实际股东，均应在未出资本息范围内承担补充赔偿责任，因此，吴某艳以其为名义股东、其个人账户系出借账户作为其无须承担责任的抗辩主张无法律依据，法院不予支持。二审法院认为，一审法院判决吴某艳返还出资款并赔偿利息损失属认定事实清楚、适用法院正确，故驳回吴某艳上诉请求。

根据《公司法解释（三）》第12条的规定，透过虚构债务关系将出资转出的行为构成抽逃出资的认定，即不得将出资款项转入公司账户后又转出。具体到本案来说，吴某艳作为艳阳公司的股东兼为法定代表人，签名公司章程内容和在工商登记处进行登记签名，即实际成为艳阳公司的股东。此时，吴某艳将70多万元款项以借款、往来款名义从公司账户转入个人账户，需要承担相应抽逃出资的法律后果。根据《公司法解释（三）》第26条的规定，无论是名义股东还是实际股东，均需要在未出资本息范围内承担补充赔偿责任。据此，不能免除吴某艳抽逃出资部分的责任。

（三）核心法条

1.《企业破产法》

第二十五条 管理人履行下列职责：

（一）接管债务人的财产、印章和账簿、文书等资料；

（二）调查债务人财产状况，制作财产状况报告；

（三）决定债务人的内部管理事务；

（四）决定债务人的日常开支和其他必要开支；

（五）在第一次债权人会议召开之前，决定继续或者停止债务人的营业；

（六）管理和处分债务人的财产；

（七）代表债务人参加诉讼、仲裁或者其他法律程序；

（八）提议召开债权人会议；

（九）人民法院认为管理人应当履行的其他职责。

本法对管理人的职责另有规定的，适用其规定。

第三十五条 人民法院受理破产申请后，债务人的出资人尚未完全履行出资义务的，管理人应当要求该出资人缴纳所认缴的出资，而不受出资期限的限制。

第一百三十条 管理人未依照本法规定勤勉尽责，忠实执行职务的，人民法院可以依法处以罚款；给债权人、债务人或者第三人造成损失的，依法承担赔偿责任。

2.《企业破产法解释（二）》

第二十条 管理人代表债务人提起诉讼，主张出资人向债务人依法缴付未履行的出资或者返还抽逃的出资本息，出资人以认缴出资尚未届至公司章程规定的缴纳期限或者违反出资义务已经超过诉讼时效为由抗辩的，人民法院不予支持。

管理人依据公司法的相关规定代表债务人提起诉讼，主张公司的发起人和负有监督股东履行出资义务的董事、高级管理人员，或者协助抽逃出资的其他股东、董事、高级管理人员、实际控制人等，对股东违反出资义务或者抽逃出资承担相应责任，并将财产归入债务人财产的，人民法院应予支持。

第二十三条　破产申请受理后，债权人就债务人财产向人民法院提起本规定第二十一条第一款所列诉讼的，人民法院不予受理。

债权人通过债权人会议或者债权人委员会，要求管理人依法向次债务人、债务人的出资人等追收债务人财产，管理人无正当理由拒绝追收，债权人会议依据企业破产法第二十二条的规定，申请人民法院更换管理人的，人民法院应予支持。

管理人不予追收，个别债权人代表全体债权人提起相关诉讼，主张次债务人或者债务人的出资人等向债务人清偿或者返还债务人财产，或者依法申请合并破产的，人民法院应予受理。

第四十六条　债务人的股东主张以下列债务与债务人对其负有的债务抵销，债务人管理人提出异议的，人民法院应予支持：

（一）债务人股东因欠缴债务人的出资或者抽逃出资对债务人所负的债务；

（二）债务人股东滥用股东权利或者关联关系损害公司利益对债务人所负的债务。

3.《公司法》

第五十三条　公司成立后，股东不得抽逃出资。

违反前款规定的，股东应当返还抽逃的出资；给公司造成损失的，负有责任的董事、监事、高级管理人员应当与该股东承担连带赔偿责任。

4.《公司法解释（三）》

第十二条　公司成立后，公司、股东或者公司债权人以相关股东的行为符合下列情形之一且损害公司权益为由，请求认定该股东抽逃出资的，人民法院应予支持：

（一）制作虚假财务会计报表虚增利润进行分配；

（二）通过虚构债权债务关系将其出资转出；

(三)利用关联交易将出资转出;

(四)其他未经法定程序将出资抽回的行为。

第二十六条 公司债权人以登记于公司登记机关的股东未履行出资义务为由,请求其对公司债务不能清偿的部分在未出资本息范围内承担补充赔偿责任,股东以其仅为名义股东而非实际出资人为由进行抗辩的,人民法院不予支持。

名义股东根据前款规定承担赔偿责任后,向实际出资人追偿的,人民法院应予支持。

(四)疑难问题解答

1. 管理人诉讼主体地位

根据《企业破产法》第25条第1款第7项的规定,管理人有权代表债务人参加诉讼,但仍存在适用上的不明确。理论界存在两种观点:第一种观点认为,债务人作为诉讼当事人,而管理人仅能作为债务人的法定代表人或者委托管理人参加诉讼;[1]第二种观点认为,应参照世界各国破产法的规定,以便管理人得以在债务人相关诉讼中作为独立的原告或者被告。[2] 而司法实践中,亦存在三种情况:一是破产公司作为原告,管理人即为诉讼代表人或者以管理人身份参加诉讼(司法常态);[3]二是管理人作为原告代破产公司起诉,法院予以部分支持;[4]三是管理人作为原告,直接参与案件审理。[5]

从体系解释角度而言,根据《民法典》的规定,法人应当具备自己的名称、财产或者经费,但进入破产程序后债务人无法对其财产和经费享有支配

〔1〕 参见雷震、帅晓东:《破产派生诉讼若干问题法律问题探讨》,载《人民司法》2017年第17期。

〔2〕 参见李季宁:《管理人制度相关问题探析》,载《法律适用》2007年第10期。

〔3〕 参见最高人民法院民事裁定书,(2020)最高法民申2252;江苏省高级人民法院民事裁定书,(2021)苏民辖终56号。

〔4〕 参见湖北省黄冈市中级人民法院民事裁定书,(2016)鄂11民初15号;广东省深圳市中级人民法院民事裁定书,(2020)粤03民初757号。

〔5〕 参见辽宁省高级人民法院民事判决书,(2016)辽民终70号;江苏省靖江市人民法院民事判决书,(2020)苏1282民初159号;浙江省龙泉市人民法院民事判决书,(2018)浙1181民初628号。

权,即处于名存实亡的状态,亦无法要求债务人进入诉讼程序,作为诉讼主体。[1] 委托代理的观点的依据在于债务人的法律主体存在,管理人是表意机关,属于民事诉讼法上的法人与其代表人之间的法定代理关系,即准用法定代理的关系。其与破产法基本原理相冲突,债务人进行破产后名存实亡,其财产全部由被管理人接管,则管理人代表的利益处于权属不明的阶段,无法认定其为债务人的法定代理人。

从当事人适格理论来看,民事诉讼法明确规定了诉讼担当制度——第三人代替诉讼标的的权利义务主体行使诉讼实施权,而且该第三人和实体权利义务均受到判决的约束。[2] 从上述分析可知,破产管理人并非追收出资诉讼判决的实际承受人,更多系依托适格原告的身份所享有的诉讼实施权,即破产管理人正当处分被担当人债务人的实体权利,保护诉讼权利义务的最终归属主体,即全体债权人的利益。[3] 需要进一步说明的是,破产管理人清查财产关注企业的再生可能性,对于能够追回出资从而满足债权人需求的,则予以终结破产承租,保护债务人的合法权利。因此,笔者认为,对破产管理人予以原告适格身份的理论更为合理,但目前司法实践并未采纳该观点,说明在相关冲突问题中诉讼担当理论仍有其适用的意义。

纵观从理论到司法实践,产生争议的关键点在于诉讼代表人或者债务人的委托代理人、适格原告概念的明晰。就诉讼代表人而言,依据《民事诉讼法》的规定,是指当事人一方人数众多的共同诉讼中推选或者指定的主体,即仅限于共同诉讼。但管理人对诉讼标的具有利益无相关性,不符合共同诉讼类型,亦无法作为诉讼代表人。支持该诉讼代表人的理由在于公司清算与公司破产情形相类似,公司清算由清算组负责人代表参与诉讼,则破产管理人亦可享有代表债务人参与诉讼的职权,即被告为债务人公司,破产管理人作为诉讼代表人参加诉讼,此观点系司法实践的主流观点。[4]《企业破产法解释(二)》第18条明确规定:"管理人代表债务人依据企业破产法第一百二十八条的规定,以债务人的法定代表人和其他直接责任人员对所涉债务人财产的相关行为存在故意或者重大过失,造成债务人财产损失为由提

---

〔1〕 参见翼宗儒、钮杨:《破产管理人民事诉讼地位错位之分析》,载《河北法学》2016年第4期。

〔2〕 参见浙江省瑞安市人民法院民事判决书,(2015)温瑞商初字第5901号。

〔3〕 参见赵吟:《破产管理人追收股东出资的规范进路》,载《商业经济与管理》2021年第9期。

〔4〕 参见最高人民法院第四巡回法庭民事裁定书,(2017)最高法民申3416号。

起诉讼，主张上述责任人员承担相应赔偿责任的，人民法院应予支持。”即对破产管理人诉讼代表人身份予以明确。但需要注意，管理人为诉讼代表人的衍生诉讼类型主要有：追收未缴出资纠纷、追收抽逃出资纠纷、破产债权确认纠纷、取回权纠纷、损害债务人利益纠纷等；而请求撤销个别清偿行为纠纷、请求确认债务人行为无效纠纷、破产撤销权纠纷、破产抵销权纠纷、管理人责任纠纷等衍生诉讼类型应由管理人为当事人。

2. 破产管理人追收抽逃出资的数额范围

根据《公司法》对注册资本认缴机制的规定，股东负有依约定期限定向公司出资的义务。但具体到现实情况中，存在破产债权小于股东抽逃出资数额的特殊破产案件，而破产管理人仅以债权总额予以追收出资，法院的普遍做法通常是以“系原告自行处分的诉讼权利”等理由对管理人的处分行为予以承认。[1] 就其本质而言，破产管理人所享有的民事权利系以不损害破产债权人的清偿利益和债务人的再生利益为前提的自由处分权，而破产管理人以债权总额追收出资并不影响债权人或者债务人的利益，应当予以认可。支持此观点的理由在于，需要对追收抽逃出资背后的债权人利益、债务人利益予以衡量后进行判断。就债权人的清偿利益来说，公司进入破产程序后股东无足额资产或因资产的性质、权利关系复杂等而无法变现，此时管理人高额追收出资亦会陷入无法追回的尴尬境地；诉讼程序中按照追收出资金额计算诉讼费用标准，若按照债权总额计算，能够有效降低诉讼费用、提高追回出资的可能性。就债务人的再生利益来说，倘若追收出资的行为有效使得债权被清偿，债务人则有较大可能性终止破产程序，免除破产，而追收出资总额只要达到债权被全额清偿的效果即可，那么无论是否以债权总额追收都无任何影响。[2]

但需要注意的是，在基于破产追收抽逃出资纠纷产生的诉讼费用缴纳标准下，管理人以债权总额追收股东出资为被迫之举，仍然未从根本上实现债权人清偿利益的最大化。针对此问题，可参照一些地方法院的做法，以上海为例，上海市高级人民法院《关于破产衍生诉讼案件诉讼费缓交相关问题的通知》和《企业破产工作经费管理办法（试行）》中明确了破产衍生诉讼案

〔1〕 参见浙江省临海市人民法院民事判决书，(2020)浙1082民初11271号。

〔2〕 参见赵吟：《破产管理人追收股东出资的规范进路》，载《商业经济与管理》2021年第9期。

件诉讼费用缓交的规定(包括追收抽逃出资纠纷),能够有效减少破产管理人的顾虑,从而有利于最大化地维护债权人利益。

3. 抽逃出资行为的法定认定标准

抽逃出资行为在本质上系不全面履行出资义务的体现,但具体如何认定股东不履行出资义务、构成抽逃出资行为,存在不同认定要求。据此,根据《公司法解释(三)》第20条[1]的规定,当原告对股东履行出资义务产生合理怀疑时,则由被告股东对其是否履行出资义务承担举证责任。司法实践中最为常见的做法系破产管理人提供银行流水证明出资款打入公司账户后又立即转出,即产生合理怀疑的事实认定,那么则由股东对出资款项的性质进行具体说明举证,若无法说明,则认定其构成抽逃出资的行为。例如,在杨某丽等与和联盛公司追收抽逃出资纠纷案[2]中,薛某文、杨某杰于2012年12月即和联盛公司成立之日,将各自认缴的合计50万元出资款转入和联盛公司的银行账户内,但同日完成验资后,其即将该笔50万元款项以往来款的名义转至英硕商贸账户中。因薛某文、杨某杰、杨某丽均未能提交证据证明和联盛公司与英硕商贸订立有相关书面合同及存在商业往来活动的事实,故上述行为构成抽逃出资。

根据《公司法》第53条的规定,公司成立后,股东不得抽逃出资。违反上述规定的,股东应当返还抽逃的出资;给公司造成损失的,负有责任的董事、监事、高级管理人员应当与该股东承担连带赔偿责任。《公司法解释(三)》第12条进一步明确了抽逃出资的具体情形,包括将出资款项转入公司账户验资后又转出、通过虚构债权债务关系将出资转出、制作虚假财务会计报表虚增利润进行分配、利用关联交易将出资转出,以及其他未经法定程序将出资抽回的行为。相关股东需要对公司和其他股东进行赔偿,并应当在抽逃出资范围内对外承担相应法律责任。

4. 追收抽逃出资是否仅限于破产程序终结前

根据《企业破产法》第35条等的规定,破产程序中,管理人有权追究股东抽逃出资的责任,并进行公平的分配,即破产程序终结前,管理人追究抽

---

[1] 《公司法解释(三)》第20条规定:“当事人之间对是否已履行出资义务发生争议,原告提供对股东履行出资义务产生合理怀疑证据的,被告股东应当就其已履行出资义务承担举证责任。”

[2] 参见北京市高级人民法院民事判决书,(2021)京民终649号。

逃出资责任不存在任何问题。对于破产程序终结后管理人能否向股东追收抽逃出资的问题，法律并未明确规定，但司法实践存在以下做法：在郭某婴、雪樱花实业公司股东出资纠纷案[1]中，雪樱花实业公司虽被法院宣告终结破产程序，但并未在工商登记处注销登记，则管理人负有监督股东履行出资义务的义务，并据此要求雪樱花食品公司、郭某婴对其两次虚假增资行为承担相应的法律责任。可见，破产程序终结后、破产企业注销前，管理人仍然负有职责，管理人仍然能够追究出资股东抽逃出资的责任。

5. 公司破产后，管理人可否向名义股东追缴抽逃的出资

根据《公司法解释（三）》第26条的规定，公司债权人以登记于公司登记机关的股东未履行出资义务为由，请求其对公司债务不能清偿的部分在未出资本息范围内承担补充赔偿责任，股东以其仅为名义股东而非实际出资人为由进行抗辩的，法院不予支持。

其一，对于管理人来讲，在公司进入破产程序后，需要对股东抽逃的出资进行追缴，重点关注股东抽逃出资的各种形式，如股东是否通过虚构债权债务的方式抽逃出资、是否通过虚增利润或关联交易的方式抽逃出资、是否通过过桥资金旋即转出的方式抽逃出资、是否通过名义股东账户抽逃出资，等等，若发现存在抽逃出资的情形，应当依法启动追收程序。

其二，对于股东来讲，需要依法履行出资义务，且不得抽逃出资，否则即使采取了各种掩盖手段并将股权转让，也有可能被公司追回。另外，对于名义股东来讲，尽量不要将自己的银行账户也借给实际出资人使用，否则一旦实际出资人使用该账户抽逃出资，就有可能被认定为名义股东自己的行为，名义股东要承担补足出资的责任。当然，名义股东承担责任后可以向实际出资人追偿。

例如，在前述典型案例3吴某艳与艳阳公司股东出资纠纷案中，吴某艳虽为名义股东，在艳阳公司的公司章程签字并任公司法定代表人的行为表明其具有被登记为艳阳公司股东的意思表示，并已完成出资，相应信息均已在公司登记机关完成登记。企业工商登记信息具有对外公示性，吴某艳有无将涉案个人银行卡交他人使用，均不能免除其抽逃出资的法律责任。

---

[1] 参见最高人民法院民事裁定书，(2018)最高法民申2300号。

(五)追收抽逃出资纠纷的实务操作

1. 诉讼主体

(1)原告:债务人、破产管理人代表债务人提起诉讼。

(2)被告:债务人的存在抽逃出资行为的股东、设立时的其他股东、已转让股权的原股东、未尽勤勉义务的董事和高级管理人员、失权股东等。

2. 案由

《民事案件案由规定》将追收抽逃出资纠纷作为四级案由规定在内。

3. 管辖

根据《企业破产法》第21条的规定,法院受理破产申请后,有关债务人的民事诉讼,只能向受理破产申请的法院提起。

4. 诉讼时效

《企业破产法解释(二)》第19条第1款规定:"债务人对外享有债权的诉讼时效,自人民法院受理破产申请之日起中断。"该条规定属于《民法典》第188条规定的对诉讼时效"法律另有规定的,依照其规定"的情况,应优先适用。依据该规定,破产企业对外债权的诉讼时效自破产案件受理时发生中断效果,且为自动中断。而根据《民法典》第195条的规定,诉讼时效中断的,从中断、有关程序终结时起,诉讼时效期间重新计算。

5. 诉讼请求

(1)请求返还出资。

(2)请求承担抽逃出资期间的利息及造成的损失。

六、追收非正常收入纠纷

(一)追收非正常收入纠纷的概念

"追收非正常收入纠纷",是指管理人在破产程序中,对于债务人的董事、监事和高级管理人员利用职权从企业获取的非正常收入和侵占的企业财产予以追回的纠纷。《企业破产法解释(二)》第24条第1款规定,债务人存在破产原因情形下,债务人的董事、监事、高级管理人员利用职权获取的绩效奖金、普遍拖欠职工工资情况下获取的工资性收入、其他非正常收入等,应认定为非正常收入。

公司资金为公司持续发展注入强劲动力，公司持续营利增长离不开公司董事、监事和高级管理人员的工作、生产经营活动，以保证企业长盛不衰。而董事、监事和高级管理人员作为公司运行的重要一员，他们天然受到多层面的约束，勤勉尽责、忠实履行职务是他们的职业使命。具言之，董事、监事和高级管理人员必须忠诚于公司，确保个人利益不与公司利益相冲突，若违背该义务，须承担相应的法律责任。但与此同时，司法实践中大量存在债务人的董事、监事和高级管理人员利用职权获取非正常收入、侵占公司财产的情形，导致公司实际处于严重亏损状态，严重侵犯债务人财产。对此类非正常收入，管理人应当予以追回并纳入破产企业财产的范围。近年来，追收董事、监事、高级管理人员非正常收入纠纷高发，实务中非正常收入的表现形式复杂多样，如披着合法外衣的隐蔽收入，认定标准难以统一。究其根源，对于非正常收入的范围、非正常收入行为认定最为关键，亦是司法实践中诸多案件的争议焦点之所在，关乎债权人整体可清偿利益的正当性。

《企业破产法》第 36 条规定，债务人的董事、监事和高级管理人员利用职权从企业获取的非正常收入和侵占的企业财产，管理人应当追回。《公司法》第 181 ~ 186 条系对董事、监事和高级管理人员的非正常收入的相关规定，包括非正常收入的范围，债务人的董事、监事和高级管理人员利用职权从企业获取非正常收入的行为认定和效力等。对管理人在破产程序中追收非正常收入纠纷等提供了较为明确的依据参考。

综合来看，追收非正常收入的范围主要包括债务人的董事、监事和高级管理人员利用职权获取的不合理收入和侵占的企业财产。这些收入通常包括绩效奖金、在公司不具备分红条件的情况下进行的分红、未经董事会决议的个人奖励，以及在破产清算过程中超过平均工资比例的部分收入等。具体有以下几种情形：

（1）绩效奖金。在公司不具备分红条件的情况下，董事、股东以发放工资为名进行分红，损害了公司和债权人的利益，这部分收入应被追回。

（2）未经董事会决议的个人奖励。公司高级管理人员向公司法定代表人提出奖励要求，但未经董事会决议即转出大额资金，这部分奖励应作为非正常收入予以返还。

（3）普遍拖欠职工工资情况下的工资性收入。在破产清算过程中，债务人的董事、监事、高级管理人员获得超过平均工资比例以上的部分，应视为非正常收入。

(4)侵占、挪用的企业财产。债务人的董事、监事和高级管理人员利用职权侵占、挪用的企业财产，管理人应当追回并将其纳入债务人财产的范围。

(5)董事、监事、高级管理人员或者其近亲属，利用职务便利或直接或者间接控制的企业，为自己或者他人谋取属于公司的商业机会，抑或是订立合同或者进行交易等，应视为非正常收入。

《企业破产法》的首要价值在于保证将债务人有限的财产于债权人之间进行公平分配，而该价值是在债务人的不能清偿既成事实的情况下通过对破产程序的被动运用实现的。企业出现破产原因时，高级管理人员利用职权获得非正常收入的行为，侵害了企业债权人的利益，对该部分资金应当予以全部追回。

(二)典型案例分析

1. 已出现破产原因但并未提出破产申请时，获得绩效奖金属于非正常收入

案例 | 南方搏云公司与张某追收非正常收入纠纷案

审理法院：浙江省湖州市南浔区人民法院

案　　号：(2021)湘01民终15612号

【基本案情】

2006年7月，南方搏云公司成立，设立时注册资本8100万元，张某系该公司副总经理。2020年2月11日、2020年3月11日，南方搏云公司通过广发银行向张某转账2笔，合计10,516元，性质为高级管理人员绩效预发。

2020年7月9日，长沙市中级人民法院裁定受理南方搏云公司破产清算，并指定北京市中银律师事务所担任破产管理人。南方搏云公司管理人在履职过程中，认为张某于2020年1~2月获取的10,516元为绩效奖金，即属于非正常收入，要求张某返还，并诉至法院。一审法院经审理，认定该笔预发的绩效年薪并不属于张某的正常收入。判决：张某向南方搏云公司返还非正常收入10,516元。

张某不服一审判决，遂提起二审诉讼。

【争议焦点】

南方搏云公司已出现破产原因但并未提出破产申请时,张某获得该绩效奖金款项10,516元是否属于非正常收入性质?

【审理结果和裁判要点】

二审法院认为,《企业破产法》第36条规定:“债务人的董事、监事和高级管理人员利用职权从企业获取的非正常收入和侵占的企业财产,管理人应当追回。”《企业破产法解释(二)》第24条规定:“债务人有企业破产法第二条第一款规定的情形时,债务人的董事、监事和高级管理人员利用职权获取的以下收入,人民法院应当认定为企业破产法第三十六条规定的非正常收入:(一)绩效奖金……”依据前述法律及司法解释的规定并结合相关法理,在债务人企业出现资不抵债、丧失清偿能力等破产原因时,债务人的董事、监事和高级管理人员基于其特殊身份或依职权所获得的绩效奖金等收入应认定为非正常收入。本案中,首先,根据某会计师事务所(普通合伙)出具的《清产核资专项审计报告》以及某会计师事务所出具的《审计报告》,南方搏云公司自2019年12月31日开始即处于资不抵债状态。虽当时该公司未向法院提出破产申请,但不能据此否定其存在资不抵债的破产原因。张某上诉提出其在获得绩效奖金时南方搏云公司未达到事实上的破产条件依据不足,法院不予采信。其次,经查,南方搏云公司领导人员的薪酬标准系由其控股股东南资公司统筹确定,张某的薪酬亦基于其系南方搏云公司副总经理的身份而被纳入该标准范围内,故张某依据该标准获得的绩效奖金系基于其特殊身份所获得。据此,张某所获得的绩效奖金应属于非正常收入,一审法院判决其返还该款项并无不妥,二审法院予以维持。张某提出的上述上诉理由依据不足,二审法院不予采信。另外,张某提出一审法院存在同案不同判的问题,基于其他案件并未纳入本案的审查范围,无法确定该类案件是否存在与本案不同的相关事实,故张某提出的上述主张二审法院无法进行确认。二审法院依法判决:维持原审判决,驳回上诉。

追收非正常收入是指管理人在破产程序中,对于债务人的董事、监事和高级管理人员利用职权从企业获取的非正常收入和侵占的企业财产予以追回。董事、监事和高级管理人员没有法定理由或经过法定程序的收入和违反“法定禁止”的行为获得的收入,管理人亦有权追回,实践中对该非正常收入和侵占财产的认定具有模糊性。具体到本案中，张某获得该绩效奖金时南方搏云公司未提出破产申请，且张某主张其未利用职权便利，而是在母公司南资公司的统一安排下发放薪酬的，此情形下是否可认定为正常收入？首先，管理人员的薪酬标准系其控股股东南资公司统筹确定，张某的薪酬亦基于其系南方搏云公司副总经理的身份而被纳入该标准范围内，故张某依据该标准获得的绩效奖金系基于其特殊身份所获得。其次，南方搏云公司虽未向法院提出破产申请，但不能据此否定其已存在资不抵债的破产事由。因此，张某所获得的绩效奖金款项10,516元属于非正常收入性质。

2. 债务人提起破产申请后，管理人员利用职权从企业获取款项，无正当事由的，为非正常收入，应当予以返还

案例 | 吴某与新广公司追收非正常收入纠纷案

审理法院：青海省高级人民法院

案　　号：(2021)粤01民终21246号

【基本案情】

2019年9月10日，新广公司以不能清偿到期债务并且资产不足以清偿全部债务为由，向广州市中级人民法院申请破产清算。广州市中级人民法院裁定受理新广公司的破产清算申请，并指定广东法制盛邦律师事务所担任管理人。吴某为新广公司的法定代表人，公司银行账户流水显示于2019年9月17日向吴某转账60,000元，于2019年10月21日向吴某转账26,730元，两笔转账均备注为“往来款”，合计86,730元。吴某称该款项系用于支付公司拖欠的房租及记账费并提交证据，新广公司管理人对该证据的真实性不予确认，遂提起诉讼，要求吴某返还案涉86,730元款项。一审法院审理认定上述转账收入属于非正常收入，故判决吴某应当予以返还并支付相应利息。

吴某不服一审判决，提起上诉，请求二审法院依法改判，驳回新广公司的诉讼请求。

【争议焦点】

吴某是否应向新广公司返还案涉86,730元之款项并支付利息？

【审理结果和裁判要点】

二审法院认为，吴某上诉主张案涉86,730元已用于支付新广公司款项，含新广公司欠付的拖欠房租及记账费,故不应退还新广公司。但对于记账费而言,虽然吴某提交了新广公司与易宏公司签订的《协议书》、收据及《情况说明》,但从款项支出的情况来看,易宏公司确认系于2019年7月收到吴某以现金形式支付的59,300元,但吴某却是在2019年9月17日及10月21日从新广公司账户分两次共支取86,730元款项,而新广公司系于2019年9月10日向法院申请破产清算。吴某作为新广公司的法定代表人,在明知新广公司已进入破产清算程序的情况下,即使其存在对新广公司的债权,也应通过申报债权的方式进行清偿,而非直接向新广公司账户支取款项,一审认定该笔费用属于吴某应向新广公司返还的非正常收入无误,二审法院予以维持。至于吴某主张剩余款项系用于支付新广公司拖欠的房租,因其未能提供已支付租金的凭证等证据予以证实,一审未予采信并无不当。综上,一审判令吴某向新广公司返还86,730元款项并支付利息,并无不当,二审法院予以维持。

根据《企业破产法》第36条关于债务人的董事、监事和高级管理人员利用职权从企业获取的非正常收入和侵占的企业财产之规定,吴某作为新广公高级管理人员,利用职权所获的非正常收入,应当向新广公司返还;至于吴某主张剩余款项系用于支付新广公司拖欠的房租,根据《民诉法解释》(2015年)第90条的规定,吴某虽主张剩余款项系用于支付新广公司拖欠的房租,但未能提供真实有效证据予以证。因此,吴某应当向新广公司返还86,730元款项并支付利息。

3. 在公司未缴纳税款和未提取公积金,即公司不具备分红条件的情况下,股东获取的收益为非正常收入,应当依法予以追回

案例 | 王某等与惠利佳公司清算组追收非正常收入纠纷案

审理法院:青海省高级人民法院

案　　号:(2017)青民终146号

【基本案情】

2003年7月1日,惠利佳公司注册成立。2006年惠利佳公司召开临时股东会,决议选举王某等人为监事。2009年7月20日惠利佳公司不具备分红条件时召开股东大会及董事会,以补发2003年7月1日至2009年6月30日工资的形式将公司资产进行分配,王某从惠利佳公司非正常领取工资计

222,750 元。2015 年 9 月 23 日,西宁市中级人民法院裁定受理惠利佳公司强制清算案,并指定瑞华会计师事务所、惠利佳公司清算组接管惠利佳公司的所有财产。经审查,惠利佳公司清算组认为,在惠利佳公司不具备分红的情况下,股东王某获取的款项系非正常收入,要求王某返还该款项 222,750 元,提起诉讼。一审法院认定王某依法应向惠利佳公司清算组返还 222,750 元。

王某不服一审判决,遂提起二审诉讼。

【争议焦点】

王某是否应向惠利佳公司返还其非正常领取的 222,750 元?

【审理结果和裁判要点】

二审法院审理认为,王某系惠利佳公司的股东和董事,与公司不存在劳动关系。相关审计报告和西宁市城东区人民法院(2008)东民一初字第 36 号民事判决证明,截至 2005 年年底,惠利佳公司在未缴纳税款和未提取公积金的情况下,实际亏损 304,006.47 元,且对外尚欠付工程款 1,591,756.90 元,表明公司不具备分红条件。但在 2009 年 7 月 20 日,惠利佳公司召开股东大会及董事会,以补发 2003 年 7 月 1 日至 2009 年 6 月 30 日工资的形式将公司资产进行分配,王某非正常领取工资计 222,750 元。据此,该公司董事和股东以召开董事会、股东会的形式,以发放工资为名对公司的财产进行分红,实际损害了公司和债权人的权益。公司被依法清算中,瑞华会计师事务所作出的《专项审计报告》表明,公司被侵占的资金合计 5,364,833.60 元,其中包括王某分得的款项。该部分资金被王某等股东和董事占有后,公司实际处于严重亏损状态,不但影响公司清算程序的进行,且直接损害了债权人的合法权益。因此王某领取的款项构成非正常收入,清算组请求追回王某侵占的公司财产,符合法律规定。二审法院依法维持原判,驳回王某的上诉请求。

红利是指在公司的纯利润中分派给股东的报酬,这就要求公司在分派红利前对公司的亏损进行弥补,公司在弥补亏损、提取法定公积金后所余利润,按照股东的出资比例进行分配。在公司不具备分红条件的情况下,公司董事和股东以召开董事会、股东会的形式,以发放工资为名对公司的财产进行分红,实际损害了公司和债权人的权益。管理人请求追回该财产的,符合法律规定。具体到本案中,该部分资金被王某等股东和董事占有后,公司实际处于严重亏损状态，不利于公司清算程序的进行和直接损害债权人的合法权益，王某主张其领取的款项是经过公司董事和股东以召开董事会、股东会的形式决定的，属于合法取得，显然不合理。因此，王某应向惠利佳公司返还该非正常收入款项222,750元。

（三）核心法条

1.《企业破产法》

第二条 企业法人不能清偿到期债务，并且资产不足以清偿全部债务或者明显缺乏清偿能力的，依照本法规定清理债务。

企业法人有前款规定情形，或者有明显丧失清偿能力可能的，可以依照本法规定进行重整。

第三十六条 债务人的董事、监事和高级管理人员利用职权从企业获取的非正常收入和侵占的企业财产，管理人应当追回。

2.《企业破产法解释（二）》

第二十四条 债务人有企业破产法第二条第一款规定的情形时，债务人的董事、监事和高级管理人员利用职权获取的以下收入，人民法院应当认定为企业破产法第三十六条规定的非正常收入：

（一）绩效奖金；

（二）普遍拖欠职工工资情况下获取的工资性收入；

（三）其他非正常收入。

债务人的董事、监事和高级管理人员拒不向管理人返还上述债务人财产，管理人主张上述人员予以返还的，人民法院应予支持。

债务人的董事、监事和高级管理人员因返还第一款第（一）项、第（三）项非正常收入形成的债权，可以作为普通破产债权清偿。因返还第一款第（二）项非正常收入形成的债权，依据企业破产法第一百一十三条第三款的规定，按照该企业职工平均工资计算的部分作为拖欠职工工资清偿；高出该企业职工平均工资计算的部分，可以作为普通破产债权清偿。

第四十六条 债务人的股东主张以下列债务与债务人对其负有的债务抵销，债务人管理人提出异议的，人民法院应予支持：

（一）债务人股东因欠缴债务人的出资或者抽逃出资对债务人所负的债务；

（二）债务人股东滥用股东权利或者关联关系损害公司利益对债务人所负的债务。

3.《公司法》

第一百八十一条　董事、监事、高级管理人员不得有下列行为：

（一）侵占公司财产、挪用公司资金；

（二）将公司资金以其个人名义或者以其他个人名义开立账户存储；

（三）利用职权贿赂或者收受其他非法收入；

（四）接受他人与公司交易的佣金归为己有；

（五）擅自披露公司秘密；

（六）违反对公司忠实义务的其他行为。

第一百八十二条　董事、监事、高级管理人员，直接或者间接与本公司订立合同或者进行交易，应当就与订立合同或者进行交易有关的事项向董事会或者股东会报告，并按照公司章程的规定经董事会或者股东会决议通过。

董事、监事、高级管理人员的近亲属，董事、监事、高级管理人员或者其近亲属直接或者间接控制的企业，以及与董事、监事、高级管理人员有其他关联关系的关联人，与公司订立合同或者进行交易，适用前款规定。

第一百八十三条　董事、监事、高级管理人员，不得利用职务便利为自己或者他人谋取属于公司的商业机会。但是，有下列情形之一的除外：

（一）向董事会或者股东会报告，并按照公司章程的规定经董事会或者股东会决议通过；

（二）根据法律、行政法规或者公司章程的规定，公司不能利用该商业机会。

第一百八十四条　董事、监事、高级管理人员未向董事会或者股东会报告，并按照公司章程的规定经董事会或者股东会决议通过，不得自营或者为他人经营与其任职公司同类的业务。

第一百八十五条　董事会对本法第一百八十二条至第一百八十四条规定的事项决议时，关联董事不得参与表决，其表决权不计入表决权总数。出席董事会会议的无关联关系董事人数不足三人的，应当将该事项提交股东会审议。

第一百八十六条　董事会对本法第一百八十二条至第一百八十四条规

定的事项决议时,关联董事不得参与表决,其表决权不计入表决权总数。出席董事会会议的无关联关系董事人数不足三人的,应当将该事项提交股东会审议。

第一百八十八条 董事会对本法第一百八十二条至第一百八十四条规定的事项决议时,关联董事不得参与表决,其表决权不计入表决权总数。出席董事会会议的无关联关系董事人数不足三人的,应当将该事项提交股东会审议。

(四)疑难问题解答

1. 公司具有破产原因的时间点认定

公司破产系债务人丧失清偿能力的客观反映,最为关键的是破产原因的时间点的确定,关乎对公司董事、监事和高级管理人员利用职权获取的绩效奖金是否为非正常收入的认定。根据《企业破产法》第 2 条第 1 款的规定,企业法人不能清偿到期债务,且资产不足以清偿或者明显缺乏清偿能力,即符合企业破产原因的条件认定。因此,债务人不能清偿到期债务与不足以清偿债务或者明显缺乏清偿能力属于并列条件关系,以在后的时间点作为破产原因的时间点。例如,在上述典型案例 1 南方搏云公司诉张某追收非正常收入纠纷案的分析中,中兴财光华(京)审会字〔2020〕第 01036 号《审计报告》及大信专审〔2020〕27－00032 号《清产核资专项审计报告》均显示南方搏云公司的全部资产不足以偿付全部负债,法院认定南方搏云公司于 2019 年 12 月具有破产原因,则在后的张某的转账汇款行为属于破产原因出现后的情形,符合非正常收入认定的破产原因出现后的时间标准。

2. 董事、监事、高级管理人员存在"法定禁止的行为"获得的收入,管理人有权追回

《公司法》第 179 条至第 192 条,对企业高管违反法律规定,即"法定禁止的行为"而获得的不当财产属于"非正常收入"范围作出明确的规定。《企业破产法》赋予管理人对非正常收入的追回权,明确对于债务人的董事、监事和高级管理人员利用职权从企业获取的非正常收入和侵占的企业财产,管理人应当予以追回。

对于董事、监事、高级管理人员等公司人员来讲,履职期间务必要做到忠实勤勉,不得侵占公司的财产和资金,如确需在公司获取大额资金应当经

股东会或董事会决议通过，并具有款项支付的明确事实和理由，同时具有合法有效的证据，否则可能被认定为非正常收入而被追回。

对于管理人来讲，在公司进入破产程序被指定管理人后，应当需要对公司自成立以来，所有董事、监事、高级管理人员的名单都列举出来，然后按照时间顺序，逐笔梳理公司与董事、监事、高级管理人员之间的资金往来，将所有涉嫌侵占公司资金和财产的非正常收入都整理出来，发现董事、监事、高级管理人员的存在非正常收入的管理人应予进行追收，可以尝试以发函等形式要求董事、监事、高级管理人员进行返还，必要时可以提起追收非正常收入之诉，以最大限度地保护破产财产。

3. 董事、监事、高级管理人员非正常收入的范围

《企业破产法解释（二）》第 24 条第 1 款对债务人的董事、监事、高级管理人员的非正常收入范围进行了两项明示和一项兜底条款的规定。首先，绩效奖金。其与企业利润挂钩，在债务人已破产的情形下，无法向职工发放绩效奖金，倘若债务人的董事、监事、高级管理人员仍然利用职权发放绩效奖金，显然与《企业破产法》的立法要旨相违背。其次，普遍拖欠职工工资情况下获取的工资性收入。当债务人出现破产原因时，债务人的董事、监事、高级管理人员不可获取工资性收入，否则可以直接定性为“非正常收入”。再次，其他非正常收入。即防止债务人的董事、监事、高级管理人员滥用职权获取不合理的收入。[1] 以上所概括范围应处于《企业破产法》第 2 条第 1 款规定之内，当不存在规定情形时，董事、监事、高级管理人员所获得的绩效奖金不应被视为非正常收入，管理人无权追回。并且，债务人的董事、监事和高级管理人员利用职权便利，从企业之外获取的非正常收入，管理人亦无权依据《企业破产法》第 36 条规定追回。[2] 应通过其他法律途径对相关责任予以追究。

4. 董事、监事、高级管理人员非正常收入的认定标准

本案由的适用范围应以《企业破产法》第 36 条的内容为依据，相应予以扩张解释，即管理人因追收债务人的董事、监事、高级管理人员利用职权侵

---

〔1〕 参见最高人民法院民事审判第二庭编著：《最高人民法院关于企业破产法司法解释理解与适用：破产法解释（一）·破产法解释（二）》，人民法院出版社 2017 年版，第 292 页。

〔2〕 参见韩传华：《企业破产法解析》，人民法院出版社 2007 年版，第 135 ~ 136 页。

占的企业财产而引发诉讼,也应适用本案由。判断董事、监事、高级管理人员获取非正常收入的关键在于以下两点:第一,职权行为是否必须系本人实施?第二,是否必须对企业破产原因存在主观认识从而作为非正常收入的构成要件?具体分析如下。

第一,利用职权行为不一定需要本人实施,只要利用职权获取的非正常收入使相关董事、监事、高级管理人员获益即可构成。究其原因,首先,《企业破产法解释(二)》并未限定职权行为必须由本人实施,可以解释为相关人员获益的情形。其次,破产法相关规定旨在规避董事、监事、高级管理人员操控公司,强调点在于实质侵占公司财产,进而侵害债权人利益。倘若仅将职权行为限缩为本人实施,与法条旨意冲突,不能切实维护债权人利益。需要注意的是,董事、监事、高级管理人员常有超出职权行为,需要对之予以区分并鉴定其效力所在。进入破产程序后,董事、监事、高级管理人员损害债权人利益不需要以职权范围为限制,只要其利用职务行为获取非正常收入即构成损害债权人利益。

第二,无须以董事、监事、高级管理人员对企业破产原因存在主观认识作为认定非正常收入的构成要件。首先,绩效奖金系以管理部门绩效作为评价标准,直接关系公司利润。在破产情形下,不存在发放绩效奖金的前提条件,则董事、监事、高级管理人员不需要对企业资产存在资不抵债情形具有主观认识。其次,根据《企业破产法解释(二)》的相关规定,破产原因出现以后,董事、监事、高级管理人员利用职权获取的绩效奖金宜推定为非正常收入。最后,破产法旨在保护债务人有限财产的平均分配,而董事、监事、高级管理人员利用职权获取非正常收入侵害了债权人利益,并不以其存在主观认识作为认定非正常收入的前提条件。[1]

具体到司法实践中,企业董事、监事、高级管理人员还存在个人账户私存公司账款的情形,该行为应视为非正常收入。例如,在欣尔利公司等与张某玮追收非正常收入纠纷案[2]中,被告张某玮通过个人账户私存公司款项,用于个人抵押贷款,亦有个人财产与公司财产混同的情形。因此,尚欠

---

〔1〕 参见刘文辉、周坚、杨帆等:《公司高级管理人员非正常收入的认定》,载《人民司法》2019 年第 8 期。

〔2〕 参见浙江省玉环县人民法院民事判决书,(2015)台玉商初字第 4151 号。

的款项应视为侵占公司财产，在公司破产清算时应作为非正常收入予以返还。

5. 公司股东分红条件的认定

股东分红权，也被称为股利分配请求权，是指具备公司股东资格的人请求公司向自己分配公司盈余利润的权利。抽象的股东分红权是股东的固有权利，难以剥夺或者限制。[1] 具体的股东分红股权，是指当公司有可资分配股利的剩余利润之时，经过董事会提出股利分配议案，在股东会议上通过决议予以确认后，股东享有的请求公司按照其持股数额向其支付股利的权利。有鉴于此，具体股东分红权是由抽象股东分红权转换而来，是抽象股东分红权在满足一定条件下生成的一种具体和特定的请求权，股东分红权则是抽象和具体股东分红权的融合。[2] 司法实践中通常存在不具备分红条件下，董事、监事、高级管理人员仍进行分红，此情况下则构成非正常收入，应当予以追回。

依据《公司法》的相关规定，公司分红应当具备以下两个条件：(1)根据《公司法》第210条的规定，公司有可供分配的利润。(2)公司股东会对公司分红作出有效决议，根据《公司法》第59条、第67条的规定，董事会制订公司的利润分配方案，股东会审议批准公司的利润分配方案。如在不具备分红条件时对董事、监事、高级管理人员进行分红，实际损害了公司和债权人的权益，使得公司实际处于严重亏损状态，不利于公司清算程序的进行且直接损害债权人的合法权益，管理人有权请求追回该财产。

(五)追收非正常收入纠纷的实务操作

1. 诉讼主体

(1)原告：债务人、管理人代表债务人提起诉讼。

(2)被告：债务人的董事、监事和高级管理人员等。

2. 案由

《民事案件案由规定》将追收非正常收入纠纷作为四级案由规定在内。

---

[1] 参见刘俊海：《股份有限公司股东权的保护》，法律出版社2004年版，第196页。

[2] 参见涂必胜：《完善我国〈公司法〉有关公司股利分配的几点设想》，载《商业经济与管理》2003年第11期。

3. 管辖

根据《企业破产法》第 21 条的规定,法院受理破产申请后,有关债务人的民事诉讼,只能向受理破产申请的法院提起。

4. 诉讼时效

《企业破产法解释(二)》第 19 条第 1 款规定:“债务人对外享有债权的诉讼时效,自人民法院受理破产申请之日起中断。”该条规定属于《民法典》第 188 条规定的对诉讼时效“法律另有规定的,依照其规定”的情况,应优先适用。依据该规定,破产企业对外债权的诉讼时效自破产案件受理时发生中断效果,且为自动中断。而根据《民法典》第 195 条的规定,诉讼时效中断的,从中断、有关程序终结时起,诉讼时效期间重新计算。

5. 诉讼请求

(1)请求返还非正常收入。

(2)请求承担占有非正常收入期间的利息。

第二章 与破产债权确认有关的纠纷

一、职工破产债权确认纠纷

（一）职工破产债权确认纠纷的概念

“职工破产债权确认纠纷”，是指职工对管理人制作并公示的职工债权是否存在、数额多少有异议的，要求管理人更正而管理人不予更正后产生纠纷的情形。依据《企业破产法》《民法典》《劳动合同法》以及相关司法解释，应明确职工债权的认定标准，妥善处理职工破产债权确认纠纷。

进入破产程序前，亏损的企业时常伴有拖欠职工工资、资产已被抵押等情形，这可能损害职工的正常生存利益需求，甚至不利于社会稳定的需要。基于职工债权保障职工生存权的特殊性，《企业破产法》对职工债权予以相应的倾斜性保护，职工破产债权在破产程序中具有特殊地位，其法律特征主要体现在清偿顺位、范围界定及程序保护等方面。以下结合《企业破产法》及相关司法解释，对职工破产债权具有的核心特征进行分析。

1. 清偿顺位的优先性

首先，法定优先受偿权。根据《企业破产法》第 113 条的规定，职工债权在清偿顺序中位列第二顺位，仅次于破产费用和共益债务，优先于社会保险费用、税款和普通债权。若企业财产不足以清偿全部职工债权，则按比例分配，但仍优先于其他债权。其次，与担保债权的冲突规则。担保债权即抵押权等通常优先于职工债权。但在特定情况下，如企业主要财产已全部抵押，法院可能通过调整清偿方案平衡职工权益,但须严格遵循法定程序。

2. 债权范围的法定性

首先,明确列举的债权类型。根据《企业破产法》第113条的规定,职工债权范围为:(1)工资及报酬,破产申请受理前拖欠的职工工资、奖金、津贴等;(2)社保费用,应当划入职工个人账户的基本养老保险、基本医疗保险费用;(3)补偿金,法律规定的解除劳动合同的经济补偿金;(4)抚恤费用,职工因工致残或死亡的医疗补助、抚恤金等。其次,排除范围。未划入职工个人账户的企业缴纳社保部分,由社保机构申报,列为社保债权;超出法定标准的福利待遇,如商业保险、企业年金等,按普通债权处理。

3. 程序保护的特殊性

首先,免于债权申报义务。根据《企业破产法》第48条的规定,职工债权无须主动申报,由管理人调查后直接列入债权表并公示。例如,职工对清单记载有遗漏或错误的,可要求管理人更正;异议未解决的,可提起债权确认之诉。其次,管理人主动调查义务。管理人须核查企业财务账册、劳动合同、社保记录等,确保职工债权完整登记,避免遗漏。最后,职工参与权的强化。具体表现为以下两个方面,一是表决权,在债权人会议中,职工债权代表可参与表决,尤其在涉及职工权益的重整计划中,需充分考虑职工意见;二是知情权,职工有权查阅债权表及破产财产分配方案,提出异议。

司法实践中,如何保护职工权益、确认职工债权及其范围存在众多疑难问题,职工破产债权无法得到有效维护,呈现职工破产债权确认诉讼案件高发的态势。并且,职工债权的多少直接关系清偿顺位在后的其他债权的清偿率。职工债权存在的认定困境,导致破产程序的效率降低,可能加剧社会矛盾。对于企业职工人数的确定、职工破产债权的界定最为关键,亦是司法实践中诸多案件的争议焦点之所在,尤其是管理人接管破产企业时,因破产企业职工遣散等情况下,管理人无法联系到破产企业的相关负责人员,亦无法得到完整准确的职工清册。因此,管理人在主动审查债务人提供的职工清册的同时,应向人力资源部门了解情况,并根据劳动仲裁机构的仲裁裁决书等书面证据材料进行印证,以准确认定职工债权。管理人对债务人的职工债权进行调查后,只需编制职工债权清单并予以公示,并交债权人会议核查及提交法院裁定确认。职工对清单记载有异议的,可以要求管理人更正,管理人不予更正的,职工可以向法院提起诉讼。

（二）典型案例分析

1. 职工履行职务产生的差旅费、投标费用等垫付款为职工债权

案例 | 路桥一公司职工破产债权确认纠纷案

审理法院：云南省高级人民法院

案　　号：(2020)云民终 1020 号

【基本案情】

路桥一公司因不能清偿到期债务，明显丧失清偿能力，向法院提出破产重整申请，法院受理后指定云南欣晨光（大理）律师事务所担任管理人。2019 年 8 月 26 日，张某喜向管理人申报 68,032.70 元的债权，性质为职工报销款；2019 年 9 月 20 日，张某喜向路桥一公司管理人申报 82,388.85 元的债权，性质为工资。2019 年 11 月 14 日，路桥一公司管理人公示张某喜的 82,388.85 元、68,032.70 元均为普通债权。2019 年 11 月 19 日，张某喜向路桥一公司管理人提出债权异议无果后，遂向法院提起诉讼，请求：(1)依法确认路桥一公司拖欠张某喜的职工报销款金额 68,032.70 元为职工债权，判决路桥一公司及时支付给张某喜；(2)依法确认路桥一公司拖欠张某喜在任职部门经理期间应补发的工资 82,388.85 元为职工债权，判决路桥一公司及时支付给张某喜。

一审法院认为，破产债权确认纠纷，是指法院受理破产案件后，因当事人申报的债权是否成立、债权的性质能否在破产程序中受偿、债权的数额、债权有无财产担保、担保财产的价款是否足以清偿担保债权、债权不能确定或者存在争议而发生的纠纷。职工债权，是指《企业破产法》第 48 条第 2 款所规定的“债务人所欠职工的工资和医疗、伤残补助、抚恤费用，所欠的应当划入职工个人账户的基本养老保险、基本医疗保险费用，以及法律、行政法规规定应当支付给职工的补偿金”。普通债权，是指担保债权、职工债权、税收债权之外的债权。在破产债权清偿顺位中，职工债权优先于普通债权。首先，关于张某喜主张的报销款 68,032.70 元是否应认定为职工债权的问题。如上所述，职工债权的范围包括职工因为履行劳动合同所应当享有的工资报酬、福利待遇，以及用人单位依法应当给予劳动者的经济补偿等，张某喜主张的报销款 68,032.70 元系其代路桥一公司支付的垫付款，不属于职

工债权中的任何一种,不应认定为职工债权,路桥一公司管理人将之认定为普通债权并无不妥。其次,关于张某喜主张的工资82,388.85元是否应认定为职工债权的问题。《企业破产法》第113条第3款规定:"破产企业的董事、监事和高级管理人员的工资按照该企业职工的平均工资计算。"张某喜并非路桥一公司的董事或监事,故该争议的关键点在于,张某喜是不是路桥一公司的高级管理人员。根据《公司法》的相关规定,高级管理人员,是指公司的经理、副经理、财务负责人,上市公司董事会秘书和公司章程规定的其他人员。在本案中,张某喜系路桥一公司部门经理,并非该公司经理、副经理,也不是公司章程中规定的高级管理人员,故不应将其认定为路桥一公司高级管理人员。张某喜不属于《企业破产法》第113条规定的适用平均工资的人员,其工资应当全部认定为职工工资,管理人在债权审查中将其部分工资认定为高级管理人员工资并列入普通债权属于处理不当,应予更正。最后,关于张某喜要求对该债权进行及时清偿的诉讼请求。破产债权确认之诉为确认之诉,并不包含给付内容,破产程序中亦不能进行个别清偿,故张某喜要求及时清偿该债权的诉讼请求于法无据,不予支持。综上,一审法院判决:(1)确认张某喜对路桥一公司享有的82,388.85元债权为职工债权;(2)驳回张某喜的其他诉讼请求。

路桥一公司、张某喜均不服一审判决,遂提起二审诉讼。

【争议焦点】

(1)张某喜要求确认路桥一公司拖欠其的职工报销款金额68,032.70元为职工债权以及判决路桥一公司及时支付给张某喜是否成立?

(2)张某喜要求确认路桥一公司拖欠其在任职部门经理期间应补发的工资82,388.85元为职工债权以及判决路桥一公司及时支付给张某喜是否成立?

【审理结果和裁判要点】

二审法院认为,虽然《企业破产法》第48条规定"债务人所欠职工的工资和医疗、伤残补助、抚恤费用,所欠的应当划入职工个人账户的基本养老保险、基本医疗保险费用,以及法律、行政法规规定应当支付给职工的补偿金"属于职工债权的范围,但其对于职工报销费是否属于职工债权并未作出明确规定。结合本案具体情况,张某喜的代垫报销款68,032.70元包括了差旅费、投标的费用等,该项费用受益人是路桥一公司,并不是张某喜与路桥一公司建立的平等的债权债务关系，不能认定为普通债权的性质。张某喜在本案中涉及的代垫报销款68,032.70元可以认定为职工债权范围。一审对此认定有误，二审法院予以纠正。因本案是职工债权确认纠纷不是请求权纠纷，故张某喜要求及时支付该笔款项以及及时支付其应补发的工资82,388.85元的主张，二审法院不予支持。

路桥一公司上诉主张的一审认定张某喜不是公司高级管理人员属于认定事实错误，导致错误认定张某喜对路桥一公司享有的82,388.85元债权为职工债权并不成立。高级管理人员，是指公司的经理、副经理、财务负责人，上市公司董事会秘书和公司章程规定的其他人员，而张某喜系路桥一公司部门经理，并非该公司经理、副经理，也不是公司章程中规定的高级管理人员，不应将其认定为路桥一公司高级管理人员，故一审对此认定正确。因此，一审确认张某喜对路桥一公司享有的82,388.85元债权为职工债权符合《企业破产法》第48条的规定。路桥一公司的上诉主张不能成立，二审法院不予支持。

二审判决如下：(1)维持一审判决第一项，即确认张某喜对第一路桥公司享有的82,388.85元债权为职工债权；(2)撤销一审判决第二项，即驳回张某喜的其他诉讼请求；(3)确认张某喜对路桥一公司拖欠其职工报销款金额68,032.70元为职工债权；(4)驳回张某喜的其他诉讼请求。

依据《企业破产法》第48条的规定，“债务人所欠职工的工资和医疗、伤残补助、抚恤费用，所欠的应当划入职工个人账户的基本养老保险、基本医疗保险费用，以及法律、行政法规规定应当支付给职工的补偿金”属于职工债权的范围，但具体到司法实践中，该规定并未解决职工工资的认定是否包含职工垫付款的问题。对此，职工债权认定的核心为该项费用的支出是基于公司的正常经营需要和劳动者履行职务而产生的，其受益人为公司。

《公司法》第265条第1项规定：“高级管理人员，是指公司的经理、副经理、财务负责人，上市公司董事会秘书和公司章程规定的其他人员。”根据该规定，高级管理人员是指公司管理层中担任重要职务、负责公司经营管理、掌握公司重要信息的人员，主要包括经理、副经理、财务负责人、上市公司董事会秘书和公司章程规定的其他人员。这里的经理、副经理，是指《公司法》

第 74 条和第 126 条规定的经理、副经理,部门经理不在此列。这里的财务负责人是指由经理提请董事会决定聘任或者解聘的财务负责人员。"公司章程规定的其他人员"则是为了赋予公司自治的权利,允许公司自己选择管理方式,聘任高级管理人员,但是,这些人员的职位必须在公司章程中明文加以规定。在本案中,张某喜系路桥一公司部门经理,并非该公司经理、副经理,也不是公司章程中规定的高级管理人员,故不应将其认定为路桥一公司高级管理人员。张某喜不属于《企业破产法》第 113 条规定的适用平均工资的人员。因张某喜仅为公司的市场部经理,且履行职务产生差旅费、投标费用,并非其与路桥一公司建立的平等的债权债务关系,故张某喜的应补发工资及代垫报销款均应认定为职工工资。

2. 债务人向职工的福利借款认定为职工债权的条件

案例 | 虎某晟与上陵实业集团职工破产债权确认纠纷案

审理法院:最高人民法院

案　　号:(2021)最高法民申 6195 号

【基本案情】

2018 年 2 月 12 日,虎某晟与上陵实业集团签订《职工福利借款合同》,上陵实业集团向虎某晟借款金额 17 万元并偿还相应利息。2018 年 12 月 19 日,法院受理上陵实业集团的破产重整申请,并指定相应管理人。虎某晟在签订《职工福利借款合同》时已在上陵牧业公司工作,由上陵牧业公司为其缴纳社会保险。虎某晟向上陵实业集团管理人申报债权,对上陵实业集团管理人将其债权确认为普通债权提出异议。上陵实业集团管理人于 2019 年 8 月作出《异议回函》,并确认案涉借款为普通债权。后虎某晟不认可该结论,提起诉讼。一审法院判决认定该债权属于普通债权,驳回虎某晟的诉讼请求。

虎某晟不服一审判决,提起二审诉讼。二审法院判决认定驳回上诉,维持原判。

虎某晟不服二审生效判决,遂提起再审诉讼。

【争议焦点】

上陵实业集团向虎某晟借款 17 万元以及利息是否属于职工债权?

【审理结果和裁判要点】

再审法院认为,虎某晟与上陵实业集团签订的案涉《职工福利借款合同》依法应为民间借贷法律关系，虎某晟就该合同享有的债权应为民间借贷普通债权。虽然最高人民法院《关于审理企业破产案件若干问题的规定》（以下简称《审理企业破产案件规定》）第58条第1款规定："债务人所欠企业职工集资款，参照企业破产法第三十七条第二款第（一）项规定的顺序清偿。但对违反法律规定的高额利息部分不予保护。"但该条规定的企业欠职工的集资款的前提是双方之间存在劳动合同关系。本案中，根据虎某晟提交的证据，其在签订《职工福利借款合同》时系上陵牧业公司综合部经理，其工资不是由上陵实业集团发放，社会保险费也不是由上陵实业集团缴纳，虎某晟也认可从劳动关系角度，其不是上陵实业集团的内部职工，且虎某晟任职的上陵牧业公司亦不是案涉的上陵实业集团及其他六家关联的破产企业。因此，虎某晟不是案涉的破产重整企业职工，依法不符合《审理企业破产案件规定》第58条第1款规定的条件。虎某晟关于原判决适用法律错误的再审事由，依法不能成立。

根据《审理企业破产案件规定》第58条的规定，债务人所欠的企业职工集资款，需要参照职工债权的顺序清偿。但适用该规定的前提条件为双方存在劳动合同关系。本案中，虎某晟提交《职工福利借款合同》时为上陵牧业公司综合部经理，工资、社会保险等费用并非上陵实业集团缴纳，故其并未与上陵实业集团建立劳动关系。并且，虎某晟任职的上陵牧业公司并不是上陵实业集团也不是相关联的破产企业，故其不符合案涉的破产重整企业职工的条件。因此，法院对案涉职工福利借款不予认可为职工债权。

3. 经济补偿金、带薪年休假工资、未缴纳失业保险费给工人造成损失属于破产职工债权的一部分

案例 | 京秀磁材公司破产清算组与武某瑞劳动争议案

审理法院：山西省阳泉市中级人民法院

案　　号：（2018）晋03民终600号

【基本案情】

武某瑞从2002年3月起在京秀磁材公司工作，月均工资2400元，但双方并未签订书面劳动合同和办理社会保险手续。2016年4月京秀磁材公司因经营期限届满，发布解散公告，并于2016年4月25日起公司解散进行清算。2016年11月，武某瑞提起劳动仲裁，但仲裁委未予受理。2017年3月法院受理京秀磁材公司破产申请,指定山西天恒会计师事务所作为管理人并成立京秀磁材清算组。

2016年10月,京秀磁材公司清算组向武某瑞发放16,000元。武某瑞不同意该赔偿费用,主张赔偿经济补偿金、未休年休假工资报酬、因公司未缴纳失业保险费给工人造成的损失等,提起诉讼。一审认定京秀磁材公司清算组应当依法支付相应的赔偿金。

京秀磁材公司清算组不服一审判决,遂提起上诉,请求驳回武某瑞的诉讼请求。

【争议焦点】

武某瑞所诉请的解除劳动合同经济补偿金、未休年休假工资报酬、因公司未缴纳失业保险费给工人造成的损失等应否得到支持,各项费用的具体数额又如何计算?

【审理结果和裁判要点】

二审法院认为,首先,关于解除劳动合同经济补偿金的问题。京秀磁材公司经营期限届满进入清算阶段后,武某瑞与京秀磁材公司之间的劳动合同即已终止,京秀磁材公司应当向武某瑞支付经济补偿金。武某瑞自2002年3月入职公司后实际工作至2016年1月,公司应向其支付自入职之日起直至离开工作岗位之日止工作13年又4个月的经济补偿金合计等于13.5个月的工资,每月工资标准为2016年1月前12个月的平均工资1946.62元,总计26,279.37元(1946.62元/月×13.5月)。

其次,关于带薪年休假工资的问题。劳动争议申请仲裁的时效期间为1年,自当事人知道或应当知道其权利被侵害之日起计算。武某瑞主张京秀磁材公司应向其支付自入职之日起至2016年1月止的未休年休假工资报酬,但未休年休假工资报酬是单位确因工作需要不能安排职工休年休假而给予职工的现金补偿,其性质不同于一般的工资报酬,且未休年休假工资报酬一般在每个自然年度结束后兑现,若未及时兑现,职工权益即已受损,职工应及时在法定时效期间1年之内申请劳动仲裁以寻求保护。本案中,自2002年起长达14余年,武某瑞未曾针对未休年休假工资报酬提起过劳动仲裁或通过其他途径主张过权利,故二审法院只能支持其2015年度的未休年休假工资报酬。武某瑞在京秀磁材公司工作已满10年不满20年,年休假为10天,日工资收入为96.44元(2097.58元/21.75天),京秀磁材公司应向武某瑞支付2015年度的未休年休假工资报酬共计1928.8元(96.44元/天×10天×2)。

最后,关于因公司未缴纳失业保险费给工人造成损失的问题。京秀磁材公司未缴纳失业保险费,致使工人在劳动合同终止后不能享受失业保险待遇,损害了工人的合法权利,公司对此应承担相应的责任。武某瑞在京秀磁材公司工作14年有余,其应领取的失业保险金的期限可以为24个月,每月990元(2016年10月1日以后的当地标准),故京秀磁材公司应赔偿武某瑞23,760元(990元/月×24月)。

另查,京秀磁材公司经营期限届满后成立清算组对公司进行清算,京秀磁材公司破产清算案亦由二审法院于2017年3月16日裁定受理,在破产终结前,京秀磁材公司仍然存续。清算组并非能够独立承担责任的主体,其只是公司股东成立的清算组织。因此,本案的权利义务承担主体应是京秀磁材公司,而非京秀磁材清算组。

综上,二审法院判决如下:(1)撤销一审判决;(2)京秀磁材公司于本判决生效之日起10日内支付武某瑞经济补偿金26,279.37元、带薪年休假报酬1928.8元、失业保险金23,760元,共计51,968.17元,扣除武某瑞已领取的16,000元,须再支付35,968.17元;(3)驳回武某瑞的其他诉讼请求。

武某瑞和京秀磁材公司虽并未签订劳动合同,但其实际在京秀磁材公司工作多年,则可视为双方订立无固定期限劳动合同。本案中,京秀磁材公司因经营期限届满,则应按职工入职公司实际工作之日至合同终止期间进行计算,不区分是否属于《劳动合同法》实施期间,即按照武某瑞实际工作年限计算经济补偿金额、承担未缴纳失业保险费造成的损失等。

用人单位应当按照法律、法规的规定,为劳动者提供必要的工作条件和保护措施,确保劳动者的权益得到保障。具体包括向劳动者履行支付劳动报酬、缴纳社会保险费用、工作时间管理、法定休假日、年休假等劳动条件保障等。否则应承担相应的法律责任。

(三)核心法条

1.《企业破产法》

第二十一条　人民法院受理破产申请后,有关债务人的民事诉讼,只能向受理破产申请的人民法院提起。

第四十八条 债权人应当在人民法院确定的债权申报期限内向管理人申报债权。

债务人所欠职工的工资和医疗、伤残补助、抚恤费用,所欠的应当划入职工个人账户的基本养老保险、基本医疗保险费用,以及法律、行政法规规定应当支付给职工的补偿金,不必申报,由管理人调查后列出清单并予以公示。职工对清单记载有异议的,可以要求管理人更正;管理人不予更正的,职工可以向人民法院提起诉讼。

第五十九条 依法申报债权的债权人为债权人会议的成员,有权参加债权人会议,享有表决权。

债权尚未确定的债权人,除人民法院能够为其行使表决权而临时确定债权额的外,不得行使表决权。

对债务人的特定财产享有担保权的债权人,未放弃优先受偿权利的,对于本法第六十一条第一款第七项、第十项规定的事项不享有表决权。

债权人可以委托代理人出席债权人会议,行使表决权。代理人出席债权人会议,应当向人民法院或者债权人会议主席提交债权人的授权委托书。

债权人会议应当有债务人的职工和工会的代表参加,对有关事项发表意见。

第八十二条 下列各类债权的债权人参加讨论重整计划草案的债权人会议,依照下列债权分类,分组对重整计划草案进行表决:

(一)对债务人的特定财产享有担保权的债权;

(二)债务人所欠职工的工资和医疗、伤残补助、抚恤费用,所欠的应当划入职工个人账户的基本养老保险、基本医疗保险费用,以及法律、行政法规规定应当支付给职工的补偿金;

(三)债务人所欠税款;

(四)普通债权。

人民法院在必要时可以决定在普通债权组中设小额债权组对重整计划草案进行表决。

第一百一十三条 破产财产在优先清偿破产费用和共益债务后,依照下列顺序清偿:

(一)破产人所欠职工的工资和医疗、伤残补助、抚恤费用,所欠的应当划入职工个人账户的基本养老保险、基本医疗保险费用，以及法律、行政法规规定应当支付给职工的补偿金；

（二）破产人欠缴的除前项规定以外的社会保险费用和破产人所欠税款；

（三）普通破产债权。

破产财产不足以清偿同一顺序的清偿要求的，按照比例分配。

破产企业的董事、监事和高级管理人员的工资按照该企业职工的平均工资计算。

2.《审理企业破产案件规定》

第五十八条　债务人所欠企业职工集资款，参照企业破产法第三十七条第二款第（一）项规定的顺序清偿。但对违反法律规定的高额利息部分不予保护。

职工向企业的投资，不属于破产债权。

3.《企业破产法解释（二）》

第二十四条　债务人有企业破产法第二条第一款规定的情形时，债务人的董事、监事和高级管理人员利用职权获取的以下收入，人民法院应当认定为企业破产法第三十六条规定的非正常收入：

（一）绩效奖金；

（二）普遍拖欠职工工资情况下获取的工资性收入；

（三）其他非正常收入。

债务人的董事、监事和高级管理人员拒不向管理人返还上述债务人财产，管理人主张上述人员予以返还的，人民法院应予支持。

债务人的董事、监事和高级管理人员因返还第一款第（一）项、第（三）项非正常收入形成的债权，可以作为普通破产债权清偿。因返还第一款第（二）项非正常收入形成的债权，依据企业破产法第一百一十三条第三款的规定，按照该企业职工平均工资计算的部分作为拖欠职工工资清偿；高出该企业职工平均工资计算的部分，可以作为普通破产债权清偿。

（四）疑难问题解答

1. 职工集资款的债权性质认定问题

职工集资款是企业为解决生产经营过程中的资金困难而向具有劳动关

系身份的不特定多数职工借贷并将筹集资金用于生产经营的行为,是企业对所属职工的一种负债。《企业破产法》涉及债务清偿的条款并未对职工集资款设立优先权,亦未对职工集资款的性质予以规定,相关司法解释亦是如此。理论上,王欣新教授认为职工集资款应当视为职工债权,与工资同顺位清偿;[1]姚彬教授认为职工集资款应当认定为普通债权,[2]毕竟其不具有有限清偿的法理基础,属于正常的借贷法律关系。而在司法实践中,存在将职工集资款认定为职工债权和普通债权两种观点。例如,在李某清与莲花健康集团公司破产债权确认纠纷案[3]中,李某清系莲花味精公司的第一任董事长,莲花味精公司先后多次欠付李某清的个人工资以及政府应当给与其的奖金。基于莲花味精公司与李某清并未发生人财物独立的历史背景,且莲花健康集团公司后又向李某清偿还了45万元,法院据此认为,李某清享有的工资以及奖金应当认定为职工债权;而在前述典型案例2虎某晟、上陵实业集团职工破产债权确认纠纷案中,法院因虎某晟与上陵实业集团并未有实际的劳动合同关系,不予承认虎某晟主张的债权。

对此问题需要从多个方面进行审查:第一,债权主体应当为职工本人,毕竟其为职工享有的债权;第二,集资的目的系缓解公司暂时的资金紧张,而职工出借资金系为获取利息收益;第三,集资款源于职工的工资性收入。只有满足以上条件,职工集资款方可认定为职工债权,毕竟保护职工利益和维护社会稳定的需要不容忽视,必须得到充分保障。在其他情况下,职工集资款本质系借款行为,无关职工生存权,则认定为普通债权为宜。

2. 职工债权之经济补偿金工作年限计算问题

《劳动合同法》实施之前,职工债权的经济补偿金并未在《劳动法》以及相关规定中予以明确,因破产原因而终止的劳动合同在支付经济补偿金时存在适用问题。对此,司法实践中存在三种裁判观点:第一种观点认为,对于《劳动合同法》实施之前的工作年限不应计算经济补偿金;第二种观点认为,应当按照劳动者实际工作年限计算经济补偿金;第三种观点认为,应该按照当地的地方性法律规定予以认定,进行计算。例如,在前述典型案例3

〔1〕 参见王欣新:《试论破产立法与国企失业职工救济制度》,载《政法论坛》2002年第3期。

〔2〕 参见王欣新、尹友主编:《破产法论坛》(第四辑),法律出版社2010年版,第452~459页。

〔3〕 参见河南省周口市中级人民法院民事判决书,(2020)豫16民初31号。

京秀磁材公司破产清算组与武某瑞劳动争议案中，法院认定武某瑞的经济补偿金按照实际工作日进行计算，即不区分《劳动合同法》的实施前后问题；实践中，还有一些法院认为《劳动合同法》实施之前的工作年限不应计算在内，例如，在金某娟与蔡伦公司职工破产债权确认纠纷案[1]中，法院即认为蔡伦公司应当从《劳动合同法》施行之日起支付经济补偿金。

根据最高人民法院《关于对〈最高人民法院关于审理企业破产案件若干问题的规定〉第五十六条理解的答复》的规定，对纳入国家计划调整的企业破产案件，根据规定向破产企业职工发放经济补偿金后，不再就解除劳动合同补偿金予以补偿。故无论属于《劳动合同法》施行之前或者施行之后的工作年限，都应该对终止劳动合同的劳动者予以经济补偿金，毕竟保障劳动者权益不容忽视。

3. 员工奖金是否可以认定为职工债权

关于职工要求将其应得奖金作为职工债权进行优先清偿的，应根据职工是否具有管理人员的身份、职工工作性质是否应包含奖金进行区分。

《企业破产法解释（二）》第 24 条规定："债务人有企业破产法第二条第一款规定的情形时，债务人的董事、监事和高级管理人员利用职权获取的以下收入，人民法院应当认定为企业破产法第三十六条规定的非正常收入：（一）绩效奖金；（二）普遍拖欠职工工资情况下获取的工资性收入；（三）其他非正常收入。债务人的董事、监事和高级管理人员拒不向管理人返还上述债务人财产，管理人主张上述人员予以返还的，人民法院应予支持。债务人的董事、监事和高级管理人员因返还第一款第（一）项、第（三）项非正常收入形成的债权，可以作为普通破产债权清偿。因返还第一款第（二）项非正常收入形成的债权，依据企业破产法第一百一十三条第三款的规定，按照该企业职工平均工资计算的部分作为拖欠职工工资清偿；高出该企业职工平均工资计算的部分，可以作为普通破产债权清偿。"

因此，对于董事、监事、高级管理人员等应被认定为高级管理人员的企业员工，若存在正常薪水以外的大额绩效奖金，考虑到企业在其管理下已经面临破产清算或重整，对于上述主体的债权，笔者倾向于将之列为普通债权，按清偿比例进行清偿。

---

[1] 参见浙江省杭州市中级人民法院民事判决书，（2014）浙杭商终字第 1895 号。

另外,依据《劳动合同法》第 47 条的规定,经济补偿的月工资标准按照劳动者应得工资计算,包括计时工资或者计件工资以及奖金、津贴和补贴等货币性收入。劳动者在劳动合同解除或者终止前 12 个月的平均工资低于当地最低工资标准的,按照当地最低工资标准计算。劳动者工作不满 12 个月的,按照实际工作的月数计算平均工资。

实践中还有一种情况,职工的工资发放金额是由基本工资与奖金构成,甚至奖金为其工资的主要部分,如销售行业。对此,管理人应当仔细核查该职工的工资构成情况以及与工作成果有关的证据,若有证据证明职工的工资应当包含相应比例的奖金或绩效奖励,则应当将该笔奖金或绩效奖励列为职工债权予以清偿。[1] 例如,在李某桥、华创公司职工破产债权确认纠纷案[2]中,审理法院即持类似观点。

4. 职工的住房公积金债权是否可作为职工债权优先清偿

《企业破产法》未明确将住房公积金债权列入可优先清偿的职工债权范围。但是,最高人民法院《全国法院破产审判工作会议纪要》(以下简称《破产审判纪要》)第 27 条明确指出,"债务人欠缴的住房公积金,按照债务人拖欠的职工工资性质清偿"。住房公积金是国家强制性的缴费制度,也是国家对职工福利重要的分配措施,对于购房职工来说,公积金贷款的利息远低于商业贷款,企业会计准则也把住房公积金和社会保险费都纳入"应付职工薪酬"科目核算。只是目前对于住房公积金的性质、内容宣传力度不够,公众的认识不够,住房公积金制度的社会认知度没有得到相应提高,并且立法滞后,并未纳入《企业破产法》明确规定的类别中。

关于住房公积金债权调查的实务操作问题,2021 年 2 月 8 日印发的上海市高级人民法院、上海市住房和城乡建设管理委员会《关于破产程序中规范处置住房公积金债权的会商纪要》为破产实务界提供了可资参考的方式,该纪要在"一、债权性质"中指出:"与社会保险费分为个人部分和社会统筹部分不同,住房公积金的单位缴存部分和个人缴存部分均计入职工个人住房公积金账户,属于职工个人所有……债务人(即破产企业)拖欠职工的住

---

〔1〕 参见《莫非等:破产程序中的职工债权问题》,载微博号"大成律师事务所"2022 年 3 月 24 日,https://weibo.com/ttarticle/p/show? id=2309404750610024235484。

〔2〕 参见江苏省无锡市中级人民法院民事判决书,(2021)苏 02 民再 103 号。

房公积金应当由管理人接管并负责调查核实后予以公示，市公积金中心不作为申报主体申报债权，但为了维护职工合法权益，仍需做好职工与破产企业管理人之间的沟通引导工作。”

5. 职工债权与担保债权之间的清偿顺序何者为先

《企业破产法》第109条规定，对破产人的特定财产享有担保权的权利人，对该特定财产享有优先受偿的权利。这一条款表明担保债权对特定财产享有优先于其他债权人（包括职工债权人）的权利。但同时，《企业破产法》对职工债权与担保债权的清偿顺序问题采取了“新旧划分”的办法。《企业破产法》公布日（2006年8月27日）之前破产人所欠职工债权（包括所欠职工工资和医疗、伤残补助、抚恤费用，所欠的应当划入职工个人账户的基本养老保险、基本医疗保险费用，以及法律、行政法规规定应当支付给职工的补偿金）优先于担保债权受偿，在破产人无担保的财产不足以清偿的情况下，要从有担保的特定财产中受偿。

尽管《企业破产法》第109条明确了担保债权优先于职工债权受偿，但也不排除司法实践中法院基于特殊考虑依然认定《企业破产法》公布日之后破产人所欠职工债权应优先于担保债权受偿。例如，广东省广州市中级人民法院在华融资产管理公司与鳌头镇政府、王某德等135人、兆拓实业公司执行分配方案异议之诉案[1]中的裁判观点值得借鉴。

首先，生存权优先于发展权。工人工资是基于劳动合同关系产生的，是劳动者劳动力的对价，具有人的基本生存权属性，对于保障劳动者维系自身和家庭成员最起码的生存具有重要意义。如前所述，《破产审判纪要》第27条的规定亦明确了工资具有生存权的属性。担保物权所保障的则是民事主体的普遍利益，具有发展权的属性。两者相较而言，具有生存权属性的工人工资债权显然优先于具有发展权属性的担保物权。

其次，优先权优先于抵押权。优先权是指特定债权人享有的就债务人的全部或特定动产、不动产的价值优先受偿的权利。一般优先权是就债务人的全部财产享有优先受偿的权利，特别优先权是就债务人的特定动产或不动产的价值享有优先受偿的权利。其中就一般优先权而言，为实现公平正义，法律赋予了工人工资以优先权的地位，我国《企业破产法》第113条、

[1] 参见广东省广州市中级人民法院民事判决书，(2018)粤01民终19003号。

《商业银行法》第 71 条、《保险法》第 91 条、《个人独资企业法》第 29 条、《合伙企业法》第 89 条、《公司法》第 236 条等均对职工工资的优先受偿作出规定，通过给那些经济上或处境上本就处于弱势地位的债权人以特殊、优先保护，实现社会公平的价值目标。至于特别优先权，我国法律是在民事特别法中予以规定的，例如，《海商法》规定了船舶优先权、《民用航空法》规定了民用航空器优先权、《担保法》（已失效）设立了国有土地使用权出让金优先权、《合同法》（已失效）设立了建设工程价款优先权、《税收征收管理法》设立了税收优先权。至于优先权是否优先于抵押权的问题，原《担保法》第 56 条规定，国有土地使用权出让金优先权优先于抵押权受偿。原《合同法》第 286 条以及最高人民法院《关于建设工程款优先受偿权问题的批复》规定，建设工程价款优先权优先于抵押权受偿。《税收征收管理法》第 45 条规定，税收优先权优先于抵押权、质权、留置权。广东省高级人民法院《关于执行程序中工人工资与"社保金"的清偿顺序是否优先于抵押权问题的批复》同意广东省江门市中级人民法院将抵押物变现后的一部分价款优先用于支付拖欠的工人工资，明确了工人工资的清偿顺序优先于抵押权。因此，员工的工人工资债权作为一般优先权当然优先于抵押权。

由此可知，实践中应密切关注管辖法院裁判口径以及当地政策是否有特殊要求。

6. 管理人对职工债权的审查程序规定

为了有效保护职工权益以及维护社会稳定的需要，必须对职工债权的审查与确认规则、标准予以明确规定。首先，根据《企业破产法》第 48 条的规定，在债权申报期限内，债务人所欠职工的工资和医疗、伤残补助、抚恤费用，所欠的应当划入职工个人账户的基本养老保险、基本医疗保险费用，以及法律、行政法规规定应当支付给职工的补偿金，均不必申报，由管理人调查后列出清单并予以公示。职工对清单记载有异议的，可以要求管理人更正；管理人不予更正的，职工可以向法院提起诉讼。需要注意的是，此处的不必申报并非意味着不需要申报，而是简化申报程序，利于职工有效行使债权。[1] 其次，职工对债权产生异议，需要先要求管理人予以更正，管理人不予更正的，方可向法院起诉。

---

〔1〕 参见齐明：《破产法学：基本原理与立法规范》，华中科技大学出版社 2013 年版，第 136 页。

司法实践中，产生困扰的是已被生效法律文书确认的职工债权存在事实不清楚的情形应予以确认还是纠正。从维护法律的精神与尊重生效法律文书效力的角度出发，若直接确认该法律文书确认的债权，可能变相损害其他合法债权人的利益，反之则将违背《企业破产法》规定的管理人的“善良管理人”的义务。因此，对于已被生效法律文书确认的职工债权，需要分三种程序予以选择：一为破产程序中不予确认；二为通过再审程序予以纠正；三为通过执行异议程序处理。这样一来，方可有效处理已被生效法律文书所确定的职工债权的重新确认问题。

（五）职工破产债权确认纠纷的实务操作

1. 诉讼主体

（1）原告：破产企业职工。

（2）被告：债务人，管理人为诉讼代表人。

2. 案由

《民事案件案由规定》将职工破产债权确认纠纷作为四级案由规定在内。

3. 管辖

根据《企业破产法》第21条的规定，法院受理破产申请后，有关债务人的民事诉讼，只能向受理破产申请的法院提起。

4. 诉讼时效

根据《企业破产法解释（三）》第8条的规定，债务人、债权人对债权登记表记载的债权有异议的，应当说明理由和法律依据。经管理人解释或调整后，异议人仍然不服的，或者管理人不予解释或调整的，异议人应当在债权人会议核查结束后15日内向法院提起债权确认的诉讼。

5. 诉讼请求

（1）请求依法确认职工债权。

（2）请求支付债权款项。

（3）请求承担未按期支付期间的利息。

二、普通破产债权确认纠纷

(一)普通破产债权确认纠纷的概念

"普通破产债权确认纠纷",是指破产申请受理后,债务人、债权人对于管理人编制的债权表记载的普通债权有异议,请求管理人予以更正而不予以更正的,向法院提起的请求确认普通债权的纠纷。通常为对普通债权人申报的债权是否存在、债权数额以及有无担保等事实予以确认的纠纷。相较于职工债权确认纠纷而言,普遍破产债权确认纠纷更为普遍。其包括债权人、债务人对债权的确认及债权是否优先等内容确认,例如,债权有无、性质以及数额多少等问题的确认。

企业破产案件中,有关债务人财产衍生诉讼等都是紧紧围绕着债务人财产的确定、增加、减少而展开的。对债务人财产能否准确把握和有效追收,直接决定着债权人能否得到最大化的权利保护和公平受偿,以及破产程序能否顺利进行。债权人与债务人之间的博弈与破产财产的分配关乎债权人的切身利益和债务人最大价值的实现,亦是债务人获得再生可能性的必备要素。债权的申报和确认是保障债权人能够获得公平清偿的前提。法院受理破产案件后,债权人必须向管理人申报债权,管理人审查确认后进行公示,并依据债权性质和债务人资产状况进行公平受偿。但与此同时,由于每笔债权并非均得到管理人的确认,相应破产案件数量逐渐上升,也随之衍生出更多的关于普通破产债权确认纠纷的主体、期限性质、前置程序等的争议问题,依据争议主体和内容,普通破产债权确认纠纷的诉讼类型主要包括以下几种。

1. 债权人提起的债权确认之诉

债权人对管理人编制的债权表记载的债权有异议,认为管理人错误否定债权的存在,对债权金额、利息、违约金计算有争议,对债权性质、顺位等存在异议,主张自己的债权未被确认或确认有误。

2. 债务人提起的债权异议之诉

债务人即破产企业对债权人申报的债权真实性、合法性或金额提出异议,如存在虚构债务或重复申报债权、债务已清偿但债权人仍申报、债权超过诉讼时效或存在无效事由等,从而认为其不应被确认或需调整而提起的异议。

3. 债权人之间的债权争议之诉

多个债权人之间对同一笔债权的归属、优先权或分配顺位产生争议。例如，债权转让后受让人与原债权人之间的权利冲突、企业职工债权与普通债权人之间的顺位争议、共同担保中多个担保权人主张优先受偿等，也包含债权人对债权表记载的他人债权有异议等情形，须通过诉讼明确各自权利。

4. 关于债权性质的确认之诉

诉讼的争议焦点为债权的法律性质，根据《企业破产法》第 82 条、第 113 条关于债权分类及清偿顺序的规定，破产债权是否属于有财产担保债权、职工债权、税款债权或普通债权，直接影响清偿顺位。关于担保物权是否有效设立，如抵押登记瑕疵，税款滞纳金是否属于优先债权等，均为债权性质确认之诉。

管理人应准确审核破产程序中申报债权的真实性，全面核查债权试算方式及性质，准确认定债权。妥善处理破产债权异议人提出的异议，公平保护债权人权利，从而保证公平清偿，有效保护债权人普通债权的权益。

《企业破产法》及相关司法解释对普通破产债权确认纠纷等进行了较为明确的规定，包括普通债权的主体确认、前置程序和期限的规定，以及产生的相应法律后果。债务人、债权人对债权表记载的债权有异议的，应当说明理由和法律依据。经管理人解释或调整后，异议人仍然不服的，或者管理人不予解释或调整的，异议人应当在债权人会议核查结束后 15 日内向法院提起债权确认的诉讼。当事人之间在破产申请受理前订立有仲裁条款或仲裁协议的，应当向选定的仲裁机构申请确认债权债务关系。

（二）典型案例分析

1. 破产企业在破产案件受理前因欠缴税款产生的滞纳金属于普通破产债权

案例 | 漳浦县税务局与景南公司普通破产债权确认纠纷案

审理法院：福建省漳浦县人民法院

案　　号：（2020）闽 0623 民初 1789 号

【基本案情】

2018 年 8 月 24 日，漳浦县人民法院受理景南公司的破产申请。2020 年

3月15日,漳浦县税务局致函景南公司管理人,请求协助扣缴景南公司欠缴的税款1,043,331.90元及自景南公司滞纳税款之日起计算至2018年8月24日的滞纳金合计630,600.10元。景南公司管理人于2020年3月26日出具《回复函》认为,上述630,600.10元的滞纳金属于劣后债权,应待清偿所有普通债权之后才能获得清偿。漳浦县税务局对景南公司管理人的这一认定意见有异议,认为上述滞纳金630,600.10元应当认定为普通破产债权进行清偿,景南公司管理人未予确认。漳浦县税务局于2020年4月17日诉至法院,提出滞纳金应当认定为普遍破产债权的诉求。

【争议焦点】

(1)涉案税收滞纳金数额计算是否有误?

(2)涉案税收滞纳金属于普通破产债权还是劣后债权?

【审理结果和裁判要点】

第一,关于涉案税收滞纳金数额计算是否有误的问题。法院认为,首先,关于涉案税收纳税义务发生时间问题。《营业税暂行条例》(已失效)第12条第1款规定:"营业税纳税义务发生时间为纳税人提供应税劳务、转让无形资产或者销售不动产并收讫营业收入款项或者取得索取营业收入款项凭据的当天。国务院财政、税务主管部门另有规定的,从其规定。"《营业税暂行条例实施细则》(已失效)第24条规定:"条例第十二条所称收讫营业收入款项,是指纳税人应税行为发生过程中或者完成后收取的款项。条例第十二条所称取得索取营业收入款项凭据的当天,为书面合同确定的付款日期的当天;未签订书面合同或者书面合同未确定付款日期的,为应税行为完成的当天。"《城市维护建设税暂行条例》(已失效)第3条规定:"城市维护建设税,以纳税人实际缴纳的消费税、增值税、营业税税额为计税依据,分别与消费税、增值税、营业税同时缴纳。"国家税务总局《关于房产税城镇土地使用税有关政策规定的通知》规定:"二、关于确定房产税、城镇土地使用税纳税义务发生时间问题……(三)出租、出借房产,自交付出租、出借房产之次月起计征房产税和城镇土地使用税……"财政部、国家税务总局《关于房产税、城镇土地使用税有关政策的通知》规定:"二、关于有偿取得土地使用权城镇土地使用税纳税义务发生时间问题以出让或转让方式有偿取得土地使用权的,应由受让方从合同约定交付土地时间的次月起缴纳城镇土地使用税;合同未约定交付土地时间的,由受让方从合同签订的次月起缴纳城镇土地使用税。”根据上述行政法规和规章的规定，国税漳浦县税务局主张的营业税、房产税、城镇土地使用税纳税义务发生时间分别为房产租赁合同确定的租金付款日期的当天、出租房产之次月及合同约定交付土地时间的次月，合法有据，应予以支持。其次，关于涉案税收滞纳金数额计算的问题。国税漳浦县税务局主张房产税、城镇土地使用税按年度征收并依此计算滞纳金，景南公司主张房产税、城镇土地使用税应按季度分期征收。经查，《房产税暂行条例》第7条规定：“房产税按年征收、分期缴纳。纳税期限由省、自治区、直辖市人民政府规定。”《城镇土地使用税暂行条例》第8条规定：“土地使用税按年计算、分期缴纳。缴纳期限由省、自治区、直辖市人民政府确定。”福建省原地方税务局《关于调整房产税、城镇土地使用税申报缴纳期限问题的公告》（已失效）也规定，涉案企业作为该类纳税人的房产税、城镇土地使用税实行按年征收、按季分期缴纳。根据上述相关行政法规及规范性文件的规定，景南公司对房产税、城镇土地使用税应按季分期缴纳的辩解理由成立，予以采纳。经重新核算，涉案税收滞纳金数额合计为612,013.48元，具体如下：营业税滞纳金122,628.75元、城市维护建设税滞纳金6131.44元、房产税滞纳金246,726.75元、城镇土地使用税滞纳金233,416.36元、租赁合同印花税滞纳金3110.18元。据此，涉案税收滞纳金数额应调整为612,013.48元。

第二，关于涉案税收滞纳金属于普通破产债权还是劣后债权的问题。法院认为，虽然税收滞纳金属于补偿性债权还是惩罚性债权理论界和实务界仍存在争议，但根据《税收征收管理法》第32条之规定，滞纳金是国家对不及时履行缴纳或者解缴税款义务的纳税人、扣缴义务人采用课以财产上新的给付义务，涉案税收滞纳金应按普通破产债权进行清偿。首先，根据最高人民法院《关于税务机关就破产企业欠缴税款产生的滞纳金提起的债权确认之诉应否受理问题的批复》的规定，依照《企业破产法》《税收征收管理法》的有关规定，破产企业在破产案件受理前因欠缴税款产生的滞纳金属于普通破产债权，涉案税收滞纳金应属于普通破产债权。其次，涉案税收滞纳金不适用最高人民法院《全国法院破产审判工作会议纪要》第28条的规定，该条规定仅适用“法律没有明确规定清偿顺序的债权”的清偿原则和顺序，而最高人民法院《关于税务机关就破产企业欠缴税款产生的滞纳金提起的债权确认之诉应否受理问题的批复》已对税收滞纳金的其清偿原则和顺序作出明确规定,因此,涉案债权不属于劣后债权,应作为普通破产债权按照《企业破产法》第113条第1款第3项规定的顺序进行清偿。

综上所述,法院判决:国税漳浦县税务局对景南公司享有税收滞纳金金额为612,013.48元;确认税收滞纳金612,013.48元为普通破产债权,并按照普通破产债权顺序进行清偿。

后景南公司对一审判决不服,提起上诉。二审法院判决驳回上诉,维持原判。

对于破产企业在法院裁定破产案件受理前因欠缴税款产生的滞纳金是属于破产债权还是劣后债权,存在争议,从立法目的看,税收滞纳金应兼具补偿性和惩罚性功能。最高人民法院《关于税务机关就破产企业欠缴税款产生的滞纳金提起的债权确认之诉应否受理问题的批复》作出明确规定,属于普通破产债权,不属于《破产审判纪要》规定的"法律没有明确规定清偿顺序"的债权,应按普通破产债权顺序进行清偿。公司进入破产程序后,为了推进破产程序的效率提高,使得资金的分配均衡,对破产债权的确认应准确适用法律。本案中,漳浦县税务局对景南公司的滞纳金为普通债权,应按照《企业破产法》第113条第1款第3项规定的顺序进行清偿,不属于法律没有明确规定清偿顺序的债权。

2. 普通破产债权确认之诉的法定诉讼时效

案例 | 鑫盛担保公司与国玉建筑公司等普通破产债权确认纠纷案

审理法院:山东省临沂市中级人民法院

案　　号:(2021)鲁13民终5014号

【基本案情】

2014年9月5日,蓝澳公司与国玉建筑公司签订建设工程施工合同,约定国玉建筑公司承建蓝澳公司××车间,并交由蓝澳公司使用。2018年6月24日,国玉建筑公司与蓝澳公司发生纠纷,法院判决蓝澳公司支付国玉建筑公司工程款897,130.2元。

2019年1月29日,一审法院受理蓝澳公司破产申请,并指定山东衡正源律师事务所为管理人。2019年3月25日,国玉建筑公司向蓝澳公司管理人申报工程款债权本金8,974,130.2元、孳息债权504,794.8元,并主张建筑工程优先权。2019年4月18日,鑫盛担保公司向蓝澳公司管理人申报其享有抵押权优先债权16,680,623.67元。

2019年5月6日、9月27日，蓝澳公司管理人先后召开了第一次债权人会议、第二次债权人会议，其中将鑫盛担保公司的享有抵押权优先债权12,490,860.67元转入普通债权，认定国玉建筑公司享有建设工程价款优先权。2019年12月16日，鑫盛担保公司向管理人发出异议函，主张国玉建筑公司不享有建设工程价款优先权。2019年12月18日，管理人作出答复函，认为鑫盛担保公司对国玉建筑公司具有建设工程价款优先权提出的异议不能成立。2019年12月20日，鑫盛担保公司诉至法院，请求确认国玉建筑公司在蓝澳公司破产案件中不享有建筑工程款优先受偿权。

一审法院审理后对鑫盛担保公司请求确认国玉建筑公司在蓝澳公司破产案件中不享有建筑工程款优先受偿权的主张不予支持。依照《企业破产法》第58条、最高人民法院《关于审理建设工程施工合同纠纷案件适用法律问题的解释》(已失效)第18条[1]、最高人民法院《关于审理建设工程施工合同纠纷案件适用法律问题的解释(二)》(已失效)第22条[2]的规定，判决驳回原告鑫盛担保公司的诉讼请求。

鑫盛担保公司不服一审判决，遂提起上诉。

【争议焦点】

(1)鑫盛担保公司所提普通破产债权确认之诉是否已经超过法定诉讼时效?

(2)国玉建筑公司对案涉工程主张优先受偿权是否已经超过6个月的保护期限?

【审理结果和裁判要点】

二审法院确认，鑫盛担保公司起诉请求确认国玉建筑公司在蓝澳公司破产案件中不享有建筑工程款优先受偿权，本案系普通破产债权确认纠纷。依据《企业破产法解释(三)》第8条的规定，异议人对管理人确认的其他债权人享有涉案建筑工程价款优先权的事实有异议，应于债权人会议核查结束后15日内提起债权确认诉讼。但异议人鑫盛担保公司提起普通破产债权

〔1〕参见最高人民法院《关于审理建设工程施工合同纠纷案件适用法律问题的解释(一)》第27条。

〔2〕参见最高人民法院《关于审理建设工程施工合同纠纷案件适用法律问题的解释(一)》第41条。

确认诉讼已经超过上述法律规定的起诉期间，本案中，鑫盛担保公司直到2019年12月20日才提起诉讼，一审法院予以受理并进行判决不当，本案予以纠正；上诉人鑫盛担保公司关于国玉建筑公司在蓝澳公司破产案件中不享有建筑工程款优先受偿权的上诉理由二审法院不予审查。依照《民诉法解释》第330条规定，裁定：撤销山东省莒南县人民法院（2019）鲁1327民初6578号民事判决；驳回上诉人鑫盛担保公司的起诉。

为了推进破产程序的进行，促进效率的提高，实现利益相关人的风险分担和激励的最优配置，保障破产财产的最大化并兼顾效率与公平，对破产债权的确认应当规定在合理的时间内。对于异议人提起诉讼的时限在《企业破产法》第58条第3款的规定中并未有明确规定，因此实践中存在争议。本案中，一审法院认为，债权人会议核查债权后，鑫盛担保公司对于国玉建筑公司享有的建筑工程优先权的范围与其享有的抵押权范围重叠的情况并不明知，蓝澳公司管理人对此亦未详细公示，虽债权人有权查阅债权审核的资料，但不能苛求鑫盛担保公司对此明知，故鑫盛担保公司所提普通破产债权确认之诉未超过法定诉讼时效。二审法院认为，蓝澳公司破产受理后，于2019年5月6日、9月27日先后召开了第一次债权人会议、第二次债权人会议，管理人审核确认鑫盛担保公司有财产担保债权金额为12,490,860.67元，鑫盛担保公司对债权有异议，应当在债权人会议核查结束后15日内提起诉讼，但其直到2019年12月20日才提起诉讼，因此一审法院予以受理并进行判决不当，超过了法律规定的起诉期间。

但关于普通破产债权人确认之诉提起期间，法院裁判存在不同的性质认定。例如，在沙某英、塔尼尔公司等破产债权确认纠纷案[1]中，最高人民法院再审认为，《企业破产法解释（三）》第8条规定的15日期间系附不利后果的引导性规定，目的是督促异议人尽快提起诉讼，以便尽快解决债权争议，提高破产程序的效率，防止破产程序拖延。异议人未在该15日内提起债权确认的诉讼，视为其同意债权人会议核查结果，破产程序按债权人会议核查并经法院裁定确认的结果继续进行，给异议人财产分配和行使表决权等带来的不利后果，由其自行承担。但《企业破产法解释（三）》第8条规定的

---

〔1〕 参见最高人民法院民事裁定书，（2022）最高法民再233号。

15日期间并非诉讼时效、除斥期间或起诉期限，该15日期间届满并不导致异议人实体权利或诉权消灭的法律后果。一审、二审法院以沙某英超过15日起诉期限为由驳回起诉，适用法律错误。

关于普通破产债权确认之诉提起诉讼的期限，将在本部分疑难问题解答部分具体阐述。

3. 破产程序终结后，债权人亦可提起破产债权确认之诉

案例 | 孙某霞与西郊粮库破产普通破产债权确认纠纷案

审理法院：陕西省高级人民法院

案　　号：(2020)陕民终48号

【基本案情】

1998年2月27日孙某霞向西郊粮库缴纳入股金10,000元，西郊粮库出具收款收据。自2012年元月后西郊粮库再未分红。2018年12月咸阳市中级人民法院受理西郊粮库破产申请并指定清算组。孙某霞于2019年1月向西郊粮库清算组申报债权，经清算组审查后不予确认。2019年3月12日第一次债权人会议上，该债权未得到确认。2018年12月，咸阳市中级人民法院受理了西郊粮库清算组等十家企业申请破产后，指定了清算组。孙某霞于2019年1月向清算组申报债权，经清算组审查后对该债权不予确认。2019年3月12日第一次债权人会议上，该债权亦未得到确认，孙某霞并未提出异议。2019年5月清算组通过EMS向孙某霞邮寄书面不予确认通知书。但孙某霞以未向其送达确认书为由，再次要求清算组向其送达确认书，故清算组于同年11月再次向孙某霞送达通知书。孙某霞按照该通知书确定的时间，于2019年11月18日向咸阳市中级人民法院提起债权确认诉讼。2019年11月20日，咸阳市中级人民法院裁定陕西省咸阳西郊国家粮食储备库破产程序终结。一审法院认为，公司破产程序终结后，债权人不可提起破产债权确认之诉，以孙某霞提起诉讼时企业破产程序已经终结为由，裁定驳回起诉。孙某霞不服，提起上诉。

【争议焦点】

公司破产程序终结后，债权人可否提起破产债权确认之诉？

【审理结果和裁判要点】

二审法院认为，根据《企业破产法》第48条、第57条和第58条的规定，

孙某霞作为债权人对债权表记载的债权有异议的，可以向受理破产申请的法院提起普通破产债权确认之诉。本案中，从西郊粮库清算组向孙某霞出具的《通知书》可以看出，孙某霞于2019年1月29日向西郊粮库清算组申报债权并提交相关资料，西郊粮库清算组于2019年11月15日向孙某霞出具《通知书》，明确对孙某霞申报的债权不予确认为普通债权，并告知孙某霞在接此通知之日起15日内向咸阳市中级人民法院提起债权确认之诉。孙某霞于2019年11月18日向法院提起本案之诉，并缴纳诉讼费，该起诉符合《民事诉讼法》(2017年)第119条[1]规定的起诉条件，亦不违背上述法律规定，原审应当依法进行审理，而原审以孙某霞提起诉讼时企业破产程序已经终结，对该起诉不再审查，并裁定驳回孙某霞的起诉，无法律依据，二审法院应予以纠正。综上，孙某霞的上诉理由成立，二审法院予以支持。二审法院裁定撤销一审裁定，指令咸阳市中级人民法院审理。

在破产审判业务实务中，当债权人所申报债权未被确认后，破产管理人未通知债权人，或履行了通知义务但未明确告知债权人对破产债权确认结果有异议的法律救济途径，随着破产程序的终结，债权人是否还有权提起破产债权之诉？破产程序终结后债权人是否可提起破产债权确权之诉？破产债权确认之诉的救济途径是否丧失？实务中存在截然相反的处理方式，对该法条的解释适用值得思考。本案中，孙某霞于2019年11月18日向法院提起本案之诉，并缴纳诉讼费，该起诉符合《民事诉讼法》规定的起诉条件，亦不违背上述法律规定，原审应当依法进行审理，而原审以孙某霞提起诉讼时企业破产程序已经终结，对该起诉不再审查，并裁定驳回孙某霞的起诉，无法律依据。破产程序的终结并不导致债权人提起普通破产债权确认之诉的权利的丧失。

(三)核心法条

1.《企业破产法》

第二十一条 人民法院受理破产申请后，有关债务人的民事诉讼，只能向受理破产申请的人民法院提起。

---

[1] 参见2023年《民事诉讼法》第122条。

第四十八条第一款　债权人应当在人民法院确定的债权申报期限内向管理人申报债权。

第四十九条　债权人申报债权时,应当书面说明债权的数额和有无财产担保,并提交有关证据。申报的债权是连带债权的,应当说明。

第五十条　连带债权人可以由其中一人代表全体连带债权人申报债权,也可以共同申报债权。

第五十一条　债务人的保证人或者其他连带债务人已经代替债务人清偿债务的,以其对债务人的求偿权申报债权。

债务人的保证人或者其他连带债务人尚未代替债务人清偿债务的,以其对债务人的将来求偿权申报债权。但是,债权人已经向管理人申报全部债权的除外。

第五十二条　连带债务人数人被裁定适用本法规定的程序的,其债权人有权就全部债权分别在各破产案件中申报债权。

第五十三条　管理人或者债务人依照本法规定解除合同的,对方当事人以因合同解除所产生的损害赔偿请求权申报债权。

第五十四条　债务人是委托合同的委托人,被裁定适用本法规定的程序,受托人不知该事实,继续处理委托事务的,受托人以由此产生的请求权申报债权。

第五十五条　债务人是票据的出票人,被裁定适用本法规定的程序,该票据的付款人继续付款或者承兑的,付款人以由此产生的请求权申报债权。

第五十六条　在人民法院确定的债权申报期限内,债权人未申报债权的,可以在破产财产最后分配前补充申报;但是,此前已进行的分配,不再对其补充分配。为审查和确认补充申报债权的费用,由补充申报人承担。

债权人未依照本法规定申报债权的,不得依照本法规定的程序行使权利。

第五十七条　管理人收到债权申报材料后,应当登记造册,对申报的债权进行审查,并编制债权表。

债权表和债权申报材料由管理人保存,供利害关系人查阅。

第五十八条　依照本法第五十七条规定编制的债权表,应当提交第一次债权人会议核查。

债务人、债权人对债权表记载的债权无异议的,由人民法院裁定确认。

债务人、债权人对债权表记载的债权有异议的，可以向受理破产申请的人民法院提起诉讼。

2.《企业破产法解释（三）》

第八条 债务人、债权人对债权表记载的债权有异议的，应当说明理由和法律依据。经管理人解释或调整后，异议人仍然不服的，或者管理人不予解释或调整的，异议人应当在债权人会议核查结束后十五日内向人民法院提起债权确认的诉讼。当事人之间在破产申请受理前订立有仲裁条款或仲裁协议的，应当向选定的仲裁机构申请确认债权债务关系。

（四）疑难问题解答

1. 债权确认诉讼的提起条件

提起债权确认诉讼除需具备《民事诉讼法》规定的诉讼要件外，还应符合以下条件：

（1）债权人应依法申报其债权，否则不得行使诉讼权利，法律规定不用申报的特殊债权除外。根据《企业破产法》第 48 条第 1 款、第 56 条的规定，债权人应当在法院确定的债权申报期限内向管理人申报债权；债权人未依照《企业破产法》的规定申报债权的，不得依照该法规定的程序行使提起债权确认诉讼的权利。法律规定不用申报的特殊债权，主要是指《企业破产法》第 48 条第 2 款规定的职工劳动债权和公法意义上的税收债权。

（2）管理人对债权人申报的债权已完成审查程序，并编制了债权表，或者对法律规定不用申报的特殊债权完成了调查公示程序。根据《企业破产法》的立法目的，法律赋予了管理人对债权审查和调查核实的职权，所有债权必须先由管理人审查核实后才能予以确认或不确认。在管理人未完成债权审查核实和公示程序之前，任何人不得提起债权确认之诉。如债权尚处于待审查确定状态，提起相关诉讼只是徒增纷扰，绝无实益。

（3）对管理人审查编制并予公示的债权清单或债权表所记载的债权有异议，而管理人不予认可的才能提起诉讼，诉讼的对象限于对管理人记载的债权的异议事项。因为根据《企业破产法》第 48 条第 2 款、第 58 条的规定，如债务人、债权人对债权表记载的债权无异议的，则由法院直接行使债权确认权，裁定予以确认。法院裁定确认的债权，已发生如同确定判决一样的法律效力，对债务人和全体债权人均有约束力，任何人不得再提起诉讼。只有债务人、债权人对债权表记载的债权有异议的，存在实体争议的时候才能提起诉讼程序。

（4）应当依法缴纳诉讼费用。依照《民事诉讼法》第 121 条的规定，当事人提起民事诉讼的，应当按照有关规定交纳案件受理费及其他诉讼费用。债权确认诉讼属于独立于破产案件的财产争议诉讼案件，故依法应缴纳诉讼费用。[1]

2. 普通债权确认之诉的诉讼主体

根据《企业破产法》第 58 条的规定，可以提起破产债权确认之诉的主体主要为债权人和债务人，其中具体分为三种情形：

（1）债务人对债权表记载的债权有异议，将被异议债权人列为被告。之所以赋予债务人异议权，是因为债务人在和解或重整程序时仍有再生的可能性，而可供分配的财产是有限的，因此对债权的合理认定是和解或重整计划启动和执行的重要因素，可使得挽救债务人的可能性最大化。实践中，多为债务人的法定代表人、股东、出资人、董事、监事等代为行使债务人权利提起破产债权确认诉讼，而对于管理人是否可作为债务人的诉讼代表人存在争议，管理人独立于债务人和债权人，应保证破产程序公正、合理地进行，故而管理人不应该作为破产债权确认之诉的诉讼主体，但管理人可以通过异议权的行使来阻止不合格债权人取得参与破产程序的资格。[2] 对于由谁来代表亦存在多种观点，分别是股东代表、管理人代表、谁异议谁代表、法定代表人代表等。有法院认为[3]，债务人所针对的为管理人审查的债权，仍由管理人参加诉讼，显然具有利益冲突，不能真实反映债务人的诉求，应由债务人的权力机构股东会决定诉讼代表人进行诉讼。

（2）债权人对债权表记载的本人债权有异议，以债务人为被告。

（3）债权人对债权表记载的他人债权有异议，以被异议债权人为被告。与此同时，法律对于债务人是否应当列为共同被告并未明确，有观点认为，债务人并未强制被列为被告。根据广东省高级人民法院《关于审理企业破

---

〔1〕 参见李玉麟：《破产债权确认之诉实务的问题》，载点睛律师网，https://www.zfwx.com/wxqt/package/target/lisrea/16227.html。

〔2〕 李国光主编：《新企业破产法条文释义》（第 2 版），人民法院出版社 2008 年版，第 342 页。

〔3〕 参见浙江省之门县人民法院民事裁定书，（2019）浙 1022 民初号。

产案件若干问题的指引》第 79 条第 1 款[1]的规定，原则上应将债务人列为共同被告，但因未将其列为共同被告并不构成严重违法，当事人不可据此申请再审。四川省高级人民法院《关于审理破产案件若干问题的解答》第 9 问[2]亦认为，债务人在诉讼地位上宜列为第三人。

3. 普通破产债权确认之诉的前置程序

债权的申报和确认是保障债权人能够获得公平清偿的重要制度，法院受理破产案件后，债权人必须向法院申报债权才可以在破产程序中受偿。对债权人申报的债权必须经过相应的法律程序审查确认，才能得到公平清偿。实践中通常认为普通债权确认之诉的前置程序有三个：一是债权人于申报期限内依法申报债权。根据《九民纪要》第 110 条第 3 款[3]的规定和广东省高级人民法院《关于审理企业破产案件若干问题的指引》第 81 条[4]的规定，债权人不能跳过该申报和审核认定程序而直接向法院提起破产债权确认之诉。二是根据《企业破产法》第 57 条第 1 款和第 58 条的规定，管理人经过核查债权后，编制发布债权表。审判实务中，在许某与盛豪公司普

[1] 广东省高级人民法院《关于审理企业破产案件若干问题的指引》第 79 条第 1 款规定："债务人对债权表记载的债权有异议向人民法院提起诉讼或申请仲裁的，应当列债务人为原告，被异议的债权人为被告。债权人对债权表记载的他人债权有异议的，原则上列被异议债权人和债务人为共同被告；未将债务人列为共同被告的，不构成程序严重违法，当事人据此申请再审的，人民法院应当驳回。"

[2] 四川省高级人民法院《关于审理破产案件若干问题的解答》第 9 问"破产债权确认之诉中，当事人的诉讼地位应如何列示？"规定："答：债权人对债权表记载的本人债权不成立、金额过低或债权性质有异议而提起债权确认之诉，应以债务人为被告，管理人作为债务人的诉讼代表人参加诉讼。债权人对债权表记载的他人的债权金额过高或债权性质有异议而提起债权确认之诉，应将被异议债权人列为被告、债务人列为第三人，管理人作为债务人的诉讼代表人参加诉讼。在债务人对债权表记载的债权有异议的情形下，应将被异议债权人列为被告。如债务人以自己的名义提起诉讼存在障碍，可根据案件具体情况，允许债务人的法定代表人、股东、出资人、董事、监事等代为行使债务人权利，以自己的名义代表债务人提起破产债权确认诉讼，胜诉利益归于债务人，此时，应将被异议债权人列为被告，管理人列为第三人，案件受理费应在债务人财产之外由起诉主体自行筹措向人民法院预先缴纳。"

[3] 《九民纪要》第 110 条第 3 款规定："人民法院受理破产申请后，债权人新提起的要求债务人清偿的民事诉讼，人民法院不予受理，同时告知债权人应当向管理人申报债权。债权人申报债权后，对管理人编制的债权表记载有异议的，可以根据《企业破产法》第 58 条的规定提起债权确认之诉。"

[4] 广东省高级人民法院《关于审理企业破产案件若干问题的指引》第 81 条规定："破产申请受理后，债权人未申报债权或申报后管理人作出审查意见前直接提起诉讼请求确认债权的，人民法院不予受理。已经受理的，应当驳回起诉。"

通破产债权确认纠纷案[1]中，审理法院即认为，管理人编制债权表并提交债权人会议核查是《企业破产法》规定的法定程序，该法定程序是债权人提起破产债权确认之诉的必要前置条件。三是债权人对该债权表内容有异议并向管理人提出，但管理人未予以调整，或经过调整后，异议人仍然不服。提起破产债权确认之诉应具备上述前置条件。例如，在昌图中力中天公司与陈某宏普通破产债权确认纠纷案[2]中，法院认为，因被上诉人在提起诉讼前未经过管理人对异议进行复核的前置程序，违反了《企业破产法解释(三)》第 8 条的规定，应被驳回起诉。而在南方银视公司、新丰县电视台破产债权确认纠纷案[3]中，法院即以管理人未完成债权核查、异议人未对债权表提出异议并经管理人解释调整，因此不具有上述前置程序为由，驳回起诉。

4. 普通破产债权确认之诉的起诉期限

根据《企业破产法解释(三)》第 8 条的规定，异议人提起债权确认之诉的起诉期限应当为债权人会议核查结束后 15 日内，而对于该 15 日的性质的认定，主要存在诉讼时效说、除斥期间说和附不利后果规定说三种观点。

诉讼时效说认为，“15 日”系破产债权确认诉讼的起诉期间，属于诉讼法意义上的期间，可以不可抗拒的事由或者其他正当理由申请顺延期限。超过起诉期间并不导致债权人失去实体权利，仅丧失诉讼行为的权利，承担失去提起破产债权确认诉讼的不利后果。但诉讼时效制度由《民法典》规定，倘若将普通破产债权确认纠纷的 15 日认定为诉讼时效期间，《民法典》却未予以直接规定，明显与规定冲突。

除斥期间说[4]认为，提起债权确认之诉的“15 日”期限为除斥期间，不存在中止、中断或者延长，异议人逾期起诉将丧失提出债权异议的实体权利。司法实践中也存在个别案例认同为除斥期间说，[5]其理由在于长期的不确定状态将影响破产程序的推进，且破产效率亟须提高，以促进经济和效

[1] 参见四川省遂宁市中级人民法院民事判决书，(2018)川 09 民初 81 号。

[2] 参见辽宁省铁岭市中级人民法院民事判决书，(2022)辽 12 民终 537 号。

[3] 参见广东省广州市中级人民法院民事裁定书，(2019)粤 01 民终 20958 号。

[4] 参见池伟宏、冷帅达：《破产法司法解释(三)全面解读与分析(程序篇)——以债权人利益保护为视角》，载微博号“天同律师事务所”2020 年 4 月 5 日，https://weibo.com/ttarticle/p/show?id=2309404490291729006833。

[5] 参见四川省遂宁市中级人民法院民事裁定书，(2019)川 09 民终 1156 号。

率的相互适宜发展。反对观点则认为,债权确认裁定作为程序性裁定,不具备确认各项债权真实、合法的实体性法律效力,若作为除斥期间将导致债权人丧失实体权利并处于劣势,[1]此亦体现了局限所在。

附不利后果规定说认为,"15 日"是起诉的合理期间,并非前述两种情况,逾期起诉不会消灭异议人的实体权利,仅是以 15 日期间督促债权人尽快起诉,减少相关实体权利失权的风险。司法实践中,有法院认定该 15 日系附不利后果的引导性规定,届满并不导致异议人实体权利或诉权消灭的法律后果。[2] 其目的在于督促异议人尽快提起诉讼,以便尽快解决债权争议,提高效率,防止破产程序拖延。例如,在张某宾、雅乐颂置业公司等破产债权确认纠纷案[3]中,最高人民法院再一次明确了 15 日异议期间超过将产生不利后果的效力。其旨在督促各主体积极行使权利,尽快明确债权债务关系,从而推进破产程序的进程,但并不产生异议人诉权或者实体权利消灭的法律后果。

司法实践中更认同附不利后果规定说,若采取前两种观点显然过于严苛,且尚缺乏充分的法理依据。

5. 普通破产债权确认诉讼的案件受理费

在普通破产债权确认之诉中,债权人或异议人的请求所关注的重点通常是破产债权的数额、优先权的有无、债权顺位等,而对于该案件应当属于财产案件还是按照非财产案件交纳案件受理费则存有不同观点。一种观点认为,破产债权确认诉讼属于确认之诉,因实际可分配数额具有不确定性,应当按件计收诉讼费。[4] 另一种观点认为,破产程序中的确认之诉是具有潜在给付请求的确认之诉,本质是关于该债权是否应予清偿的财产性争议,提起确认之诉的最终目的是希望通过债权确认获得债权分配,应按财产案件收取诉讼费,即以争议财产标的来收取诉讼费用。[5] 从《民诉法解释》第

---

〔1〕 参见王欣新:《观点|异议人提起债权确认诉讼的十五日期限,是诉讼时效还是除斥期间?》,载微信公众号"破产与重组研究中心"2019 年 12 月 7 日,https://mp. weixin. qq. com/s/Vp9FczYI-44F0a7nAj2N8g。

〔2〕 参见最高人民法院民事裁定书,(2022)最高法民再 233 号。

〔3〕 参见最高人民法院民事裁定书,(2023)最高法民再 170 号。

〔4〕 参见辽宁省阜新市中级人民法院民事判决书,(2021)辽 09 民初 51 号。

〔5〕 参见辽宁省沈阳市中级人民法院民事判决书,(2021)辽 01 民终 10032 号。

200 条[1]的规定来看,有关财产的诉讼均应按最高人民法院《民事诉讼法司法解释理解与适用(上)》解析的财产标准收取费用。因为实践中存在债权人随意滥诉的情形,也会造成债务人负担过重。基于此,破产债权确认纠纷异议认定为确认之诉更符合《企业破产法》的立法规范要旨。首先,其减少了对司法诉讼资源的浪费,提高诉讼效率;其次,可提高现有破产案件的清偿率,因大多数破产企业都为资不抵债的情形,倘若不按照按件代收诉讼费的标准收取费用,将会降低当事人诉讼意愿,甚至导致诉讼有名无实的局面,违背法律立法本意;最后,可最大限度保护债权人的利益,使可供分配的财产减少的可能性降低。

(五)普通破产债权确认纠纷的实务操作

1. 诉讼主体

(1)原告:债权人及利害关系人。

(2)被告:债务人,管理人为诉讼代表人。

2. 案由

《民事案件案由规定》将普通破产债权确认纠纷作为四级案由规定在内。

3. 管辖

根据《企业破产法》第 21 条的规定,法院受理破产申请后,有关债务人的民事诉讼,只能向受理破产申请的法院提起。

4. 诉讼时效

根据《企业破产法解释(三)》第 8 条的规定,债务人、债权人对债权登记表记载的债权有异议的,应当说明理由和法律依据。经管理人解释或调整后,异议人仍然不服的,或者管理人不予解释或调整的,异议人应当在债权人会议核查结束后 15 日内向法院提起债权确认的诉讼。

5. 诉讼请求

(1)请求依法确认债权。

(2)请求支付债权款项。

(3)请求承担未按期支付相应款项期间的利息。

---

[1] 《民诉法解释》第 200 条规定:"破产程序中有关债务人的民事诉讼案件,按照财产案件标准交纳诉讼费,但劳动争议案件除外。"

第三章 与破产相关人的特殊权利有关的纠纷

一、一般取回权纠纷

（一）一般取回权纠纷的概念

“一般取回权纠纷”，是指债务人进入法院破产案件审理程序后，对于债务人占有的不属于债务人所有的财产，财产所有人不依照破产程序而直接取回该财产而与管理人产生的权利义务纠纷。[1]《企业破产法》规定的一般取回权本质是民法上的“物权返还请求权”，其权利基础是所有权以及特定债权。该取回权的权利基础亦体现在我国现行法律规定中，如《企业破产法解释（二）》第2条规定，债务人基于仓储、保管、承揽、代销、借用、寄存、租赁等合同或者其他法律关系占有、使用的他人财产，债务人在所有权保留买卖中尚未取得所有权的财产，所有权专属于国家且不得转让的财产，及其他依照法律、行政法规不属于债务人的财产，不应认定为债务人财产。即债务人并非该财产的所有权人或物权人。

企业进入破产程序后，管理人应当对债务人财产进行清产核资，但并非所有财产皆为债务人控制下的财产，因而财产的真正权利人通过向管理人主张行使取回权。取回权制度旨在使财产权利人在破产程序中回应对财产的控制权，避免管理人将其纳入破产财产进行处分。换言之，此系财产的真正权利人基于实体法上已有的财产权利而请求返还的“权能”，体现“不得将

---

〔1〕 参见沈志先主编：《破产案件审理实务》，法律出版社2013年版，第228页。

他人财产占为己有”的公平法理观念。债务人不得擅自侵占他人财产，债权人亦不应将债务人占有的财产等同于自己所有，并作为破产财产。但在司法实践中，权利人向管理人申请取回财产存在适用上之困难，如对售后回租模式下的取回权认定、货币的特定化取回权认定存在疑难问题。因而，取回权纠纷的适用关键在于对取回权这一权利法律基础性质的界定、取回权行使条件，即标的物客观存在为前提的认定，方能更好地维护财产权利人的权益，无须参与破产程序中的统一分配。破产程序中的取回权也是基于民事法律规定产生的，在这种情况下，权利人有权要求返还原物，破产法上的取回权即是依此产生的，所以，这一权利并非破产法所创设，只是因其在破产程序中的行使而称之为取回权。

行使一般取回权应确保不损害破产财产的整体性和债权人公平受偿原则，应满足法律规定的以下条件。

1. 权利基础合法且明确

首先，物权归属清晰。权利人须对标的物享有所有权或他物权如质权、留置权，且权属无争议。如动产，应有真实有效买卖合同、交付凭证即物流单、签收记录、付款凭证等；不动产，应产权登记证书、抵押登记证明；特殊财产，如股权、知识产权等需提供登记机关的权属文件。依据《民法典》第 311 条的规定，若债务人合法取得财产系善意取得，则权利人不得主张取回。其次，权利未因混同或处分消灭。若财产因债务人的合法处分或混同导致权属转移，如债务人将权利人寄存的钢材用于建造厂房，钢材已转化为建筑物不可分割部分，则取回权消灭，权利人仅能申报债权。

2. 标的物客观存在且可识别

首先，物理存续性。标的物须在破产受理时仍实际存在于债务人处。若财产已灭失、毁损或处分给第三人，权利人仅能主张损害赔偿，则转为普通债权；若财产毁损、灭失后产生代位物，如保险金、赔偿金、代偿物等，权利人可依据《破产法司法解释(二)》第 32 条的规定主张代偿取回权。其次，特定化要求。标的物需具有可识别性，能够与债务人财产明确区分。如独立存放或标注权利人标识，财务账册中以“代管物资”科目等单独列明，未与债务人同类财产混合。

3. 破产受理时权属未转移

取回权的成立以破产受理时标的物仍属权利人所有为前提，且系持续占有状态,债务人须在破产受理时仍实际占有标的物。若破产受理前已转移权属即完成交付等,则丧失取回权。如债务人占有的他人财产被违法转让给第三人,第三人已善意取得财产所有权,则原权利人无法取回该财产。转让行为发生在破产申请受理前的,原权利人因财产损失形成的债权,作为普通破产债权清偿;转让行为发生在破产申请受理后的,因管理人或者相关人员执行职务导致原权利人损害产生的债务,作为共益债务清偿。

4. 无法律禁止或权利限制情形

首先,不得违反物权公示原则。对于须依法登记才产生法律权属效力的不动产、船舶、股权等财产,权利人未办理登记但债务人已公示登记的,可能因第三人善意取得而无法取回。例如,甲将房产借名登记在乙公司名下,乙公司破产时,甲须证明借名关系且无第三人信赖登记,方可取回该房产。其次,不得损害共益债务或优先权。若标的物为继续营业所须设备而被使用,则属于共益债务,则管理人可拒绝取回。

5. 取回权的行使期限

从物权角度来说,物的返还请求权并无时效限制,只要原物存在,权利人可以随时主张返还财产,但在破产程序中因涉及破产程序进行的效率和公正性,必须设立取回权行使的时间。在法院受理破产申请后,物权上的返还请求权已转化为破产法意义上的取回权,权利人应当在破产财产变价方案或者和解协议、重整计划草案提交债权人会议表决前向管理人主张取回,因为财产变价方案或者和解协议、重整计划草案提交债权人会议表决是一个非常关键的时间点。破产财产变价方案是针对破产清算程序而言,和解协议、重整计划草案是针对和解程序和重整程序而言。在这个时间点之前,管理人的工作主要集中在债务人财产清理方面,即通过债权申报、债务清理、财产追回等核实债务人财产的范围、数量、存在形式。管理人在清理债务人财产的基础上制定破产财产变价方案或者和解协议、重整计划草案意味着债务人财产清理阶段已经结束,如果在这之后再出现财产权利人主张取回权,债务人财产范围就可能发生变化,财产变价分配方案、和解协议草案和重整计划草案就可能重新制定,严重拖延破产程序的进行。为了保护取回权人利益和破产程序的顺利进行,权利人依据《企业破产法》第 38 条的规定行使取回权,应当在破产财产变价方案或者和解协议、重整计划草案提交债权人会议表决前向管理人提出。[1]

一般取回权的基础权利主要是物权，尤其是所有权，但也不排除依债权产生取回权的情况。破产管理人须为取回权行使的唯一相对人，取回权必须通过破产管理人的许可和履行一定的程序方可行使。如果权利人满足前述条件并在规定时间内行使取回权，管理人应当允许其取回财产；如果权利人未在规定时间内行使取回权或未能满足行使条件，其取回权可能会丧失或受到限制。在行使取回权时，权利人可能需要支付管理人因保管该财产而产生的相关费用，如保管费、托运费等。如果权利人拒绝支付这些费用，管理人有权拒绝其取回相关财产。

综上所述，破产一般取回权的行使时间、行使条件以及产生的相应法律后果均受到《企业破产法》及相关司法解释的严格规定。权利人在行使取回权时，应充分了解并遵守这些规定，以确保其权益得到有效保障。

（二）典型案例分析

1. 民间借贷的法律性质不涉及物权关系，不存在取回权成立的基础

案例 | 凤凰山实业集团与汉享公司一般取回权纠纷案

审理法院：安徽省淮北市杜集区人民法院

案　　号：（2018）皖0602民初1893号

【基本案情】

2017年4月14日，凤凰山实业集团与太上公司签订委托租赁合同，约定：凤凰山实业集团将自有资金600万元委托太上公司按照委托租赁程序向汉享公司发放并收回租金；太上公司向汉享公司发放委托租赁款前，应与汉享公司签订售后回租合同；太上公司应要求汉享公司将租金汇入凤凰山实业集团指定账户；太上公司负责对汉享公司进行前期尽职调查、租赁款发放后的客户维护、租金的催收；凤凰山实业集团支付服务费。

2017年4月14日，太上公司与汉享食品有限公司签订售后回租合同，约定：汉享公司将自己所完全拥有所有权的，未设置抵押权、优先权，租赁入

〔1〕 参见张学增：《破产程序中债权人财产取回权的行使时间》，载华律网2018年10月17日，https://lawyers.66law.cn/s2709507899f48_i506561.aspx。

股且不存在其他所有权瑕疵的××厂房出售给太上公司,同时再向太上公司以融资租赁形式回租;凤凰山实业集团出资600万元一次性支付到汉享公司账户后,租赁物所有权转移为太上公司所有;××厂房面积7044平方米,框架结构,规划许可证编号为建字第3406××××××××25;租期一年,租金计算方法为等额利息、到期还本,租金总额为657.6万元。合同签订后,凤凰山实业集团将600万元汇至汉享公司指定账户泓琴商贸公司,同日泓琴商贸公司将600万元以偿还借款名义回汇至凤凰山实业集团。太上公司在××厂房标注融资租赁物所有权归属于太上公司。但汉享公司没有履行双方达成的融资租赁合同,租金一期也没有支付。

后查明,该租赁物上汉享公司就涉案建筑物土地使用权设置了最高额抵押登记,并被法院查封其名下所有土地使用权。

太上公司在汉享公司被淮北市中级人民法院于2018年7月20日受理破产后,向汉享公司管理人提出取回权异议,汉享公司管理人对太上公司系××厂房所有权人不予认定,太上公司申请复核,汉享公司管理人再次作出复核决定书不予认定太上公司系××厂房所有权人。凤凰山实业集团以其系××厂房实际所有人向汉享公司管理人申请登记。2018年9月20日汉享公司第一次债权人会议召开,汉享公司管理人未将凤凰山实业集团融资租赁的汉享公司××厂房作为凤凰山实业集团享有的所有权(物权)进行登记。为此,凤凰山实业集团于2018年9月26日向汉享公司管理人提起异议,2018年11月2日,汉享公司管理人向凤凰山实业集团下达了不予认定通知书,认定凤凰山实业集团对于汉享公司××厂房享有债权,但不享有所有权。凤凰山实业集团认为汉享公司管理人未认定其对汉享公司××厂房享有所有权,存在错误,故提起诉讼。

【争议焦点】

凤凰山实业集团主张取回租赁物(即××厂房)是否符合一般取回权的构成要件?

【审理结果和裁判要点】

法院认为,凤凰山实业集团要求确认其系汉享公司××厂房所有权人,其实质目的是在汉享公司被法院依法受理破产清算后确认××厂房不属于汉享公司财产,不应纳入破产财产范围,诉讼请求所涉法律关系是破产衍生诉讼中的取回权纠纷。破产程序中涉及的取回权包括非债务人取回权、代偿性取回权、出卖人在途标的物取回权、出卖人取回权，而本案凤凰山实业集团诉求指向非债务人取回权。非债务人取回权是指在破产程序中对于不属于债务人的财产，其所有人或者其他权利人通过管理人将该财产予以取回的权利，其权利行使的基础为民法上的所有权或者他物权。

判断凤凰山实业集团能否就该厂房主张取回所有权的核心关键是案涉的售后回租合同能否成立融资租赁合同，即能否形成融资租赁法律关系。根据《民法典》关于融资租赁合同的规定，融资租赁合同标的物是应承租人的请求购买的租赁物，即真实取得租赁物所有权的意图。最高人民法院《关于审理融资租赁合同纠纷案件适用法律问题的解释》(2014 年)在坚持《合同法》(已失效，现为《民法典》)对融资租赁合同的界定的同时，将租赁物的性质、价值及租金的构成因素也作为融资租赁合同关系的认定依据。因此，法院在认定融资租赁合同关系时，不应简单地根据合同名称来认定合同的性质和效力，而是要综合合同中的权利义务关系约定、标的物的性质、价值及租金的构成因素，综合考量和认定融资租赁合同关系。融资租赁交易具有融资和融物的双重属性，缺一不可。如无实际租赁物或租赁物所有权未从出卖人处转移至出租人，或者租赁物的价值明显偏低无法起到对租赁债权的担保，应认定该类融资租赁合同没有融物属性，仅有资金空转，系以融资租赁之名行借贷之实，应属借款合同。

本案中，作为出租人的凤凰山实业集团(太上公司)与作为承租的汉享公司仅签订售后回租合同，但并未进行涉案厂房的所有权变动登记行为，不具有发生融资租赁合同的前提条件。进而，凤凰山实业集团(太上公司)与汉享公司之间不发生相应租赁物所有权变动，凤凰山实业集团(太上公司)无法取得厂房的所有权，亦无权对之主张行使一般取回权的权利。

不动产所有权确认系不动产登记机构将登记事项记载于不动产登记簿生效，不动产登记机构还会向权利人核发不动产权属证书或者登记证明。本案涉及租赁物的售后回租交易，必须明确承租人与出租人之间能够进行处分的标的物，必须有发生物权变动的根据。而该案涉物的物权变动以登记生效主义为原则，双方并未就该租赁物办理相应的登记。且该租赁物上存在土地使用权的抵押，根据“房随地走”的原则，租赁物无法进行办理所有权变动的可能性。再者，太上公司作为专业的出租人，应当明知该租赁物办理抵押登记的事项，本案名为融资租赁、实为企业借贷纠纷，不存在取回权的成立基础。故法院依法驳回了原告凤凰山实业集团的诉讼请求。

案涉融资租赁交易，只有融资，没有融物。出租人对租赁物的所有权是法院判断合同性质的一个重要因素。双方当事人之间签订的租赁物转移证明、租赁物接收证书或在建筑物上标识本身并不直接产生租赁物所有权转让的法律效果，对于有明确权属登记机关的标的物，当事人之间签订了融资租赁合同，应依法办理标的物的所有权变更登记，根据登记情况确定出租人在租赁期限是否享有对租赁物的所有权。商务部《融资租赁企业监督管理办法》第 20 条特别对售后回租业务的标的物进行了规定："融资租赁企业不应接受承租人无处分权的、已经设立抵押的、已经被司法机关查封扣押的或所有权存在其他瑕疵的财产作为售后回租业务的标的物。融资租赁企业在签订售后回租协议前，应当审查租赁物发票、采购合同、登记权证、付款凭证、产权转移凭证等证明材料，以确认标的物权属关系。"具体到本案中，太上公司作为专业的融资租赁机构，其对案涉租赁物所有权无法过户亦应明知，现实中也没有物权变动，根据最高人民法院《关于审理融资租赁合同纠纷案件适用法律问题的解释》第 1 条第 2 款"对名为融资租赁合同，但实际不构成融资租赁法律关系的，人民法院应按照其实际构成的法律关系处理"的规定，本案融资租赁合同仅符合了"融资"的要求，故应认定名为融资租赁，实为企业借贷纠纷。民间借贷的法律性质不涉及物权关系，当然不存在取回权成立的基础。

2. 返还股票等原物请求权，须以标的物实际客观存在为前提

案例 | 马某源与新华证券、东北证券等一般取回权纠纷案

审理法院：最高人民法院

案　　号：(2021)最高法民再 56 号

【基本案情】

2000 年 9 月 27 日，马某源在上海证券交易所开立了 A19××××××6 股票账户和 10×××09 资金账户，存入资金进行股票买卖。2001 年 5 月 8 日，在未提供马某源授权的情况下，新华证券撤销指定交易，将马某源证券账户中的三只股票（代号及股数分别为 6××××3，3500 股，转入日收盘价 12.44 元；6××××0，3500 股，转入日收盘价 18.46 元；6××××4，5000 股，转入日收盘价 18.86 元，价值共计 202,450 元）办理指定交易到王某的

10××××××2资金账户下。2001年5月11日前，上述三只股票被全部卖出。此后，马某源的10××××09资金账户发生多次交易，包括现金取款、股金划入、划出等。

根据中国证券监督管理委员会作出的《关于撤销新华证券有限责任公司的决定》（证监机构字〔2003〕241号）、《关于指定东北证券有限责任公司托管新华证券有限责任公司证券业务及所属证券营业部的通知》（证监机构字〔2003〕242号）及《关于同意东北证券有限责任公司设立证券营业部及证券服务部的批复》（证监机构字〔2004〕38号）和《关于同意关闭新华证券所属证券营业部及服务部有关事项的批复》（证监机构字〔2004〕第39号）等文件，东北证券对新华证券进行了托管。2006年2月27日，依据新华证券清算组的要求，东北证券长春西安大路证券营业部将包括马某源A1952××××在内的14个股票账户，全部指定交易到新华证券清算组资金账户下。

2008年10月10日，长春市中级人民法院作出（2008）长民破字第34－1号民事裁定，受理新华证券清算组提出的新华证券破产清算申请。

马某源主张新华证券、东北证券返还A19××××××6股票账户内原三只股票市值共计202,450元，新华证券和东北证券赔偿损失21,9089元，向长春市中级人民法院提起诉讼。长春市中级人民法院认定：马某源如认为新华证券上述行为侵害其合法权益，应当向新华证券进行主张。但因新华证券已于2008年10月10日被法院受理破产申请，依据《企业破产法》第44条之规定，马某源应当就其权益损失向新华证券管理人申报债权，而非诉讼主张侵权赔偿。本案审理过程中，马某源认可其至今未就本案所主张的损失向新华证券申报债权，法院亦向马某源进行了释明，但马某源坚持其诉讼请求。东北证券依据中国证监会的决定于2003年12月至2004年4月对新华证券的证券业务及所属证券营业部进行托管，案涉三只股票早于托管期间被处置，马某源诉请由东北证券赔偿损失依据不足。马某源行使一般取回权的前提不存在。法院判决驳回马某源的诉讼请求。

马某源不服一审判决，向吉林省高级人民法院提起上诉。二审法院判决认定新华证券占有了不属于其的财产权益，该财产的权利人马某源依照前述法律规定要求对202,450元行使取回权于法有据。东北证券为新华证券的托管方，其实际掌控着包括案涉资金在内的财产，因此，其亦负有返还义务。此外，因马某源在本案中所提起的系取回权之诉，其取回之范围应限于被破产企业占有之财产。由上可见，马某源的财产权益所针对的对象是该三只股票及其所对应的特定价值。该股票本身并未产生孳息，马某源主张股票价值所对应之货币被占用所产生的损失，并不属于取回权范畴，一审法院告知其申报债权并无不当，马某源的该项上诉请求二审法院不予支持。吉林省高级人民法院作出二审判决如下：(1)撤销一审判决；(2)新华证券、东北证券于判决生效之日起10日内返还马某源202,450元；(3)驳回马某源的其他诉讼请求。

新华证券、东北证券不服二审判决，遂提起再审诉讼。

【争议焦点】

马某源能否就所持有的三只股票主张行使取回权？

【审理结果和裁判要点】

再审法院认为，取回权是《企业破产法》规定的一项权利，其基础是民法上的返还原物请求权，以取回权标的物仍客观存在为前提。根据《企业破产法解释(二)》第30条的规定，如果标的物在破产申请受理前已经被违法转让给第三人，且该第三人已善意取得所有权，则原权利人不能再行使取回权，其因财产损失形成的债权只能作为普通债权清偿。本案中，新华证券在未取得马某源授权的情况下，擅自处分马某源证券账户项下的三只股票，他人已善意取得股权，故马某源不能再取回其账户中原有的上述三只股票。即便转让取回权标的物所得的价金可以由原权利人取回，也应满足该价金尚未交付给债务人，或者虽已交付给债务人但能与债务人财产予以区分这一前提条件。本案中，处分马某源三只股票所得的价款进入了王某的1××××××2资金账户，且已与账户内的其他资金混同，不符合上述条件。综合考虑前述情形，马某源行使取回权的基础已不存在，二审判决支持马某源有关取回案涉三只股票市值的诉讼请求，适用法律错误，应予纠正。马某源虽无法行使一般取回权，但不影响其向新华证券主张损害赔偿或者不当得利之债，在新华证券已进入破产清算程序的情况下，马某源可以依据《企业破产法》第44条的规定向新华证券破产管理人申报债权。

马某源的股权被新华证券通过违规操作无权处分时，东北证券尚未托管新华证券的证券业务及所属证券营业部。《证券公司风险处置条例》(2016年)第9条规定，托管人在托管期间应保障证券公司证券经纪业务正常合规运行，必要时依照规定垫付营运资金和客户的交易结算资金、采取有效措施维护托管期间客户资产的安全、核查证券公司存在的风险，及时向国务院证券监督管理机构报告业务运行中出现的紧急情况，并提出解决方案，及国务院证券监督管理机构要求履行的其他职责。在马某源未举证证明东北证券在托管新华证券期间存在违反上述《证券公司风险处置条例》规定的法定职责从而导致其财产损失的情况下，二审判决判令东北证券承担返还责任于法无据，再审法院予以纠正。如马某源有证据证明东北证券等相关当事人违反法定义务导致其财产损失，可另行主张权利。

综上所述，再审法院认为，新华证券和东北证券的再审请求成立；原审判决认定事实基本清楚，但适用法律有误，应予纠正。判决：(1)撤销吉林省高级人民法院(2019)吉民终473号民事判决；(2)维持吉林省长春市中级人民法院(2019)吉01民初88号民事判决。

《企业破产法》第38条规定："人民法院受理破产申请后，债务人占有的不属于债务人的财产，该财产的权利人可以通过管理人取回。但是，本法另有规定的除外。"根据该规定，取回权系破产法规定的一项权利，其适用前提系权利人主张取回的标的物存在于债务人财产之中并且能够与债务人的其他财产相区分。对此，行使取回权一方主体需要对此承担相应的举证责任，倘若无法加以证明区分，则取回权不成立。本案中，新华证券无权处分马某源名下股票，他人已经善意取得。再者，马某源本应获取的价款进入王某资金账户下，无法有效区分债务人财产，故其无权就此主张取回权，承担举证不利的后果。

3. 对于金钱能否行使取回权的关键核心为金钱是否特定化

案例 | 欧阳某某等与河边煤矿破产取回权纠纷案

审理法院：最高人民法院

案　　号：(2022)最高法民再55号

【基本案情】

2015年7月26日，河边煤矿(甲方)与欧阳某某(乙方)签订《安全生产和经营管理合同》，约定甲方将其河边煤矿的井上井下的生产经营交由乙方管理，经营时间为2015年8月1日至2020年12月31日，共计5年。管理形式为甲方将矿井的安全生产管理权和原煤销售经营权交给乙方经营管理，实行自负盈亏。并约定乙方支付400万元安全保险金(合同终止时一次性返还保证金)。

2016年4月12日,欧阳某某(甲方)与蔡某开、丁某山、林某高(乙方)签订《煤矿开采劳务承包合同》,约定甲方将河边煤矿的生产总承包给乙方开采,承包期为2016年4月10日至2020年12月31日,甲方支付乙方的劳务费按照开采量每吨123.5元支付,一月结算一次,合同还对双方权利义务进行了约定,该合同尾部加盖了河边煤矿印章及程某英、张某梅签名,并注明“同意甲乙双方签订的该合同”。

2016年11月29日,一审法院受理了贵能投资公司申请,裁定受理河边煤矿破产清算一案,并指定贵州立信会计师事务所作为河边煤矿管理人。2017年3月22日,河边煤矿管理人向欧阳某某出具通知书,告知其依照《企业破产法》第18条规定,河边煤矿管理人决定解除其与河边煤矿签订的经营管理合同,如因解除产生损失,可以损害赔偿请求权向管理人申报债权。2018年8月9日,法院宣告河边煤矿破产。后欧阳某某申报债权,河边煤矿管理人于2019年5月14日作出《不确认债权通知书》,告知欧阳某某对其申报的债权经审核后于5月10日提交第六次债权人会议核查,其债权未得到确认,其依法可提起诉讼。2019年9月27日,欧阳某某等人主张其经营支出为33,553,433元,经河边煤矿现场管理人刘某贵、李某会、彭某、程某英、彭某龙进行核对后确认金额为22,889,660元(包含保证金4,049,000元),河边煤矿现场管理人五人共同在《财务结算》单上签名确认。后欧阳某某等人诉至一审法院。

一审法院认为:债权性质仅属于普通债权,不属于破产优先债权。管理人接管煤矿后代为支付了工人工资4,290,049元,欧阳某某等人经营期间也实际收取了原煤销售收益1,138,298.16元,欧阳某某等人不能举证证明上述两笔款项已包含在结算的22,889,660元中,故该部分应当予以扣减,欧阳某某等人主张的债权金额应为17,461,312.84元,对超出部分不予支持。

欧阳某某等提起上诉,二审法院维持一审判决,欧阳某某等人遂提起再审申请。

【争议焦点】

欧阳某某能否就该项保证金4,049,000元主张行使取回权?

【审理结果和裁判要点】

再审法院认为,根据《企业破产法》第38条的规定,法院受理破产申请后,债务人占有不属于债务人的财产的,该财产的权利人可通过管理人取回。此条规定,债权人行使取回权的前提是对其相应财物享有所有权但该财物为债务人占有。金钱为一般种类物,未经特定化,仅能适用"占有即所有"原则。而金钱的特定化需要实质审查"保证金"是否建立专门账户等方式,以及实质上达到与占有人其他金钱相区别的效果。本案中,甲方与乙方并未按照合同约定将保证金一次性归还乙方账户,实际为欧阳某某分批向河边煤矿支付,亦未设立专门账户以及共同监管,无法认定其特定化。故河边煤矿收取该款后即取得所有权,欧阳某某无法就保证金主张行使取回权。

判断金钱能否行使取回权的关键核心为金钱是否特定化,能否达到足以区分债务人其他财产,无产生之混同效果的内容要义。从司法实践来看,主要分为以下几种情况:(1)基于法律明文规定,例如,最高人民法院《关于适用〈中华人民共和国民法典〉有关担保制度的解释》(以下简称《民法典担保制度解释》)第70条规定的保证金。(2)基于混同的约定,并设立相应专门账户存放资金进行管理,例如,在吉林大学与中煤科技公司合同、无因管理、不当得利纠纷案[1]中,法院判决将吉林大学的资金转入中煤科技平台账户进行管理。(3)基于法院的强制程度,如债务人账户被查封冻结,即所有人失去账户控制权,例如,在高开电气公司与兴乐集团取回权纠纷案[2]中,法院认为,兴乐集团的账户已经被冻结,故其不再对账户内的资金享有控制权。具体到本案,欧阳某某主张该保证金为特定化金钱,根据合同约定为一次性支付,但欧阳某某为分批进行支付,同时亦并未与河边煤矿设立相应特定的资金账户并进行管理,故无法证明该金钱特定化,无法对此主张行使取回权。

(三)核心法条

1.《民法典》

第二百零九条 不动产物权的设立、变更、转让和消灭,经依法登记,发生效力;未经登记,不发生效力,但是法律另有规定的除外。

依法属于国家所有的自然资源,所有权可以不登记。

---

〔1〕 参见北京市第三中级人民法院民事判决书,(2017)京03民初61号。

〔2〕 参见浙江省乐清市人民法院民事判决书,(2020)浙0382民初3264号。

第二百三十五条 无权占有不动产或者动产的，权利人可以请求返还原物。

第四百六十条 不动产或者动产被占有人占有的，权利人可以请求返还原物及其孳息；但是，应当支付善意占有人因维护该不动产或者动产支出的必要费用。

2.《企业破产法》

第二十一条 人民法院受理破产申请后，有关债务人的民事诉讼，只能向受理破产申请的人民法院提起。

第三十二条 人民法院受理破产申请前六个月内，债务人有本法第二条第一款规定的情形，仍对个别债权人进行清偿的，管理人有权请求人民法院予以撤销。但是，个别清偿使债务人财产受益的除外。

第三十八条 人民法院受理破产申请后，债务人占有的不属于债务人的财产，该财产的权利人可以通过管理人取回。但是，本法另有规定的除外。

3.《企业破产法解释（二）》

第二条 下列财产不应认定为债务人财产：

（一）债务人基于仓储、保管、承揽、代销、借用、寄存、租赁等合同或者其他法律关系占有、使用的他人财产；

（二）债务人在所有权保留买卖中尚未取得所有权的财产；

（三）所有权专属于国家且不得转让的财产；

（四）其他依照法律、行政法规不属于债务人的财产。

第二十六条 权利人依据企业破产法第三十八条的规定行使取回权，应当在破产财产变价方案或者和解协议、重整计划草案提交债权人会议表决前向管理人提出。权利人在上述期限后主张取回相关财产的，应当承担延迟行使取回权增加的相关费用。

第三十条 债务人占有的他人财产被违法转让给第三人，依据民法典第三百一十一条的规定第三人已善意取得财产所有权，原权利人无法取回该财产的，人民法院应当按照以下规定处理：

（一）转让行为发生在破产申请受理前的，原权利人因财产损失形成的债权，作为普通破产债权清偿；

（二）转让行为发生在破产申请受理后的，因管理人或者相关人员执行职务导致原权利人损害产生的债务，作为共益债务清偿。

（四）疑难问题解答

1. 售后回租模式下的破产取回权的行使

对于售后回租模式下的取回权的权利基础，理论界观点不一，有学者认为，权利人对标的物行使取回权的权利基础在于对该标的物享有所有权；[1]也有学者认为，权利人对于标的物行使取回权的权利基础在于对标的物享有部分所有权或者部分债权。[2] 其理由在于，在担保法律关系中，让与担保物的所有权人虽然是标的物所有权人即让与人，但其享有的标的物所有权并非取回权且该所有权的行使与担保物担保之债权处理情况具有关联性。具体到售后回租模式下，《民法典》将融资租赁划入非典型担保合同之中，一定程度上肯定了其担保性。

司法实践中，有裁判观点将上述情形下出租人享有的权利界定为财产担保债权，进而出租人对于标的物所享有的为担保物权，不具有行使取回权的权利基础；[3]而有学者认为，出租人仅是让渡了对标的物所享有的占有、使用权能，并未对标的物进行处分，仍然享有行使取回权的权利基础。“售后回租”交易本质上是信贷担保行为，以租金交换租赁物本身的价值，而非物的使用。不能单纯基于当事人所有权的约定而认定“售后回租”中的融资租赁公司享有破产取回权，因为民法所有权不完全决定破产财产归属。从合同角度来看，出租人基于对标的物的所有权进而通过让渡部分权能获取合同的租金收益，而担保物权无法实现上述正常交易。这一观点也是上述典型案例1凤凰山实业集团诉汉享公司一般取回权纠纷案中审理法院所采纳的观点，凤凰山实业集团并未实际有效取得涉案厂房的所有权。

2. 股权实际出资人的取回权问题

股权代持，顾名思义是指实际出资人与名义出资人达成合意，名义出资人登记在公司等有关法律文件之中，实际出资人享有投资收益等股东权益。当名义股东破产时，股权实际出资人能否基于与名义股东的股权代持协议

---

〔1〕 参见韩长印主编：《破产法学》（第2版），中国政法大学出版社2016年版，第139页。

〔2〕 参见云晋升：《民商二元视角下“售后回租”之分析》，载《社会科学》2020年第8期。

〔3〕 参见江苏省无锡市惠山区人民法院民事判决书，（2020）苏0206民初468号。

主张取回权呢？针对股权实际出资人基于股权代持协议主张行使取回权，司法实践中存在两种裁判思路。第一种裁判思路认为，实际出资人享有取回权，基于《企业破产法》第38条的规定或者外观主义的排除适用，注重财产的实质归属；第二种裁判思路认为，股权代持协议不具有完整的证据链条，且根据《企业破产法》第34条的规定无法对抗善意相对人，则不享有取回权。[1] 分析《企业破产法》第34条和第38条，可以明确看出法律倾向于保护交易安全而非实际出资人利益。这种倾向源于三个关键因素：首先，股权既含有财产性权利也具有身份权属性，即具有特殊的权能分离特性。代持协议通常仅约定投资收益的归属，无法涵盖完整的股东权利。其次，代持协议仅对合同双方具有法律约束力，不能对抗公司或其他股东，也不能对抗第三方。实际出资人基于协议享有的只是债权请求权，而非对股权本身的所有权。最后，从有限责任公司的人合性方面来说，实际出资人未与其他股东建立直接法律关系，缺乏成为股东的身份基础。因此，为保护交易安全，维护商事登记权威，代持股权在法律上属于名义股东的财产，实际出资人只能申报债权，原则上不支持取回权，但《公司法解释（三）》第24条第3款的规定为实际出资人提供了一线希望。当实际出资人获半数以上其他股东同意时，可请求显名。

具体到相应的实践案例，在荣成海运公司、黄某峰一般取回权纠纷案[2]中，法院认为，黄某峰持股权代持协议主张荣成海运公司返还投资股份，需要符合荣成农商行股东的条件，方才可基于股东身份享有股权。而黄某峰对其作为股东的权利并未充分予以证明，则取回权的主体条件并不具备。

3. 货币特定化适用破产取回权的情形

货币系特殊动产，一般适用占有即所有的物权变动规则，只有符合特定化情形下才使占有与所有相分离。申言之，对于货币的权利归属，一般根据占有的表面状态即推定占有人（如现金持有人、银行账户开户人）为实际权利人；当货币通过特户、专户、封金等方式特定化，足以证明所有与占有相分离的，根据真实的权利归属确定实际权利人，在破产程序中可以行使取回

---

〔1〕 参见《破产程序中股权实际出资人的取回权问题》，载公众号“翰文法苑”2023年3月30日，https://mp.weixin.qq.com/s/0X3T-4lzq08-HL7M5Hn4Kw。

〔2〕 参见山东省威海市中级人民法院民事判决书，(2019)鲁10民终3064号。

权。最高人民法院《关于河南省高级人民法院就郑州亚细亚五彩购物广场有限公司破产一案中董桂琴等50家商户能否行使取回权问题请示的答复》中有所载明，即现有证据不能证明当事人代收的货款并未进行相应特定化的，则无权主张相应的取回权。但特定化的货币资金可适用取回权已在一定程度上获得认可，但对此特定化需要进行实质判断，即货币的例外适用情形在于货币的特定化的认定。

《民法典担保制度解释》第70条规定了债权人对特定化的保证金享有的优先受偿权。这类似于独立封闭的证券账户运作的委托资产，因其区别于证券公司的自有以及其他客户资产，故委托人享有取回权。例如，在精文公司与亚洲证券一般取回权纠纷案[1]中，精文公司的8000万元资金存放于亚洲证券专门设立的账户，能够实现特定化的货币占有与所有分离，并且完全处于独立和封闭的状态，因而能够就此主张行使取回权。

4. 房地产企业中购房者的取回权适用问题

房地产企业破产程序中，对于购房者行使房屋相应权利，通常分为两种处理模式：第一种为房屋主体结构未建成，购房者享有的房屋债权（可预告登记），即购房款的返还请求权，适用于普通债权处理；第二种为房屋主体结构全部建成，购房者全部支付、大部分支付、未支付或者少部分支付购房款的情形，此时如何行使取回权，需要分别考虑：

首先，在购房者全部支付房款的情形下，纵观司法实践情况，购房者实际支付了相应合理对价，并且能与债务人其他破产财产不发生混同，属于法律规定的特定物，则购房者享有取回权。[2] 其次，购房者已经支付大部分房款的，应当以保护消费者居住权为原则，例如，在周某生等与广博金穗公司执行异议之诉案[3]中，购房者已经履行房屋合同的主要义务，须满足其相应的居住需求，司法实践对消费者以居住为目标的权益优先保护，肯定购房人享有取回权。最后，购房者未支付或者支付少部分的购房款，该种情形下属于待履行合同，应当在破产程序中作为普通债权获得清偿，购房者无权主

[1] 参见上海市高级人民法院民事判决书，（2016）沪民终362号。

[2] 参见江苏省高级人民法院民事判决书，（2015）苏民再提字第00154号。

[3] 参见最高人民法院民事判决书，（2017）最高法民再194号。

张行使取回权。[1]

（五）一般取回权纠纷的实务操作

1. 诉讼主体

（1）原告：财产所有人。

（2）被告：债务人，管理人为诉讼代表人。

2. 案由

《民事案件案由规定》将一般取回权纠纷作为四级案由规定在内。

3. 管辖

根据《企业破产法》第21条的规定，法院受理破产申请后，有关债务人的民事诉讼，只能向受理破产申请的法院提起。

4. 诉讼时效

《企业破产法解释（二）》第26条规定："权利人依据企业破产法第三十八条的规定行使取回权，应当在破产财产变价方案或者和解协议、重整计划草案提交债权人会议表决前向管理人提出。权利人在上述期限后主张取回相关财产的，应当承担延迟行使取回权增加的相关费用。"本条明确了延迟行使取回权的权利人应当承担因延迟主张权利而增加的相关费用，以此来鼓励取回权人积极行使取回权，保护利益相关者的合法权益。

承担延迟行使取回权增加的相关费用，是指取回权人在破产财产变价方案或者和解协议、重整计划草案提交债权人会议表决之后向管理人主张取回权，导致破产程序费用增加，这部分增加的费用，只要是由于取回权人迟延主张权利产生的，都应当由取回权人承担。新增费用的数额应当由管理人进行核定，并经法院确认。

5. 诉讼请求

（1）请求返还财产或支付相应对价。

（2）请求承担占有期间的孳息。

---

〔1〕 参见杨建津、赵敬汇：《浅析房地产开发企业破产过程中的一般取回权问题》，载微信公众号"北京市破产管理人协会"2020年7月16日，https://mp.weixin.qq.com/s/kN-Y59KFOa67S_M4ozpVYA。

二、特殊取回权纠纷

(一)特殊取回权纠纷的概念

"特殊取回权"是相对一般取回权而言的。破产法上的取回权纠纷,是指因债务人财产不属于债务人所有人而误为管理人占有和管理的财产,财产的真正权利人不依据破产程序直接从管理人处取回财产而产生的纠纷。

公司进入破产程序后,企业占有或所有的资产由管理人一并掌管,但仍有不属于该破产企业的责任财产被管理人管控的情形,导致相应财产所有人的利益无法实现。为充分保障财产权利人的合法权益,《企业破产法》规定了取回权制度,即债务人进入破产程序后,对于债务人占有的不属于债务人的财产,或者债务人作为买受人尚未支付全部价款并实际控制的财产,财产所有人或出卖人享有取回该财产的权利。特殊取回权的行使也同一般取回权一样,不依破产程序,权利人可直接向破产管理人申请行使取回权。当破产管理人对其取回权有异议时,权利人可以通过诉讼取回其财产。有一点不同的是,在特殊取回权的行使过程中,如果破产管理人愿意付清货物价款,出卖人或行纪人则无权行使取回权。根据《企业破产法》及相关司法解释的规定,特殊取回权属于取回权纠纷的特殊类型,主要分为出卖人取回权(又称货物在途取回权)、行纪取回权及代偿取回权三类,具体说明如下。

1. 出卖人取回权

出卖人取回权,是指法院受理破产申请时,出卖人已将买卖标的物向作为买受人的债务人发运,债务人尚未收到且未付清全部价款的,出卖人可以取回处于运输途中的标的物的权利。

理论界对于出卖人的取回权主要有四种观点:(1)当然解除说。此说认为所有权保留买卖属于一种契约,当一方迟延给付且经催告后仍不履行,则可以解除契约。[1] 当出卖人行使取回权当然地导致买卖合同的解除,则失去相应效力。(2)就物求偿说。即出卖人行使担保标的物价款债权的方式,即法律拟制为标的物所有权转移于买受人手中。[2] (3)附条件解除说。此说认为出卖人行使取回权并不当然导致合同的当然解除,必须基于买受人

---

〔1〕 参见王泽鉴:《民法学说与判例研究》(第1册),中国政法大学出版社2009年版,第219页。

〔2〕 参见王泽鉴:《民法学说与判例研究》(第1册),中国政法大学出版社2009年版,第204页。

未在一定期限内赎回标的物或者出卖人出卖标的物的情形行使合同解除权。[1] (4)取回权独立价值说。即主张取回权行使以消灭合同关系为内容，使债权人利益回到以交易起点为主线的利益分配政策。[2] 其旨在更好地实现出卖人的债权。根据《企业破产法解释(二)》以及最高人民法院《关于审理企业破产案件若干问题的规定》的相关规定可知，实践中大多采纳就物求偿说，毕竟所有权保留合同本身系具有一定担保功能的合同。因此，就物求偿说更为适宜。但需要注意的是，管理人有权选择履行合同，实现出卖人的合同权益，或者解除买卖合同，将该债权作为共益债务进行优先清偿，维护买受人的合法权益。

根据《民法典》关于买卖合同的相关规定，除当事人另有约定外，毁损、灭失的风险自合同成立时起由买受人承担。当事人没有约定交付地点或者约定不明确，而标的物需要运输的，出卖人将标的物交付给第一承运人后，标的物毁损、灭失的风险由买受人承担。基于此，买卖标的物的所有权自交付承运之日起转移至买受人，并由买受人承担标的物毁损、灭失的风险。故在正常情况下，出卖人是不能取回标的物的。但是，在债务人面临破产这一特殊情形时，如不赋予出卖人对在运途中标的物的取回权，可以肯定出卖人必将遭受重大损失，故基于就物求偿说理论之出卖人取回权，能够最大限度地保护出卖人的利益。

2. 行纪人取回权

行纪人取回权，是指行纪人受委托人的委托购入货物，于异地向委托人发运货物后，委托人在尚未收到货物而又未付清全部价款时被申请破产的，则行纪人享有取回已发运的标的物的权利。在行纪关系中，委托人如未付清托买的货物的全部价款而被宣告破产的，行纪人的地位和处境与出卖人完全相同。我国破产法中没有这方面的规定，但因行纪人取回权在理论基础上与出卖人取回权基本相同，因此司法实践中可以参照出卖人取回权处理。

3. 代偿取回权

代偿取回权，是指取回标的物在破产程序开始前被债务人转让或者由

---

〔1〕 参见高圣平：《〈民法典〉视野下所有权保留交易的法律构成》，载《中州学刊》2020年第6期。

〔2〕 参见王轶：《所有权保留制度研究》，载梁慧星主编：《民商法论丛》(第6卷)，法律出版社1999年版，第646页。

破产管理人转让他人，取回权人可以就转让财产的对待给付行使取回权，以作为原物的代偿。

《企业破产法》虽然没有明文规定代偿取回权，但是在司法实践中倾向于保护取回权人的利益。根据最高人民法院《关于审理企业破产案件若干问题的规定》第72条的规定，债务人基于仓储、保管、加工承揽、委托交易、代销、借用、寄存、租赁等法律关系占有、使用的他人财产，在破产宣告前已经毁损灭失的，财产权利人仅能以直接损失额为限申报债权；在破产宣告后因清算组的责任毁损灭失的，财产权利人有权获得等值赔偿。债务人转让上述财产获利的，财产权利人有权要求债务人等值赔偿。该司法解释的规定实质为代偿取回权的规定。

《企业破产法解释（二）》第32条明确了代偿取回权的时间、交付以及能否与债务人财产进行区分的条件。其核心要义是将代偿财产足以与债务人的财产进行区分，不会产生代偿财产与债务人财产混同的情况作为取回权的条件。可识别性标准需要进一步得以明确，倘若财产属于种类物，司法实践中的适用存在重大障碍，毕竟实务中存在操作不规范的问题，加之商业往来的高效性要求，种类物的特定化适用并不广泛，针对此情况，以破产债务人是否实现对物的完全支配作为实质标准具有其一定合理性，也就是说，既要探求代偿财产足以与债务人财产区分之要件，也要探寻代偿财产的性质、使用状态、收益归属、可否特定化等其他考量的标准。[1] 结合我国现行立法与司法实践，一般情况下的代偿取回权纠纷依据《企业破产法》及相关司法解释能够得到相应解决，特殊情形下，即区分债务人财产产生争议时，需要注意对该代偿财产的可识别标准的认定。

据此，财产权利人与管理人就该项财产所有权相关问题而产生的权利义务纠纷，即特殊取回权纠纷。清晰并依法合规地认定出卖人在途取回权的条件、行纪取回权及代偿取回权的适用情形、取回权的限制情形尤为关键，从而更好地维护财产权利人的合法权益。

---

〔1〕 参见纪欣桐：《论破产法上代偿取回权的意义及其制度完善——基于我国代偿取回权的破产立法现状与问题》，载《〈上海法学研究〉集刊——中国政法大学商法前沿文集》2021年第22卷。

(二)典型案例分析

1. 基本买卖合同的标的物成为整体物不可拆分的一部分,取回权不能实现

案例 | 华生安装站与鑫成公司出卖人取回权纠纷案

审理法院:江苏省无锡市中级人民法院

案　　号:(2017)苏02民终4479号

【基本案情】

2010年11月30日,华生安装站(施工单位)与鑫成公司(建设单位)签订《电力建设工程承包合同》,约定华生安装站承包鑫成公司变电所工程,由鑫成公司支付相应款项。2012年2月13日,双方签订补充协议,约定鑫成公司未支付完全款之前,华生安装站保留变电设施的所有权,并有权随时拆除并销售安装的变电设施。2013年7月20日,鑫成公司向华生安装站出具欠条,确认鑫成公司欠款75.68万元。2015年10月30日,一审法院裁定受理鑫成公司破产清算一案,并指定无锡市华安达投资顾问有限公司担任管理人。华生安装站向鑫成公司管理人申报债权,鑫成公司管理人核定华生安装站享有普遍债权约132万元,且不保留所有权。华生安装站对鑫成公司管理人确认债权金额存在异议,遂提起诉讼。一审法院认定所有权保留的主张不适用于不动产,华生安装站的变电设施应当按照破产程序进行债权申报。故驳回华生安装站的诉讼请求。

华生安装站不服一审判决,遂提起二审诉讼。

【争议焦点】

破产企业已投入使用的变电设施能否适用《企业破产法》规定的所有权保留买卖中的取回权?

【审理结果和裁判要点】

根据《企业破产法》的规定,出卖人行使取回权的条件将买卖标的物向债务人进行发运,但尚未清偿全部价款,出卖人就运途中的标的物享有取回权。本案中,华生安装站与鑫成公司签订《电力建设工程承包合同》,该变电设施投入工程使用后成为电力建设工程整体的一部分,不可拆分,属于变电建筑物的附属设施,系不动产范畴,所谓不动产,是指不能移动或者移动后

会引起性质、形状改变的财产，包括建筑物、构筑物和其他土地附着物。变电所设施是维持变电所正常使用功能的设施，是为鑫成公司提供电能的电力设施，如果移除，则变电所将失去其功能，鑫成公司的其他不动产将失去电力支持，无法满足生产需求，因此变电所设施应属一经移除，则会引起其他不动产性质、功能、价值发生改变的构筑物附着物，不适用所有权保留买卖条款规定。再者，《企业破产法》的规定针对的是标的物属于在途中的情形，本案电气设施均已经安装完毕投入使用，应属于建筑物或构筑物的附属设施，并计入房产原值，电气设施的移除，将严重影响建筑物或构筑物的使用功能和价值。因华生安装站提供并安装的变电所设施系电气设施，属变电所这一构筑物的附属设施，属不动产范畴，不适用所有权保留，故不符合行使取回权的条件。

根据《企业破产法》第 39 条的规定，出卖人对于已向买受人发运但仍处于运输途中的货物拥有取回权。换言之，标的物必须处于不转移为买受人占有的情形，否则无破产程序中取回权的适用条件。本案中，华生安装站与鑫成公司约定变电所设施所有权保留买卖条款，由于该变电所设施已经实际交付鑫成公司占有使用，并成为该工程建设的一部分，依据最高人民法院《关于审理买卖合同纠纷案件适用法律问题的解释》第 25 条的规定，买卖合同当事人主张合同法关于标的物所有权保留的规定适用于不动产的，法院不予支持。因此，本案双方的争议实质在于变电所设施属于不动产不可分割的一部分，不可适用所有权保留的法律规定。故华生安装站当然无权主张破产程序中的取回权。

2. 基于买卖合同取回权之认定应确认货物能否实际取回之现实性

案例 | 日立公司与华康公司取回权纠纷案

审理法院：广东省广州市中级人民法院

案　　号：(2021)粤 01 民终 13508 号

【基本案情】

2005 年 8 月 12 日，日立公司与华康公司就买卖合同产生诉讼，(2005)荔法民二初字第 373～375 号民事判决均判决华康公司未清偿货款之前，自动扶梯归属日立公司所有。2018 年 1 月 12 日，广东省广州市中级人民法院受理华康公司的破产清算，并指定北京市中伦(广州)律师事务所担任管理人。华康公司未实际向日立公司支付货款。2019 年 10 月 21 日,日立公司向华康公司管理人发出《关于华康公司重整计划草案(讨论稿)的意见》,称涉案 16 台自动扶梯并非债务人华康公司的破产财产,但现已不具备取回之现实性,债务人亦未支付剩余合同价款,主张该债权应当作为共益债权应优先清偿。2020 年 9 月 22 日,日立公司向华康公司管理人发出《关于以共益债务参与债权分配的确认函》,要求确认债权为共益债权,并要求取回自动扶梯。2020 年 11 月 4 日,管理人对此债权确认为普通债权,且日立公司无权取回自动扶梯。日立公司主张取回该自动扶梯,并确认债权为共益债权,向法院提起诉讼。一审法院裁判驳回日立公司全部诉讼请求。

日立公司不服一审判决,遂提起上诉。

【争议焦点】

日立公司是否有权要求取回涉案电梯以及涉案债务是否为共益债务?

【审理结果和裁判要点】

二审法院认为,首先,已生效的(2005)荔法民二初字第 372～375 号民事判决判令华康公司向日立公司支付剩余货款及违约金,且在付清货款之前,涉案自动扶梯归日立公司所有。因华康公司未能履行付款义务,在其进入破产程序之后,日立公司依据该生效判决向华康公司管理人申报优先债权,但华康公司管理人将该债权定性为普通债权,法院作出的生效裁定对此予以确认。后虽然日立公司提出异议,并向法院起诉,但已被驳回。从上述纠纷发生过程来看,生效判决的实质是要求华康公司继续履行买卖合同,日立公司将该部分货款向华康公司管理人申报债权,华康公司管理人予以确认,亦表明双方同意继续履行买卖合同。日立公司在针对华康公司重整计划草案的意见中也自认涉案自动扶梯已不具备取回之现实性,要求将未付货款作为共益债务优先清偿。因此,日立公司在本案中主张涉案买卖合同已解除,与事实不符。

其次,华康公司管理人在《华康公司重整计划》中"关于破产费用与共益债务的数额"部分,仅列明日立公司要求将涉案货物作为共益债务进行清偿,华康公司管理人拟评估后依法处理,该表述并未明确将其对日立公司的债务认定为共益债务。虽然在法院裁定批准该重整计划,重整程序终结之后,华康公司管理人出具的《共益债务审查结果通知》载明日立公司可以取回涉案自动扶梯,且价值减损部分可作为共益债务,但华康公司管理人此时无权单方作出该认定，故日立公司以此为由要求行使取回权以及将价值减损部分作为共益债务，理据不足。

综上，二审法院判决驳回上诉，维持原判。

根据《企业破产法解释（二）》的相关规定，管理人有权选择继续履行合同还是解除合同的权利。具体到本案中，法院生效裁定认定华康公司继续履行合同，华康公司管理人并未对此产生争议，即管理人对继续履行合同的效力予以承认。再者，根据《企业破产法》的规定，出卖人取回权的行使必须具有现实取回的可能性，享有相应的财产物权。本案中，华康公司在破产重整计划草案意见中明确表示自动扶梯不具有相应取回之现实性，日立公司亦予以承认。也就是说，双方都认可自动扶梯不符合取回权的行使条件，故日立公司无权要求取回自动扶梯。

（三）核心法条

1.《民法典》

第六百四十二条 当事人约定出卖人保留合同标的物的所有权，在标的物所有权转移前，买受人有下列情形之一，造成出卖人损害的，除当事人另有约定外，出卖人有权取回标的物：

（一）未按照约定支付价款，经催告后在合理期限内仍未支付；

（二）未按照约定完成特定条件；

（三）将标的物出卖、出质或者作出其他不当处分。

出卖人可以与买受人协商取回标的物；协商不成的，可以参照适用担保物权的实现程序。

2.《企业破产法》

第二十一条 人民法院受理破产申请后，有关债务人的民事诉讼，只能向受理破产申请的人民法院提起。

第三十八条 人民法院受理破产申请后，债务人占有的不属于债务人的财产，该财产的权利人可以通过管理人取回。但是，本法另有规定的除外。

第三十九条 人民法院受理破产申请时，出卖人已将买卖标的物向作为买受人的债务人发运，债务人尚未收到且未付清全部价款的，出卖人可以取回在运途中的标的物。但是，管理人可以支付全部价款，请求出卖人交付标的物。

3.《企业破产法解释（二）》

第三十二条 债务人占有的他人财产毁损、灭失，因此获得的保险金、赔偿金、代偿物尚未交付给债务人，或者代偿物虽已交付给债务人但能与债务人财产予以区分的，权利人主张取回就此获得的保险金、赔偿金、代偿物的，人民法院应予支持。

保险金、赔偿金已经交付给债务人，或者代偿物已经交付给债务人且不能与债务人财产予以区分的，人民法院应当按照以下规定处理：

（一）财产毁损、灭失发生在破产申请受理前的，权利人因财产损失形成的债权，作为普通破产债权清偿；

（二）财产毁损、灭失发生在破产申请受理后的，因管理人或者相关人员执行职务导致权利人损害产生的债务，作为共益债务清偿。

债务人占有的他人财产毁损、灭失，没有获得相应的保险金、赔偿金、代偿物，或者保险金、赔偿物、代偿物不足以弥补其损失的部分，人民法院应当按照本条第二款的规定处理。

第三十四条 买卖合同双方当事人在合同中约定标的物所有权保留，在标的物所有权未依法转移给买受人前，一方当事人破产的，该买卖合同属于双方均未履行完毕的合同，管理人有权依据企业破产法第十八条的规定决定解除或者继续履行合同。

第三十五条 出卖人破产，其管理人决定继续履行所有权保留买卖合同的，买受人应当按照原买卖合同的约定支付价款或者履行其他义务。

买受人未依约支付价款或者履行完毕其他义务，或者将标的物出卖、出质或者作出其他不当处分，给出卖人造成损害，出卖人管理人依法主张取回标的物的，人民法院应予支持。但是，买受人已经支付标的物总价款百分之七十五以上或者第三人善意取得标的物所有权或者其他物权的除外。

因本条第二款规定未能取回标的物，出卖人管理人依法主张买受人继续支付价款、履行完毕其他义务，以及承担相应赔偿责任的，人民法院应予支持。

第三十六条 出卖人破产，其管理人决定解除所有权保留买卖合同，并依据企业破产法第十七条的规定要求买受人向其交付买卖标的物的，人民法院应予支持。

买受人以其不存在未依约支付价款或者履行完毕其他义务，或者将标的物出卖、出质或者作出其他不当处分情形抗辩的，人民法院不予支持。

买受人依法履行合同义务并依据本条第一款将买卖标的物交付出卖人管理人后，买受人已支付价款损失形成的债权作为共益债务清偿。但是，买受人违反合同约定，出卖人管理人主张上述债权作为普通破产债权清偿的，人民法院应予支持。

第三十七条 买受人破产，其管理人决定继续履行所有权保留买卖合同的，原买卖合同中约定的买受人支付价款或者履行其他义务的期限在破产申请受理时视为到期，买受人管理人应当及时向出卖人支付价款或者履行其他义务。

买受人管理人无正当理由未及时支付价款或者履行完毕其他义务，或者将标的物出卖、出质或者作出其他不当处分，给出卖人造成损害，出卖人依据民法典第六百四十一条等规定主张取回标的物的，人民法院应予支持。但是，买受人已支付标的物总价款百分之七十五以上或者第三人善意取得标的物所有权或者其他物权的除外。

因本条第二款规定未能取回标的物，出卖人依法主张买受人继续支付价款、履行完毕其他义务，以及承担相应赔偿责任的，人民法院应予支持。对因买受人未支付价款或者未履行完毕其他义务，以及买受人管理人将标的物出卖、出质或者作出其他不当处分导致出卖人损害产生的债务，出卖人主张作为共益债务清偿的，人民法院应予支持。

第三十八条 买受人破产，其管理人决定解除所有权保留买卖合同，出卖人依据企业破产法第三十八条的规定主张取回买卖标的物的，人民法院应予支持。

出卖人取回买卖标的物，买受人管理人主张出卖人返还已支付价款的，人民法院应予支持。取回的标的物价值明显减少给出卖人造成损失的，出卖人可从买受人已支付价款中优先予以抵扣后，将剩余部分返还给买受人；对买受人已支付价款不足以弥补出卖人标的物价值减损损失形成的债权，出卖人主张作为共益债务清偿的，人民法院应予支持。

4.《审理企业破产案件规定》

第七十一条 下列财产不属于破产财产：

（一）债务人基于仓储、保管、加工承揽、委托交易、代销、借用、寄存、租赁等法律关系占有、使用的他人财产；

（二）抵押物、留置物、出质物，但权利人放弃优先受偿权的或者优先偿付被担保债权剩余的部分除外；

（三）担保物灭失后产生的保险金、补偿金、赔偿金等代位物；

（四）依照法律规定存在优先权的财产，但权利人放弃优先受偿权或者优先偿付特定债权剩余的部分除外；

（五）特定物买卖中，尚未转移占有但相对人已完全支付对价的特定物；

（六）尚未办理产权证或者产权过户手续但已向买方交付的财产；

（七）债务人在所有权保留买卖中尚未取得所有权的财产；

（八）所有权专属于国家且不得转让的财产；

（九）破产企业工会所有的财产。

第七十二条　本规定第七十一条第（一）项所列的财产，财产权利人有权取回。

前款财产在破产宣告前已经毁损灭失的，财产权利人仅能以直接损失额为限申报债权；在破产宣告后因清算组的责任毁损灭失的，财产权利人有权获得等值赔偿。

债务人转让上述财产获利的，财产权利人有权要求债务人等值赔偿。

（四）疑难问题解答

1. 出卖人取回权的构成要件

出卖人取回权的立法目的，在于保障出卖人能够收回货物买卖的价款。出卖人取回权的构成要件有以下三点：(1)货物买卖为异地买卖；(2)法院受理破产申请时，买卖标的物尚在运输途中；(3)作为买受人的债务人尚未付清全部价款。此权利的立法目的旨在弥补出卖人价金的损失，但仍需要注意适用的条件——其适用前提必须是出卖人实际将标的物发运但买受人并未收到。如果债务人已经付清出卖人全部价款，出卖人应当依照约定交付货物，则不可行使取回之权利；如果出卖人发货之前，买受人破产，则可以依据不安抗辩权拒绝发货，无该权利的适用场所；如果买受人收到货物，货物已经实际属于买受人所有，则不符合标的物尚未由买受人现实占有的情形。[1]

2. 出卖人取回权为何种性质的权利

对于出卖人取回权，即中途止付权的性质，在理论上存在三种观点，分别是债权说、物权说和履行撤回权说。

（1）债权说

出卖人取回权的行使以解除买卖合同为前提，买卖合同一旦被解除就产生了买受人返还原物的结果。也就是说，出卖人取回权是出卖人请求买受人返还所有权及恢复原物占有的债权请求权。

（2）物权说

出卖人取回权对所有权已转移的货物具有追及效力，可以恢复出卖人对货物的重新占有。也就是说，出卖人取回权是一种物权，取回权一经行使，其所有权移转在物权效力上就成为无效。

（3）履行撤回权说

出卖人取回权只针对买卖双方的物权契约而存在，出卖人发运货物已经完成物权契约的意思表示，法律为保护未收讫货款的出卖人的利益，才赋予其取回权以使其可以作出撤销物权契约的意思表示；出卖人撤销物权契约，使物权契约移转货物所有权的效果归于消灭，从而恢复出卖人对货物的所有权。所以，出卖人取回权是法定的履行撤回权。

以上三种观点有一个共同点，就是出卖人取回权的行使产生货物所有权复归于出卖人的效果。笔者认为，出卖人取回权的行使，必须以解除买卖合同为前提，买卖合同一旦解除，买受人就失去了再占有标的物的法律依据，因此出卖人就享有了取回其财产的权利，以复归其对出卖货物的占有。也就是说，出卖人取回权实质上也是一种物权请求权。因此，特殊取回权的行使也同一般取回权一样，不依破产程序，权利人可直接向破产管理人申请行使取回权。当破产管理人对权利人的该取回权有异议时，权利人可以通过诉讼方式取回其财产。但是，有一点不同的是，在特殊取回权的行使过程中，如果破产管理人愿意付清货物价款，出卖人或行纪人则无权行使取回权。

---

〔1〕 参见王黎明：《破产取回权新论》，载《河南科技大学学报（社会科学版）》2010 年第 3 期。

3. 一般取回权与特殊取回权的联系与区别

在破产程序中，一般取回权与特殊取回权是两种重要的权利类型，两者的联系在于它们均基于民法上的物权或债权关系，无论是一般取回权还是特殊取回权，其本质都是权利人基于特定法律关系要求取回不属于破产人的财产。在破产程序中，这两种权利的行使都须遵循破产法的基本原则和程序要求，且都可能受到其他债权人利益保护等因素的限制。两者的区别主要体现在具体适用上，下面从权利的定义和权利行使两个方面分别说明。

(1)定义区别

一般取回权的定义：是指权利人基于其所有权或其他物权，在法律规定的情形下享有的，从占有人或管理人处取回其财产的权利。这种权利通常不涉及特殊的法律规定或程序，而是基于物权法的基本原则。

特殊取回权的定义：是指在某些特定的法律情形或程序中，权利人享有的不同于一般取回权的特殊取回权利。这种权利可能受到特定法律条款的约束，并可能涉及特定的程序或要求。

(2)权利行使范围区别

一般取回权的行使范围：通常限于权利人自己的财产，且权利的行使相对直接和简单。权利人只需证明其对财产的所有权或物权，并符合法律规定的取回条件，即可行使取回权。

特殊取回权的行使范围：在破产程序中，权利人基于特定法律关系要求取回该财产的权利，以取回其被债务人占用的特定财产。该权利的行使通常受到《企业破产法》等相关法律的约束，法律关系和程序相对复杂，并可能需要通过特定的法律程序来实现。如前所述，特别取回权包括出卖人取回权、行纪取回权及代偿取回权三种。

总的来说，一般取回权和特别取回权在定义和权利行使范围上存在明显区别。一般取回权是基于物权法基本原则的普遍性权利，而特别取回权则是在特定法律情形或程序中赋予权利人的特殊权利。在具体法律实践中，应根据相关法律法规和具体案情来分析和确定这两种权利的具体适用。

4. "取回权"和"共益债务"的适用条件

根据《企业破产法》第 42 条的规定，共益债务是在法院受理破产申请后，破产程序开始后为了全体债权人的共同利益而负担的非程序性债务。而取回权的建立基于破产时标的物存在且能够取回，只是进入破产程序后，由于管理人或其他原因,案涉标的物无法取回而行使之权利,如果破产申请受理时,标的物在事实上已经无法取回,则丧失民法上取回权的基础,《企业破产法解释(二)》第38条则没有适用的余地。此时对于原权利人因财产损失形成的债,应回到破产法中对于共益债务的界定。

例如,在霍山某科技公司诉安徽某竹业公司破产债权确认纠纷案[1]中,霍山某科技公司主张其将碳化重竹单板、碳化重竹等半成品原材料向安徽某竹业公司予以销售,安徽某竹业公司未全部履行付款义务而已经进入破产清算程序,现半成品原材料已被加工成产品成品,对其造成的损害所产生的债权应属共益债权。安徽省高级人民法院审理确认:最高人民法院《关于审理买卖合同纠纷案件适用法律问题的解释》第26条规定:"买受人已经支付标的物总价款的百分之七十五以上,出卖人主张取回标的物的,人民法院不予支持。"且半成品原材料在被告破产清算受理前已经被加工成产品成品并进行销售,事实上无法取回,故即使案涉买卖合同中约定了所有权保留条款,霍山某科技公司亦不能也无法行使取回权,霍山某科技公司的物权已经转化为债权。《企业破产法解释(二)》第38条规定的"取回权"和"共益债务"是建立在标的物存在且能够取回的情况下,如果标的物已经加工且转让善意第三人,则不存在适用的余地。依据《企业破产法》的有关规定,共益债务是指法院受理破产案件后,管理人为全体债权人的共同利益,管理债务人财产时所负担或产生的债务以及因债务人财产而产生的有关债务。本案债务发生于破产清算受理之前,依法不属于共益债务。

(五)特殊取回权纠纷的实务操作

1. 诉讼主体

(1)原告:财产权利人。

(2)被告:债务人,管理人为诉讼代表人。

2. 案由

《民事案件案由规定》将特殊取回权纠纷作为四级案由规定在内。

3. 管辖

根据《企业破产法》第21条的规定,法院受理破产申请后,有关债务人

---

[1] 参见安徽省高级人民法院民事判决书,(2021)皖民再104号。

的民事诉讼,只能向受理破产申请的法院提起。

4. 诉讼时效

《企业破产法解释(二)》第 26 条规定:“权利人依据企业破产法第三十八条的规定行使取回权,应当在破产财产变价方案或者和解协议、重整计划草案提交债权人会议表决前向管理人提出。权利人在上述期限后主张取回相关财产的,应当承担延迟行使取回权增加的相关费用。”本条明确了延迟行使取回权的权利人应当承担因延迟主张权利而增加的相关费用,以此来鼓励取回权人积极行使取回权,保护利益相关者的合法权益。

承担延迟行使取回权增加的相关费用,是指取回权人在破产财产变价方案或者和解协议、重整计划草案提交债权人会议表决之后向管理人主张取回权,导致破产程序费用增加,这部分增加的费用,只要是由于取回权人迟延主张权利产生的,都应当由取回权人承担。新增费用的数额应当由管理人进行核定,并经法院确认。

5. 诉讼请求

(1)请求返还财产或支付相应对价。

(2)请求承担占有期间的孳息。

三、破产抵销权纠纷

(一)破产抵销权纠纷的概念

“破产抵销权纠纷”,是指债权人与管理人之间因行使破产抵销权而引起的纠纷。破产抵销权,是指对于破产债务人负有债务的债权人在破产债务人被宣告破产时,无论给付种类是否相同,或者是否附有期限和解除条件,在符合特定条件的前提下,依照法定程序将自身对破产债务人的债权和债务予以抵销的权利。

破产抵销权系民事抵销权的特别规定,即民事抵销制度在破产程序中的延伸,发生债权优先受偿的法律效果。该制度旨在维持民事债权制度的统一性,亦免于债权人与债务人之间的法律关系发生变动。纵观立法层面,基于破产法中的“公平清偿”原则,严禁个别清偿行为,《企业破产法》及相关司法解释严格限制破产抵销的适用范围,例如,限制破产抵销的债务仅以破产申请受理前成立,一方面,可以保障破产债权人在抵销范围内能够得到全额清偿；另一方面，可以维持破产程序中债权的公平受偿，有效平衡享有抵销权债权人与不享有抵销权债权人之间的利益关系。但与此同时，实践中破产债权人滥用抵销权，管理人未积极有效审查债权人抵销权的现象时常发生，引发司法实务中大量的破产抵销权案件。追溯根源，对于破产抵销权的构成要件认定、破产抵销权审查与生效认定最为关键，即司法实践中诸多案件的争议焦点之所在。破产抵销权的行使要点如下。

1. 破产抵销权的行使条件

破产抵销权的行使条件为当事人双方即债务人与债权人互负到期、合法、确定的债权债务，且时间节点限制明确，即双方的债权均在破产申请受理前即已存在。实务中要注意的是，对于抵销权人（债权人）所享有的有效债权，抵销是指该债权系已由管理人审查确认、债权人会议核查并经法院裁定确认的破产债权。抵销不得损害其他债权人利益，禁止利用抵销进行利益输送或“逃废债”。

2. 破产抵销权的行使方式和行使主体

原则上只能由债权人向管理人主张行使，管理人不得主动行使抵销权。如果管理人主动提出抵销，则该债权人的债权在抵销范围内得到全额清偿，必然造成破产财产的减少，这与管理人依法所负的追求破产财产价值最大化及维护全体债权人利益的职能不符。因此，管理人不得主动抵销债务人与债权人的互负债务，除非该抵销使债务人的财产受益。

3. 抵销的生效与异议处理

破产抵销权生效的条件为管理人书面确认抵销有效后，双方债权债务相应抵销。

破产抵销权成立的，抵销自管理人收到债权人主张债务抵销的通知之日起生效。这里所指的抵销权成立，既包括管理人经审查对抵销主张予以认可的，也包括管理人虽然对抵销主张有异议，但法院判决驳回管理人提起的抵销无效诉讼请求的。抵销权在性质上属于形成权，依单方意思表示即可发生抵销的效果。据此，只要符合抵销条件，抵销权人向管理人主张抵销的，该抵销自通知到达管理人时发生法律效力。若管理人不予认可，债权人可向破产受理法院提起诉讼。

公司破产程序中，为使破产债权人在抵销范围内能够得到全额清偿的合法利益，破产抵销权纠纷应符合《企业破产法》以及相应司法解释的相关规定。管理人严格审查抵销请求，核查债权债务真实性，重点排查突击交易、关联方利益输送，防范虚假抵销。并与债权人沟通，明确告知抵销审查结果及理由，减少诉讼风险。通过规范抵销权的行使，破产程序能够在效率与公平之间找到平衡，确保全体债权人合法权益得到平等保护。

（二）典型案例分析

1. 发生在破产申请之后的以物抵债的合意，不能实现破产抵销权

案例 | 兴融兴公司与华宁房开公司普通破产债权确认纠纷案

审理法院：最高人民法院

案　　号：(2020)最高法民申1556号

【基本案情】

2013年12月10日，兴融兴公司登记设立，主要经营小额贷款业务、票据贴现业务。2014年1月9日，尚某东与兴融兴公司签订《借款合同》，约定兴融兴公司向尚某东提供240万元贷款。2015年7月31日，华宁房开公司向兴融兴公司出具《复函》，明确尚某东的240万元借款行为由华宁房开公司进行偿还。2015年8月13日，兴融兴公司与华宁房开公司签订《商品房买卖合同》并出具《申请书》，双方达成逾期未还款的情况下将借款转化为购房款的意思表示。

2017年9月13日，兴融兴公司向遵义市汇川区人民法院提起诉讼，主张华宁房开公司支付240万元借款以及相应利息，法院裁判认定华宁房开公司归还借款本金240万元以及相应利息。2018年8月6日，兴融兴公司向遵义市红花岗区人民法院提起诉讼，主张华宁房开公司办理登记并交付案涉房屋钥匙。法院裁判认定双方签订的《商品房买卖合同》系为借款提供的担保，故驳回兴融兴公司的诉讼请求。

2018年9月28日，法院裁定受理华宁房开公司的破产清算申请，并指定贵州子尹律师事务所为管理人。2018年11月26日，兴融兴公司向华宁房开公司管理人申报债权，并明确双方有债权担保的商品房事宜。2019年3月9日，华宁房开公司管理人作出《破产债权确认书》，确认债权本金240万元以及相应利息，该债权属于普通破产债权。兴融兴公司不认可华宁房开公司管理人的决定，主张该债权享有优先受偿权，向法院提起诉讼。一审法

院裁定兴融兴公司的债权无法进行优先受偿。

兴融兴公司不服一审判决，提起二审诉讼。二审法院亦认定兴融兴公司的债权无权进行有限受偿，故驳回上诉，维持原判。

兴融兴公司不服二审生效判决，遂提起再审诉讼。

【争议焦点】

(1)兴融兴公司与华宁房开公司存在商品买卖关系还是借贷关系?

(2)兴融兴公司能否行使破产抵销权?

【审理结果和裁判要点】

再审法院认为，首先，因华宁房开公司逾期未还款，兴融兴公司于2017年9月13日向贵州省遵义市汇川区人民法院提起诉讼。兴融兴公司向华宁房开公司管理人申报的债权已经贵州省遵义市汇川区人民法院(2017)黔0303民初4355号生效判决予以裁判，在该判决中已经认定双方之间系借贷关系。可见，兴融兴公司与华宁房开公司虽然于2015年8月13日签订两份《商品房买卖合同》，存在在借款期满未获偿还的情况下将借款转化为购房款的意思，但兴融兴公司没有证据证明此后当事人实际履行了该合同，直至2017年9月13日，兴融兴公司仍然以借贷关系为由起诉主张华宁房开公司还款，可见彼时其仍自认与华宁房开公司之间系借贷关系而非商品房买卖关系。因此，2015年8月13日签订的两份《商品房买卖合同》并不能证明在当时兴融兴公司所主张的法律关系，即已由借贷关系转化为商品房买卖关系。原审法院对该事实及法律关系的认定并无不当。

其次，直至2018年8月6日，兴融兴公司才向贵州省遵义市红花岗区人民法院提起诉讼，以商品房买卖关系为由主张华宁房开公司协助办理案涉房屋的备案登记手续并向其交付房屋钥匙。也就是说，从现有证据看，兴融兴公司以商品房买卖关系主张以购房款抵销华宁房开公司所欠借款，是在2018年8月6日。而根据贵州省遵义市中级人民法院2018年9月28日作出的(2018)黔03破申11号民事裁定，2018年6月7日华宁房开公司即提出执转破申请，该院通过前述裁定，受理了华宁房开公司的破产清算申请。而《企业破产法》第40条规定:“债权人在破产申请受理前对债务人负有债务的，可以向管理人主张抵销。但是，有下列情形之一的，不得抵销:……(二)债权人已知债务人有不能清偿到期债务或者破产申请的事实，对债务人负担债务的;但是，债权人因为法律规定或者有破产申请一年前所发生的原因而负担债务的除外……”如前所述，虽然《商品房买卖合同》签订是在2015年8月13日，但兴融兴公司以及华宁房开公司此后的行为表明，双方当事人并未真正形成商品房买卖关系，直至2018年8月6日兴融兴公司才通过起诉的方式表明该种意图，故兴融兴公司试图通过与华宁房开公司建立商品房买卖关系的方式而对华宁房开公司负债的时间应当认定为2018年8月6日。也就是说，即使兴融兴公司与华宁房开公司在借款债权届满后达成了以物抵债的合意，并主张相应的债权抵销，该行为也是发生在华宁房开公司破产申请之后，且兴融兴公司显然已经知道华宁房开公司有不能清偿到期债务或者破产申请的事实，故兴融兴公司亦无权主张以此抵销华宁房开公司对其所负的借款债务。

本案中，判断兴融兴公司与华宁房开公司存在借贷关系还是商品房买卖关系的核心点在于双方的一致意思表示和履行情况。兴融兴公司虽然与华宁房开公司签订商品买卖合同，但并未具体履行该合同内容，即未明确该商品房买卖关系，甚至汇川市人民法院裁判认定双方的借贷关系。

根据《企业破产法》第40条的规定，债权人已知债务人有不能清偿到期债务或者破产申请的事实，对债务人负担债务的，不得抵销。换言之，当破产企业的债权人明知破产企业已经具备破产原因时，仍负担破产企业债务的，不得进行破产抵销。具体到本案中，兴融兴公司与华宁房开公司在借款债权届满后达成了以物抵债的合意，但该行为也是发生在华宁房开公司破产申请之后，兴融兴公司显然已经知道华宁房开公司有不能清偿到期债务或者破产申请的事实，故兴融兴公司亦无权主张以此抵销华宁房开公司对其所负的借款债务。

2. 能否行使抵销权，应当对案件进行实质审查予以确定

案例 | 嘉信公司与闽发证券、瀚特公司、飞阁公司破产抵销权纠纷案

审理法院：最高人民法院

案　　号：(2016)最高法民再404号

【基本案情】

2003年9月26日，飞阁公司与嘉信公司签订《转让协议》，约定飞阁公司转让仓单给嘉信公司，嘉信公司一次性补偿飞阁公司出让仓单的预期收益约2亿元。2003年10月23日至11月5日，经过交易调查，瀚特公司转入

1亿多元至嘉信公司，嘉信公司将此款项转至飞阁公司。2005年6月21日，嘉信公司向闽发证券工作组等相关人员出具《关于四川嘉信与闽发证券有关债权债务的情况说明及解决方案》，内容主要为：关于嘉信公司与闽发证券资金往来及形成债权债务情况。自2001年以来，嘉信公司及其关联公司汇划至闽发证券及其关联公司的资金总额为68,550,000元，闽发证券及其关联公司向嘉信公司及其关联公司汇划的资金总额为360,000,000元，两者差额约定3亿元；闽发证券的关联公司瀚特公司动用约1亿元资金，通过瀚特公司转款至嘉信公司，再由嘉信公司转款至飞阁公司的渠道，先后分16次循环汇款划资金，造成嘉信公司向飞阁公司提供约1亿多元的虚假"借款"，相关交易为虚假交易。飞阁公司为闽发证券的实际全资控股公司。

2008年7月，闵发证券进入破产程序。闽发证券起诉嘉信公司，要求嘉信公司支付仓单转让款与双方往来款的3亿多元进行抵销；嘉信公司要求以双方资金往来款的4亿多元进行抵销。一审、二审法院均裁判认定嘉信公司无权主张抵销，后嘉信公司不服二审判决，向最高人民法院申请再审，主张双方往来的资金款4亿多元构成抵销。

【争议焦点】

嘉信公司是否有权向闽发证券公司主张4亿多元的债权进行抵销？

【审理结果和裁判要点】

再审法院认为，关于嘉信公司对闽发证券享有的债权是否应当抵销的问题，从本案的实际情况来看，闽发证券的破产清算工作经历了行政清理和破产清算两个阶段。在闽发证券风险爆发后，监管机构和政府相关部门组织专门力量，分别成立了工作组、托管组、专案组开展了风险处置和化解工作，在一审法院受理闽发证券破产清算案后，工作组、托管组的相关职能由清算组和管理人继续承接，这是在证券公司风险集中爆发的特殊历史阶段，为化解区域性金融风险而采取的应对措施。因此，认定嘉信公司向闽发证券管理人进行过债权申报、主张过债务抵销等事实是否存在，必须将行政清理工作和司法清算工作作为一个有机的整体加以看待。本案是在闽发证券进入破产还债程序之后，闽发证券管理人为追收债权而提起的衍生诉讼，嘉信公司的所有抗辩理由均是为了减少、消灭其对闽发证券的债务数额而展开的抵销抗辩，双方当事人的诉辩主张能否成立，应当根据《企业破产法》及相关司法解释的规定加以判断。

第一，本案证据能够证明嘉信公司已经依法向闽发证券清算组和管理人主张了债务抵销的通知。原审法院已经查明，2005 年 6 月 21 日，嘉信公司向闽发证券工作组、东方资产管理公司闽发证券托管组、福建省公安厅经侦总队闽发案专案组出具了《情况说明》及附件主张相应权利，因破产清算程序系行政清算工作的延续，法院认定嘉信公司已经就双方之间的债权债务关系向闽发证券清算组和管理人申报了债权并提出了抵销主张，且管理人对嘉信公司所主张的债权是否真实存在、能否相互抵销等问题已经开展了实质性的审核工作，并在此基础上提起本案的债权清收诉讼，其诉讼请求和理由也体现了其对嘉信公司主张的抵销数额存在异议。故闽发证券关于嘉信公司并未依法向管理人申报债权、主张抵销的诉讼理由不能成立，法院不予支持。二审判决关于没有证据体现嘉信公司曾经就其主张的对闽发证券的债权向管理人申报过债权、发出过主张抵销的通知等认定，并不符合本案的实际情况，再审法院予以纠正。

第二，嘉信公司在本案中主张抵销的债权并不属于依法不得抵销的债权。根据《企业破产法》第 40 条的规定，在破产程序中允许抵销的债务，应是债权人在破产申请受理前对债务人即破产企业的债务。本案中，闽发证券破产案件的受理是在 2008 年 7 月 8 日，而嘉信公司主张抵销的债务均发生在 2001 年至 2005 年，其所主张抵销的债务不属于法律禁止抵销的情形，依法应当认定为可以在本案中主张抵销。

第三，关于不同种类的债权能否主张破产抵销权的问题。本案中，闽发证券向嘉信公司主张的权利，系基于《转让协议》《转让协议补充说明》无效后嘉信公司应当承担的返还财产、赔偿损失的义务，而嘉信公司主张抵销的对抗债权则系基于其他法律关系而发生。《企业破产法解释（二）》第 43 条规定："债权人主张抵销，管理人以下列理由提出异议的，人民法院不予支持：（一）破产申请受理时，债务人对债权人负有的债务尚未到期；（二）破产申请受理时，债权人对债务人负有的债务尚未到期；（三）双方互负债务标的物种类、品质不同。"据此，闽发证券关于嘉信公司主张抵销的债权系双方之间的其他资金往来，与本案纠纷事实无关的诉讼理由，并无相应的法律依据，再审法院不予支持。原审判决关于嘉信公司所主张其对闽发证券及其关联公司的债权，双方尚存争议，与本案不属同一法律关系，不属本案的审理范围的认定，系对法律的错误理解，再审法院予以纠正。

第四,关于本案是否构成管理人主动提出抵销的问题。考虑到自闽发证券风险爆发后专案组、托管组等专责机构一直在与嘉信公司核对账目的实际情况,闽发证券管理人在进入破产程序后根据其清查、审计的相关情况提起本案诉讼以清收债权,不宜认定为构成管理人主动行使破产抵销权。故对闽发证券关于管理人在本案中主动作出的抵销无效的诉讼理由,再审法院不予采信。

第五,将闽发证券的债权清收和嘉信公司的债务抵销分别处理将导致明显不公的后果。破产抵销权制度的规范意旨,一是简化当事人之间的相互给付关系,避免无意义诉讼;二是防止出现在债务人企业被宣告破产后,债权人对破产企业的债务要全额履行,而所享有的债权只能按比例受偿的不公平现象。本案中,因原审判决未就嘉信公司申报债权、主张抵销的事实作出实事求是的认定,其要求嘉信公司另行主张权利的审理思路不仅违背破产抵销权制度的规范意旨,甚至可能出现嘉信公司在全额偿还案涉仓单款项的同时,其对闽发证券的债权分文不能得到清偿的不公正结果。

综上所述,再审法院认为,嘉信公司关于原审判决认定其未依法申报债权、发出抵销通知系认定事实错误的申请理由成立,再审法院予以支持。

根据《企业破产法》第 40 条的规定,债权人须在破产申请受理前对债务人负有债权,且不符合第 2 项规定的不得抵销的情形。根据《企业破产法解释(二)》第 41 条第 2 款的规定,债权人依据《企业破产法》第 40 条的规定行使抵销权,应当向管理人提出抵销主张。管理人不得主动抵销债务,除非该抵销使债务人财产受益。本案中,嘉信公司主张抵销的债务发生时间在闽发证券破产案件受理前,且闽发证券管理人提起诉讼清收债权,从而增加债务人财产,故符合《企业破产法》规定的抵销权的行使要件。再者,从抵销权设立的规范要旨来看,其旨在简化当事人之间的相互给付关系,并且保证债权人所享有的债权能够公平受偿。因此,嘉信公司主张抵销 4 亿多元符合抵销权的立法初衷。

3. 债权人与债务人互负债务的标的物种类、品质不同,亦可抵销

案例 | 合银公司与潘某荣破产抵销权纠纷案

审理法院:广东省广州市中级人民法院

案　　号:(2022)粤 01 民终 11205 号

【基本案情】

2011 年 3 月 24 日，合银公司、潘某荣签订四份《商品房买卖合同》，约定潘某荣购买 4 套房屋，支付总价款为 2000 多万元。合银公司于 2014 年 11 月 19 日履行相应办理过户登记的义务。

2014 年 11 月 24 日，合银公司、潘某荣签订《补充协议》，约定潘某荣未支付款项约 1416 万元；房屋改为毛坯房交付，合银公司退还约 136 万元相应装修费用；合银公司同意将应退还的装修款、逾期交楼违约金与潘某荣未支付的购房款相抵扣，抵扣后潘某荣仍应支付购房款 1175 万元。

2019 年 1 月 15 日，合银公司进入破产程序。2021 年 7 月 19 日，合银公司管理人向债权人发出《核查结果告知函》，将《合银无异议登记房屋买卖合同类债权表》进行公告，明确潘某荣的约 1181 万元的债权金额。2021 年 9 月 3 日，潘某荣向合银公司送达《债务抵销通知书》；2021 年 10 月 12 日，合银公司不予认可潘某荣的抵销权。合银公司管理人主张确认潘某荣以逾期办证违约金等费用抵销未支付的剩余购房款的抵销行为无效，向法院提起诉讼。一审法院判决认定潘某荣主张抵销的债权合法有效，符合抵销权的成立要件。

合银公司不服一审判决，遂提起上诉。

【争议焦点】

潘某荣于 2021 年 9 月 3 日向合银公司主张债务抵销的行为是否合法有效？

【审理结果和裁判要点】

二审法院认为，《企业破产法》第 40 条规定："债权人在破产申请受理前对债务人负有债务的，可以向管理人主张抵销。但是，有下列情形之一的，不得抵销：（一）债务人的债务人在破产申请受理后取得他人对债务人的债权的；（二）债权人已知债务人有不能清偿到期债务或者破产申请的事实，对债务人负担债务的；但是，债权人因为法律规定或者有破产申请一年前所发生的原因而负担债务的除外；（三）债务人的债务人已知债务人有不能清偿到期债务或者破产申请的事实，对债务人取得债权的；但是，债务人的债务人因为法律规定或者有破产申请一年前所发生的原因而取得债权的除外。"依据上述规定，债权人具备以下条件即可行使抵销权：（1）其是该破产案件的债权人；（2）债权人在破产案件受理前即对债务人负有债务；（3）不属于上述第(二)项所列的不予抵销的情形。本案中,首先,潘某荣对合银公司的债权已经广州仲裁委员会作出的(2019)穗仲案字第2678号、2679号、2680号、2681号裁决书确认,且潘某荣就上述债权向管理人申报后,管理人在其制作的《合银无异议登记房屋买卖合同类债权表》中亦确认该债权金额为11,811,711.30元。其次,潘某荣对合银公司应付的购房款由双方于2014年11月24日签订的《补充协议》所确定,即为11,753,819元。之后,潘某荣支付部分购房款,尚余部分房款未付。可见,潘某荣对合银公司所负债务形成于合银公司被申请破产一年之前,不属于上述法律规定不予抵销的情形。最后,根据《企业破产法解释(二)》第43条的规定,双方互负债务标的物种类、品质不同,均可予以抵销。综上,潘某荣主张以逾期交楼违约金债权抵销其应付的购房款,并不违反法律禁止性规定。一审法院对潘某荣的主张予以支持,并驳回合银公司的诉讼请求,并无不当。故二审法院判决驳回上诉,维持原判。

根据《企业破产法》及相关司法解释的规定,债权人对破产企业负有债务的,可以在破产清算前抵销,据此,破产债权人在破产宣告前对破产人负有债务的,无论是否已到清偿期限,也无论债务标的、给付种类、品质是否相同,均可在破产分配完成之前相互抵销。本案中,潘某荣主张以逾期交楼的违约金债权抵销其应付的购房款,虽然种类不同,但仍属于可予以抵销的法定情形。故潘某荣行使抵销购房款依法有效,合银公司无权不予以认可。

(三)核心法条

1.《企业破产法》

第二十一条 人民法院受理破产申请后,有关债务人的民事诉讼,只能向受理破产申请的人民法院提起。

第四十条 债权人在破产申请受理前对债务人负有债务的,可以向管理人主张抵销。但是,有下列情形之一的,不得抵销:

(一)债务人的债务人在破产申请受理后取得他人对债务人的债权的;

(二)债权人已知债务人有不能清偿到期债务或者破产申请的事实,对债务人负担债务的;但是,债权人因为法律规定或者有破产申请一年前所发生的原因而负担债务的除外；

（三）债务人的债务人已知债务人有不能清偿到期债务或者破产申请的事实，对债务人取得债权的；但是，债务人的债务人因为法律规定或者有破产申请一年前所发生的原因而取得债权的除外。

2.《企业破产法解释（二）》

第四十一条 债权人依据企业破产法第四十条的规定行使抵销权，应当向管理人提出抵销主张。

管理人不得主动抵销债务人与债权人的互负债务，但抵销使债务人财产受益的除外。

第四十二条 管理人收到债权人提出的主张债务抵销的通知后，经审查无异议的，抵销自管理人收到通知之日起生效。

管理人对抵销主张有异议的，应当在约定的异议期限内或者自收到主张债务抵销的通知之日起三个月内向人民法院提起诉讼。无正当理由逾期提起的，人民法院不予支持。

人民法院判决驳回管理人提起的抵销无效诉讼请求的，该抵销自管理人收到主张债务抵销的通知之日起生效。

第四十三条 债权人主张抵销，管理人以下列理由提出异议的，人民法院不予支持：

（一）破产申请受理时，债务人对债权人负有的债务尚未到期；

（二）破产申请受理时，债权人对债务人负有的债务尚未到期；

（三）双方互负债务标的物种类、品质不同。

第四十四条 破产申请受理前六个月内，债务人有企业破产法第二条第一款规定的情形，债务人与个别债权人以抵销方式对个别债权人清偿，其抵销的债权债务属于企业破产法第四十条第（二）、（三）项规定的情形之一，管理人在破产申请受理之日起三个月内向人民法院提起诉讼，主张该抵销无效的，人民法院应予支持。

第四十五条 企业破产法第四十条所列不得抵销情形的债权人，主张以其对债务人特定财产享有优先受偿权的债权，与债务人对其不享有优先受偿权的债权抵销，债务人管理人以抵销存在企业破产法第四十条规定的情形提出异议的，人民法院不予支持。但是，用以抵销的债权大于债权人享有优先受偿权财产价值的除外。

第四十六条　债务人的股东主张以下列债务与债务人对其负有的债务抵销，债务人管理人提出异议的，人民法院应予支持：

（一）债务人股东因欠缴债务人的出资或者抽逃出资对债务人所负的债务；

（二）债务人股东滥用股东权利或者关联关系损害公司利益对债务人所负的债务。

（四）疑难问题解答

1. 破产抵销权行使的截止时间

从现行的《企业破产法》等法律规定以及相关司法解释来看，并未明确破产抵销权行使的截止时间。从司法实务来看，主要存在以下三种观点：（1）破产抵销权应当在破产财产分配方案提交债权人会议表决之前，或者和解协议或重整计划草案提交债权人会议表决之前行使；[1]（2）破产抵销权应当在破产财产分配方案或者和解协议、重整计划草案经债权人会议表决通过前行使；[2]（3）破产抵销权可在破产财产最终分配确定前向管理人主张相互抵销。[3]

具体分析上述三种观点，第一种观点将破产抵销权的行使期限限定在提前债权人会议之前，即严格限制破产抵销权的截止时间。第二种观点将破产抵销权的行使期限延长至破产方案经债权人表决通过前。第三种观点存在理解上的不同，其一为破产财产最终分配完成前，即经过债权人会议表决通过后仍可行使破产抵销权；其二为破产财产最终分配方案通过前，即在破产方案经过债权人会议表决通过前行使破产抵销权。

上述观点都有一定的合理性，根据现行《企业破产法》的规定，经过债权人会议通过并经法院裁定认可的破产方案对全体债权人产生约束力，故应当将破产抵销权的行使期限限定在债权人表决会议通过之前。对于限定在表决会议之前的观点，因其严格限制债权人的破产抵销权行使，不利于发挥破产抵销权的积极作用；对于在破产最终分配之前行使破产抵销权的观点，

---

〔1〕　参见北京市高级人民法院《企业破产案件审理规程》第131条。

〔2〕　参见广东省高级人民法院《关于审理企业破产案件若干问题的指引》第61条第3款。

〔3〕　参见上海市高级人民法院《破产审判工作规范指引（试行）》“四、债务人财产”第13条。

其存在司法适用上的理解差异,不利于直接依据该条文进行司法适用。因此,破产抵销权行使的截止时间应当限定在债权人表决会议通过之前。

2. 破产抵销权与民事抵销权的关系

根据《民法典》第549条的规定,债务人可以向受让人主张抵销的情形有两种:一种情况是债务人接到债权转让通知时,债务人对让与人享有债权,且债务人的债权先于转让的债权到期或者同时到期;另一种情况是债务人的债权与转让的债权是基于同一合同产生的。《民法典》规定抵销权旨在促进民商事主体活动的积极性,减少履行成本,增强经济运行效率。相较而言,破产抵销权系民事抵销权的特别规定,存在以下几个方面的不同:

(1)从债权种类来看,民事抵销权要求互负的债权债务必须是同一种类或者品质,而破产抵销权并无此限制,故在上述典型案例3合银公司与潘某荣破产抵销权纠纷案中,法院作出了认定潘某荣以逾期交楼的违约金债权抵销其应付购房款的结论。(2)从债权期限来看,民事抵销权必须要求债权为到期债权,例外情况下存在突破,而破产抵销权并无期限限制。破产抵销权发生在破产程序后,未到期的债权均会加速到期,故无须进行额外期限的限制。(3)从行使主体来看,民事抵销权的权利主体系互负债权债务的双方当事人,而破产抵销权仅限于破产企业的债权人行使。(4)从规范目的来看,民事抵销权旨在节省双方当事人的交易成本,避免交叉诉讼,而破产抵销权旨在保护债权人在抵销范围内进行全额、优先清偿的法律地位。

3. 破产抵销权的生效

根据《企业破产法解释(二)》第42条的规定,抵销原则上自管理人收到通知之日起发生效力,当管理人对抵销主张有异议的,可在约定的异议期限或者自收到债务抵销的通知之日起3个月内向法院提起诉讼。从该条法律规定的规范要旨来看,破产抵销权属于破产程序中的重大事项权利,抵销的意思表示到达管理人并不发生当然效力,管理人须对抵销主张进行全面的审查,进而破产抵销权产生相应的法律效力。

管理人对债权人提出的抵销权进行实质审查,主要包括以下几个方面:(1)对债权人申报债权的真实性、合法性、充分性予以审查;(2)对申报债权的债权人主体资格是否符合,即是否为同一主体予以审查;(3)申报的破产债权须符合诉讼时效的规定,未发生超过诉讼时效、中止、中断或者延长等法律情形;(4)该抵销主张是否符合破产抵销权的积极要件和消极要件,如债权人的债权债务属于禁止抵销的情形,则对该抵销主张不能予以认可。

4. 破产抵销禁止的情形

法律之所以规定破产抵销禁止情形,主要在于平衡破产程序中享有抵销权的个人利益与集体债权人团体利益。具体看一下《企业破产法》以及相关司法解释规定的破产抵销的禁止情形:

(1)《企业破产法》第 40 条规定的禁止情形有以下几种:一是债务人的债务人在破产申请受理后取得他人对债务人的债权的。该情形属于典型的恶意低价收购债权,人为制造抵销条件。如果允许抵销,则债务人的债务人会想方设法低价收购他人对债务人的债权,以使自己的破产债权在抵销范围内获得全部清偿,从而损害其他全体债权人的利益。二是债权人已知债务人有不能清偿到期债务或者破产申请的事实,对债务人负担债务的。危机期间债权人恶意负担债务,目的是人为制造抵销条件,性质上属于滥用破产抵销权,以使自己的破产债权在抵销范围内获得全额清偿,从而损害其他全体债权人的利益。但是,债权人因为法律规定或者有破产申请一年前所发生的原因而负担债务的除外。三是债务人的债务人已知债务人有不能清偿到期债务或者破产申请的事实,对债务人取得债权的。危机期间,债务人的债务人恶意取得对债务人的债权,目的是人为制造抵销条件,性质上属于滥用破产抵销权。但是,债务人的债务人因为法律规定或者有破产申请一年前所发生的原因而取得债权的除外。需注意的是,该条款所说的"债务人的债务人对债务人取得债权的",应是指"债务人的债务人收购他人对债务人的债权",而非"债务人的债务人自己与债务人交易而取得的债权",因前者系有利可图,而后者可能造成新的损失。

(2)《企业破产法解释(二)》第 46 条规定的对债务人股东的主张予以禁止的情形有以下两种:一是债务人股东因欠缴债务人的出资或者抽逃出资对债务人所负的债务。破产程序中,应当优先保护全体债权人的利益,股东利益处于劣后地位,且抵销不符合资本充实原则。债务人股东因欠缴债务人出资或抽逃出资对债务人所负的债务,不得与债务人对其所负债务相抵销。二是债务人股东滥用股东权利或者关联关系损害公司利益对债务人所负的债务。

另外,《企业破产法解释(二)》第 44 条规定,破产申请受理前 6 个月内,债务人有《企业破产法》第 2 条第 1 款规定的情形,禁止债务人与个别债权人以抵销方式对个别债权人清偿,损害其他全体债权人的利益。

(五)破产抵销权确认纠纷的实务操作

1. 诉讼主体

(1)原告:债务人管理人为诉讼代表人。

(2)被告:债权人。

2. 案由

《民事案件案由规定》将破产抵销权确认纠纷作为四级案由规定在内。

3. 管辖

根据《企业破产法》第 21 条的规定,法院受理破产申请后,有关债务人的民事诉讼,只能向受理破产申请的法院提起。

4. 诉讼时效

《企业破产法解释(二)》第 42 条规定:"管理人收到债权人提出的主张债务抵销的通知后,经审查无异议的,抵销自管理人收到通知之日起生效。管理人对抵销主张有异议的,应当在约定的异议期限内或者自收到主张债务抵销的通知之日起三个月内向人民法院提起诉讼。无正当理由逾期提起的,人民法院不予支持。人民法院判决驳回管理人提起的抵销无效诉讼请求的,该抵销自管理人收到主张债务抵销的通知之日起生效。"也就是说,在未有约定异议期限情形下,诉讼时效应是自收到主张债务抵销的通知之日起 3 个月内。

5. 诉讼请求

请求依法确认债权人抵销行为无效。

四、别除权纠纷

(一)别除权纠纷的概念

"别除权纠纷",是指在破产程序中,担保债权人不依破产程序清偿而请求法院支持其直接以破产债务人设定担保物权的特定财产的价值优先受偿的权利的民事纠纷。相较于普通破产债权而言,别除权基于担保物权法律关系产生,兼具物权与债权的双重属性,最大限度地保护别除权人的债权利益。需要明晰的是，别除权仅局限在依据《民法典》担保部分确定的特别优先权，即以债务人特定财产受偿的特别优先权。

我国破产立法中未直接采用“破产别除权”的概念，但从别除权所具备的权利特征和构成要件来看，其在我国破产立法和司法实践中广泛存在。通说认为，破产别除权是指在破产程序中权利人依法可以行使的各种类型的优先权。《企业破产法》第109条“对破产人的特定财产享有担保权的权利人，对该特定财产享有优先受偿的权利”的规定，体现了我国破产法对大陆法系中“别除权”的移植。在法律的不断调整完善下，别除权制度的价值逐渐转为保护与限制相结合模式，别除权的行使受到破产程序各个阶段的调整，《企业破产法》在对其利益保护的同时，兼顾债务人和其他债权人的利益，体现利益衡平的理念。但与此同时，近年来，关于别除权的纠纷明显增多且呈现快速增长趋势，比较突出的有别除权的抵销认定与对破产程序中建设工程价款别除权的认定等问题。为了保护权利顺利实现，债权人应首先与管理人进行充分沟通与协商，实现多角色利益共赢。

别除权的常见形式主要有以下三种：抵押权，债权人通过抵押合同对债务人的特定财产享有优先受偿权；质押权，债权人通过质押合同对债务人的特定动产或权利享有优先受偿权；留置权，债权人对债务人的特定财产因合同关系而享有留置权，并优先受偿。与其他债权相比，别除权具有一些不同的特征，具体说明如下：

第一，优先性。别除权为优先受偿权，是针对特定的担保财产行使的，不受破产与和解程序限制，可优于其他债权人单独、即时受偿，即有可以进行个别清偿执行的优先权利。

第二，特定性。别除权是对属于破产财产的特定财产所行使的权利，别除权人在破产债务人的财产上已设定担保物权，所以别除权就只能对被特定的财产行使。基于别除权标的物具有特定性的原理，如别除权标的物不足清偿被担保的全部债务时，别除权人不得就未予清偿部分请求破产财产优先清偿，而只能作为普通破产债权参加集体清偿。

第三，独立性。别除权的独立性主要体现在其行使不受破产清算程序的约束，即使企业进入破产程序，别除权人仍可优先受偿。债权人可以不经破产清算，直接通过司法拍卖等方式实现权利，例如质权人拍卖质押物无须等待破产分配。

别除权的认定直接体现《民法典》物权编关于担保物权优先性的规定，确保"物权优先于债权"的基本原则在破产程序中不被突破，从而实现破产法公平与效率的平衡。别除权的认定表明法律对合法契约的尊重，增强市场主体对交易安全的预期，防范系统性风险。若担保债权人无法优先受偿，可能引发金融机构不良贷款激增，甚至触发区域性金融风险。别除权的认定通过稳定金融债权，维护经济秩序。在重整程序中，别除权的合理认定，如允许担保财产用于继续经营，可保留企业核心资产，为重整成功提供物质基础，促进企业拯救重生。

（二）典型案例分析

1. 建筑物和相应的建设用地使用权一并抵押且按份共有规则

案例 ｜ 谢某洁与东意公司别除权纠纷案

审理法院：江苏省无锡市中级人民法院

案　　号：（2019）苏0205民初4311号

【基本案情】

2010年6月17日，谢某洁与东意公司签订《抵押设立协议》，约定谢某洁因向东意公司出借款项享有债权3000万元，东意公司将房屋抵押给谢某洁，并于2010年6月23日办理抵押登记。谢某洁为第二顺位抵押权人，所在宗地登记的土地抵押权人××银行无锡锡山支行为第一顺位抵押权人。东意公司抵押给谢某洁的房屋所在宗地上另有有证房产3栋及若干无证房产，3栋房产未设抵押。

2011年12月2日，法院裁定受理东意公司破产清算一案，并指定无锡安华投资顾问优先公司作为管理人。2019年6月，东意公司管理人制定《关于东意公司抵押债权审查结论通知函》及《更正函》，确定谢某洁的抵押物为设置了抵押的房屋和房屋占地面积的土地，故对上述房产所在宗地，东意公司管理人拟首先清偿第一顺位抵押权人的债权，再将余值按谢某洁所抵押的房屋占地面积占整块土地面积的比例分配给谢某洁。双方对谢某洁享有设押建筑物建设用地使用权抵押权并无争议，存有争议的是如何计算设押建筑物的"占用范围"内的建设用地使用权。谢某洁认为，其设押建筑物的占用土地范围应当及于整宗土地，而不应当按照建筑物投影面积计算相应比例,故诉至法院,请求确认其对案涉土地(不含房屋)处置所得款100%的比例范围内享有第二顺位优先受偿权。

【争议焦点】

如何计算谢某洁对建设用地使用权享有的抵押权的抵押范围?

【审理结果和裁判要点】

东意公司管理人在确认谢某洁享有未设押建设用地使用权后,按照设押建筑物垂直投影面积与所占宗地的比例计算谢某洁应当享有的抵押权优先受偿权金额。谢某洁对此提出异议,并主张不应当按比例计算,其应当享有全部的第二顺位抵押权优先受偿权。对此,法院认为,应当按照设押建筑物面积分别所占宗地上建筑面积之和的比例予以计算。谢某洁享有的未设押建设用地使用权抵押权的份额应当按照设押建筑物面积所占宗地上建筑面积之和的比例予以计算。另外,本案中,东意公司管理人称230号土地上还有未取得规划许可证的他人私自搭建的建筑物、构筑物,因其占用土地本身即为非法,在计算宗地总建筑面积时应当予以排除。故法院依法判决:(1)按照谢某洁设押的建筑物面积分别与所占宗地上的合法建筑物总面积的比例计算其在第二顺位应享有的对相应宗地建设用地使用权拍卖款优先受偿权金额。(2)驳回谢某洁的其他诉讼请求。

《民法典》第397条规定的"占用范围"主要系用来界定建筑物与建设用地使用权之间的所属关系,即建设用地使用权仅指与设押建筑物相应的建设用地使用权,而非其他宗地上的建设用地使用权。因此,"占用范围"不能理解为物理上的实际占用面积,而是其占用的相应的宗地。如果人为地将宗地再次作物理上的分割,有违物权特定原则。单个建筑物占用范围在空间上应当首先限定在所在宗地,在时间节点上应根据设押时宗地占用状态进行考量。若建筑物设押时所在宗地上仅有一栋建筑物,则其占用范围应及于整宗地;若设押时其上有数栋建筑物,且不属于区分所有的情况下,则各建筑物构成共同占用相应宗地,构成观念上的按份共有关系。因此,设押建筑物与其他建筑物对该宗地的建设用地使用权构成观念上的按份共有关系。产生"一并抵押"的土地使用权应理解为仅指设押建筑物所占相应宗地的应有份额,份额的计算方式以建筑面积而非以投影面积为依据更加合理和具有可操作性。因此,本案中"本次抵押不包含土地"能够印证双方仅办理了建筑物抵押的事实以及双方具有仅进行建筑物抵押登记的意思表示,而不能得出谢某洁放弃了因法律规定而产生的未设押建设用地使用权抵押权的结论,加之亦无其他证据予以证明谢某洁嗣后作出过"放弃"的意思表示,因此可确认谢某洁享有设押建筑物占用范围内的建设用地使用权抵押权。

2. 建设工程施工合同解除的,承包人行使优先受偿权的期限应自合同解除之日起计算

案例 | 通州建总公司与安徽天宇公司别除权纠纷案

审理法院:安徽省高级人民法院

案　　号:(2014)皖民一终字第00054号

【基本案情】

2006年3月,安徽天宇公司与通州建总公司签订《建设工程施工合同》,约定安徽天宇公司将其厂区一期工程生产厂区的土建、安装工程发包给通州建总公司承建,后双方又签订合同,对支付工程款作出新约定。2006年5月23日通州建总公司组织施工,2007年安徽天宇公司厂区的厂房等主体工程完工。后安徽天宇公司未按合同约定支付工程款,致使工程停工,该工程至诉讼发生时未竣工。

2011年7月30日,双方在仲裁期间达成和解协议,约定如处置安徽天宇公司土地及建筑物偿债时,通州建总公司的工程款可优先受偿。后安徽天宇公司因不能清偿到期债务,江苏宏远建设公司向安徽省滁州市中级人民法院申请安徽天宇公司破产还债。安徽省滁州市中级人民法院于2011年8月26日作出裁定受理破产申请。2011年10月10日,通州建总公司向安徽天宇公司管理人申报债权并主张对该工程享有优先受偿权。2013年7月19日,安徽省滁州市中级人民法院宣告安徽天宇公司破产。通州建总公司于2013年8月27日提起诉讼,请求确认其债权享有优先受偿权。一审法院裁判认定确认通州建总公司对申报的债权就其施工的安徽天宇公司生产厂区土建、安装工程享有优先受偿权。宣判后,安徽天宇公司不服一审判决,提起上诉。

【争议焦点】

通州建总公司对申报的债权就其施工的安徽天宇公司生产厂区土建、安装工程是否享有优先受偿权?

【审理结果和裁判要点】

二审法院认为，本案双方当事人签订的建设工程施工合同虽约定了工程竣工时间，但涉案工程因安徽天宇公司未能按合同约定支付工程款导致停工。现没有证据证明在工程停工后至法院受理破产申请前，双方签订的建设施工合同已经解除或终止履行，也没有证据证明在法院受理破产申请后，破产管理人决定继续履行合同。根据《企业破产法》第 18 条“人民法院受理破产申请后，管理人对破产申请受理前成立而债务人和对方当事人均未履行完毕的合同有权决定解除或者继续履行，并通知对方当事人。管理人自破产申请受理之日起二个月内未通知对方当事人，或者自收到对方当事人催告之日起三十日内未答复的，视为解除合同”之规定，涉案建设工程施工合同在法院受理破产申请后已实际解除，本案建设工程无法正常竣工。按照《九民纪要》的会议精神，因发包人的原因，合同解除或终止履行时已经超出合同约定的竣工日期的，承包人行使优先受偿权的期限自合同解除之日起计算，安徽天宇公司要求按合同约定的竣工日期起算优先受偿权行使时间的主张，缺乏依据，二审法院不予采信。2011 年 8 月 26 日，法院裁定受理对安徽天宇公司的破产申请，2011 年 10 月 10 日通州建总公司向安徽天宇公司的破产管理人申报债权并主张工程款优先受偿权，因此，通州建总公司主张优先受偿权的时间是 2011 年 10 月 10 日。安徽天宇公司认为通州建总公司行使优先受偿权的时间超过了破产管理之日 6 个月，与事实不符，二审法院不予支持。故二审法院判决驳回上诉，维持原判。

建筑工程承包人的优先受偿权是一种法定优先权。在建设工程合同的实际履行过程中，工程通常要经过竣工、验收、结算之后才能付款。但实践中，建设工程结算周期长、流程复杂，6 个月的期限内双方可能难以达成结算。若以建设工程竣工之日或者建设工程合同约定的竣工之日作为优先权行使期限的起算时间，此时承包人尚不知道发包人是否会拖欠工程款，建设合同能否正常履行完结等，显然不利于对承包人权益的保护。因此，最高人民法院《关于审理建设工程施工合同纠纷案件适用法律问题的解释（一）》第 41 条规定：“承包人应当在合理期限内行使建设工程价款优先受偿权，但最长不得超过十八个月，自发包人应当给付建设工程价款之日起算。”该规定将优先权行使期限的起算时间规定为“自发包人应当给付建设工程价款之日起算”。实践中,对于“应当给付建设工程价款之日”的认定需要根据具体实际案件作客观判断。本案中,建设工程因安徽天宇公司原因无法正常竣工且其进入破产程序,根据涉案事实及相关法律规定,通州建总公司与安徽天宇公司建设工程施工合同已解除。故通州建总公司主张其享有建设工程价款优先受偿权且未超过法律规定的除斥期间,应予支持。

3. 主债权受到法律保护的期间内,相应抵押权也应当受法律保护

案例 | 吉盛公司与天地人公司别除权纠纷案

审理法院:最高人民法院

案　　号:(2021)最高法民再154号

【基本案情】

2013年8月30日,吉盛公司与天地人公司等单位签订《借款合同》,约定出借2400万元给天地人公司。同日,吉盛公司与天地人公司签订《抵押合同》,约定天地人公司将其所使用的土地及在建房屋抵押给吉盛公司;吉盛公司与金池假日宾馆公司、唯美装饰设计公司签订《保证合同》,约定金池假日宾馆公司、唯美装饰设计公司承担连带保证责任。上述合同签订后,吉盛公司分七次向天地人公司发放贷款本金2400万元。

2014年2月27日,就吉盛公司与天地人公司、金池假日宾馆公司、唯美装饰设计公司借款合同纠纷一案,吉林省长春市中级人民法院裁判认定天地人公司向吉盛公司返还2304万元本金以及相应利息,金池假日宾馆公司、唯美装饰设计公司承担连带清偿责任。在该案执行过程中,天地人公司申请破产清算,法院受理天地人公司破产清算,并指定吉林延大律师事务所担任管理人。

2015年4月20日,吉盛公司向天地人公司管理人申报债权31,735,264元(本金23,040,000元、利息828,672元、诉讼费408,544元),并载明“有财产担保的债权”。2017年6月7日,吉盛公司向天地人公司破产管理人送达请求确认优先受偿权申请书。2019年11月7日,天地人公司向吉盛公司送达无异议债权确认表,并确认该债权为普通债权。吉盛公司主张该债权在抵押物上具有优先受偿性,并非普通债权,提起诉讼。一审法院裁判认定吉盛公司对天地人公司确认的债权享有优先受偿权。

天地人公司不服一审判决,提起二审诉讼。二审法院裁判认定吉盛公司对案涉抵押财产的债权超过诉讼时效，即对抵押财产不享有优先受偿权，裁定撤销原判决，支持天地人公司的上诉请求。

吉盛公司不服二审生效判决，遂提起再审诉讼。

【争议焦点】

吉盛公司行使抵押权是否超过了法定期间？

【审理结果和裁判要点】

再审法院认为，本案中，吉盛公司与天地人公司之间的主债权债务合同纠纷尽管已经生效判决确认，但因天地人公司等债务人未主动履行生效判决，吉盛公司在《民事诉讼法》规定的申请执行期间内向法院申请强制执行天地人公司的财产。在执行过程中，因法院受理有关天地人公司的破产申请，吉盛公司又在法律规定的申报债权期间向天地人公司管理人申报了有财产担保的债权；在天地人公司管理人仅将其债权确认为普通债权的情况下，吉盛公司又及时提起本案诉讼，请求对抵押财产享有优先受偿权。综合分析，吉盛公司在申请执行期间、法律规定的申报债权期间行使了主债权，主债权仍在受到法律保护的期间内，相应地其抵押权也应当受法院的保护。二审法院仅以吉盛公司就主债权形成生效判决，主债权的诉讼时效不再继续存在为由，认定吉盛公司的抵押权因未及时行使而消灭，适用法律错误，再审法院予以纠正。

综上，再审法院认为，吉盛公司的再审请求成立，依法应予支持。

根据《民法典》第419条的规定，抵押权人应当在主债权诉讼时效期间行使抵押权；未行使的，法院不予保护。抵押权作为担保物权的一种，本身不适用诉讼时效制度，但为了防止抵押权人怠于行使抵押权，充分发挥抵押财产的经济效用，法律规定抵押权人应在主债权诉讼时效期间内行使抵押权，实质在于明确抵押权人应在主债权受到法律保护的期间内行使抵押权。该受到法律保护的期间，在主债权未经生效裁判确定之前，为主债权诉讼时效期间。当主债权经诉讼程序被生效裁判确定后，此时主债权固然不存在诉讼时效问题，但裁判生效后，主债权不一定就能实现，在债务人未主动履行的情况下，还存在执行问题。只要当事人在申请执行期间内对债务人申请强制执行，应视为抵押权人在主债权受到法律保护的期间内行使了权利，抵押权人的权利仍应受到保护。换言之，在主债权经生效裁判确认后，此时的主债权受到法律保护的期间不再是诉讼时效期间，而是申请执行期间。同理，在债务人破产的情况下，此时的主债权受到法律保护的期间就是法律规定的申报债权期间。

（三）核心法条

《企业破产法》

第二十一条 人民法院受理破产申请后，有关债务人的民事诉讼，只能向受理破产申请的人民法院提起。

第四十条 债权人在破产申请受理前对债务人负有债务的，可以向管理人主张抵销。但是，有下列情形之一的，不得抵销：

（一）债务人的债务人在破产申请受理后取得他人对债务人的债权的；

（二）债权人已知债务人有不能清偿到期债务或者破产申请的事实，对债务人负担债务的；但是，债权人因为法律规定或者有破产申请一年前所发生的原因而负担债务的除外；

（三）债务人的债务人已知债务人有不能清偿到期债务或者破产申请的事实，对债务人取得债权的；但是，债务人的债务人因为法律规定或者有破产申请一年前所发生的原因而取得债权的除外。

第七十五条 在重整期间，对债务人的特定财产享有的担保权暂停行使。但是，担保物有损坏或者价值明显减少的可能，足以危害担保权人权利的，担保权人可以向人民法院请求恢复行使担保权。

在重整期间，债务人或者管理人为继续营业而借款的，可以为该借款设定担保。

第一百零九条 对破产人的特定财产享有担保权的权利人，对该特定财产享有优先受偿的权利。

第一百一十条 享有本法第一百零九条规定权利的债权人行使优先受偿权利未能完全受偿的，其未受偿的债权作为普通债权；放弃优先受偿权利的，其债权作为普通债权。

第一百三十二条 本法施行后，破产人在本法公布之日前所欠职工的工资和医疗、伤残补助、抚恤费用，所欠的应当划入职工个人账户的基本养老保险、基本医疗保险费用，以及法律、行政法规规定应当支付给职工的补偿金，依照本法第一百一十三条的规定清偿后不足以清偿的部分，以本法第一百零九条规定的特定财产优先于对该特定财产享有担保权的权利人受偿。

（四）疑难问题解答

1. 对债权人占有担保物的执行

实践中，别除权的行使往往涉及复杂的程序性障碍和权利冲突。首先，在别除权行使前的债权确认过程中存在大量纷繁复杂的别除权纠纷，因此对于债权人占有担保物的执行处理也困难重重。如因税款债权人与担保权人之间的优先权之争而产生的别除权纠纷、[1]因不同担保权人对同一特定财产之间的优先权之争而产生的别除权纠纷、[2]因管理人不予确认债权的优先性而产生的别除权纠纷[3]，等等。

质权、留置权是以债务人的特定财产移转于债权人占有的移转占有型担保物权。为避免别除权人不当行使权利，管理人有必要对其进行监督，以使别除权人的优先受偿权限定于担保物的范围之内。对债权人占有的担保物，管理人可聘请评估机构进行评估，督促担保债权人采取公开竞价等方式变卖担保物，以实现担保物价值的最大化。在司法实践中还可能出现别除权人占有担保物，但却迟迟不行使受偿权利，以致影响破产程序进行的情况。管理人对此除可以要求清偿债务、收回担保物外，也可以请求法院强制执行担保物，清偿别除权。日本学者伊藤真认为："关于别除权的标的物，第203条规定允许管财人依强制执行程序进行变卖，别除权人不能拒绝。"其同时指出，担保标的物即使不存在所担保的债权余额，"标的物能否妥善地变卖，将左右别除权人的破产债权行使额，在此点上存在破产债权人的利害关系"[4]。与管理人占有担保物不同的是，担保物是由别除权人自己占有、保管、维护的，甚至是以担保物直接抵债的，管理人未付出劳动，则无权要求支付报酬。在《民法典》实施的背景下，别除权制度在实践中的障碍及如何通过协调实现多角色利益共赢，值得持续探讨及关注。

---

[1] 参见浙江省绍兴市中级人民法院民事判决书，(2017)浙06民终1119号。

[2] 参见山东省博兴县人民法院民事判决书，(2019)鲁1625民初453号。

[3] 参见福建省龙岩市中级人民法院民事判决书，(2019)闽08民终568号。

[4] [日]伊藤真：《破产法》(新版)，刘荣军、包容镇译，中国社会科学出版社1995年版，第271页。

2. 别除权之债权的抵销的认定

司法实践中，别除权人放弃优先受偿的权利后，别除权之债权亦转化为普通债权，此时的抵销必须受《企业破产法》第40条的限制。别除权之债权的破产抵销从本质上讲属于民法上的抵销。因此，在适用时，对此类破产抵销管理人除不得依《企业破产法》第40条提出异议外，在别除权人不提出抵销的情况下，管理人也可主动提出抵销，借此取回担保财产，避免破产程序徒增麻烦。

《企业破产法》第40条规定了对特定财产享有优先受偿权的债权与债务人对其不享有优先受偿权的债权抵销不受破产禁止抵销之限制，即对抵销的债务人的债权仅限定为不享有优先受偿权的债权。那么，债务人对债权人的债权如果同样为享有优先受偿权的债权，其与债权人享有的优先受偿权的债权相互抵销时，是否仍可不受破产禁止抵销之限制呢？在相关司法解释中，如前所述，别除权之债权与债务人的抵销实质是民法上的抵销。如债务人对债权人的债权为享有优先受偿权的债权，债务人与债权人之间的抵销实质仍为货币的抵销，并不改变双方的抵销仍为民法抵销这一本质。因此，别除权之债权与债务人享有优先受偿权的债权予以抵销时，双方的抵销仍为民法上的抵销，债权人享有优先受偿权的债权仍可与债务人享有优先受偿权的债权予以抵销，且不受《企业破产法》禁止抵销之限制。

3. 对别除权优先受偿性的理解与适用

《企业破产法》第109条和《破产审判纪要》第25条规定的是破产清算程序中担保债权的优先受偿权，关于担保权人权利的行使与限制。在破产清算和破产和解程序中，对债务人特定财产享有担保权的债权人可以随时向管理人主张就该特定财产变价处置，行使优先受偿权，管理人应及时变价处置，不得以须经债权人会议决议等为由拒绝，但若单独处置担保财产会降低其他破产财产的价值而应整体处置的除外。按照蒋黔贵先生等的解读，担保债权的优先受偿权，意味着担保财产被拍卖、出售后的价款，应该优先用于清偿享有担保债权的债权人的债务；只有这部分债权人得到全额满足后，剩余部分才能用于清偿其他后顺位债权人。[1] 韩传华先生认为，鉴于担保债权的优先受偿与破产宣告并无实质性关系，将之放在“变价与分配”中

---

〔1〕 参见蒋黔贵：《中华人民共和国企业破产法释义》，中国市场出版社2006年版，第240页。

或许更为合适。[1] 蒋黔贵先生特别提及担保撤销问题，如果在法院受理债务人破产前1年内设定的担保债权被按照《企业破产法》有关撤销权的规定撤销，那么相关担保主体不再享有优先受偿权。[2]

4. 破产程序中建设工程价款别除权的认定

我国《合同法》（已失效）第286条确立了承包人的建设工程价款优先受偿的制度，2002年发布的最高人民法院《关于建设工程价款优先受偿权问题的批复》（已失效）又进一步明确了建设工程优先受偿权优于抵押权和其他债权。后《民法典》第807条[3]对原《合同法》第286条的规定予以继承。但对于建设工程价款优先受偿权的性质，理论上一直存在三种不同观点，即留置权说、法定抵押权说和法定优先权说。首先，根据我国物权相关规定，留置权的标的物仅限于动产，建设工程价款优先受偿权的客体是建设工程，属不动产。其次，对于法定抵押权说，从立法背景和立法过程看，立法者将建设工程价款优先受偿权作为法定抵押权对待，仅在性质上类似于法定抵押权，但并非法定抵押权。[4] 因此，建设工程价款优先受偿权的性质应属法定优先权。最高人民法院《建设工程款优先受偿权适用法律的复函》亦明确建设工程款优先受偿权是一种法定优先权。因此，如果发包人破产，则承包人的建设工程价款优先受偿权在破产程序中即为别除权。

别除权的行使，仅以别除权标的为限。建设工程价款在债务人破产时如何行使别除权，即建设工程价款别除权的客体如何界定？因建设工程属“房地一体”，承包人行使别除权不应包括建设用地使用权价值部分。因建设工程价款包括承包人为建设工程应当支付的工作人员报酬、材料款等实际支出的费用，而建设工程所占用的建设用地使用权属发包人所享有，承包人对该建设用地使用权部分并无增值贡献，因此，建设用地使用权价值

[1] 参见韩传华：《企业破产法解析》，人民法院出版社2007年版，第329页。

[2] 参见蒋黔贵：《中华人民共和国企业破产法释义》，中国市场出版社2006年版，第240页。

[3] 《民法典》第807条规定：“发包人未按照约定支付价款的，承包人可以催告发包人在合理期限内支付价款。发包人逾期不支付的，除根据建设工程的性质不宜折价、拍卖外，承包人可以与发包人协议将该工程折价，也可以请求人民法院将该工程依法拍卖。建设工程的价款就该工程折价或者拍卖的价款优先受偿。”

[4] 参见梁慧星：《合同法第二百八十六条的权利性质及其适用》，载《山西大学学报（哲学社会科学版）》2001年第3期。

部分不能成为建设工程优先权的客体。[1] 前述典型案例2通州建总公司诉安徽天宇公司别除权纠纷案对处理破产案件中工程款别除权问题具有一定的借鉴和指导意义。在将建筑物价值变现时，根据“房地一体处分”原则，要将建筑物和建设用地使用权一并进行处分，但在处分时应区分建设工程本身，即建筑物的价值和建设用地使用权的价值。建设工程价款优先权仅对建筑物的价值部分有优先受偿权，对建设用地使用权部分并不享有优先受偿权。[2]

5. 股权质押权在破产程序中是否属于别除权

我国《企业破产法》中对别除权的设立范围没有明确规定，只是在该法第109条中规定：“对破产人的特定财产享有担保权的权利人，对该特定财产享有优先受偿的权利。”根据各国立法，质押又称质权，是指为担保一定债权而成立的，债权人对于债务人或第三人转移占有而提供担保的特定财产或权利就其交换价值优先受偿的物权。我国《民法典》明确规定了质押这种担保的法律形式，因此，合法设立的质押担保，质押权人在债务人破产的情况下，对破产企业质押标的物享有别除权。

但是股权质押与一般质押又存在不同。首先，法律关系不同。股权质权是质权人和出质股东之间就公司债务而设立的股权质押担保关系。公司的质押担保是以公司法人名义与担保权人发生的债权担保关系。其次，担保对象不同。鉴于公司法人的性质，公司财产和股东股权是独立分开的，公司和股东可以分别以各自的财产或财产性权利设立担保。通俗来说，一般质押担保是公司以公司的名义、为公司的利益，对外以其公司资产作出的担保，而股权质押并非以公司的名义，而是股东个人为实现其自身目的抑或为公司利益，对外以其个人股权提供的担保。因此，当公司破产时，只有以公司资产作为担保标的的担保权人能享有别除权，而股权质押权利人则不能对公司财产享有优先受偿权。最后，优先受偿对象不同。股权质押的质权人就出质股权依法处分（该处分又须依法作价、排除其他股东优先权等）所得的款项有优先受偿权；公司的担保权人是以设立担保的

---

〔1〕 杨心忠等：《建设工程合同纠纷裁判思路》，法律出版社2014年版，第270~272页。

〔2〕 参见赵晓利、杨达、石磊：《〈通州建总集团有限公司诉安徽天宇化工有限公司别除权纠纷案〉的理解与参照：破产程序中建设工程价款别除权的认定》，载《人民司法（案例）》2018年第23期。

公司财产或权利优先受偿其债权，因此，两种方式实现优先债权的对象和范围不同。

综上所述，当公司出现破产情况时，债务人的担保权人依法可以将债务人为其设立担保的财产从破产财产中分离出来，以保障其优先受偿权；而股权质权人则不享有优先受偿权，只能在债务人破产分配后就出质股东获得的股权剩余价值来清偿其债权。鉴于债务人在破产时股权价值几近为零，股权质权人的债权就会变为没有担保的一般债权继续由债务人来清偿，因此，对破产程序而言，设定质押担保的权利已经无法对应“特定财产”，也无法实现股权质押的“别除权利”。因而对股权质押权利人来说，就存在无法清偿完毕的极大可能性，而此种持有股权质押权的公司破产也恰恰是股权质押权人所涉风险的尖锐体现。[1]

6. 别除权与破产费用、共益债务的优先顺序

《企业破产法》第 43 条第 1 款规定：“破产费用和共益债务由债务人财产随时清偿。”第 109 条规定：“对破产人的特定财产享有担保权的权利人，对该特定财产享有优先受偿的权利。”即有财产担保的债权在破产法理论上即属于别除权。第 113 条规定，破产财产在优先清偿破产费用和共益债务后，才依照其他顺序进行清偿，而担保债权也不在该条规定的债权范围内。《企业破产法司法解释（二）》第 3 条规定：“债债务人已依法设定担保物权的特定财产，人民法院应当认定为债务人财产。对债务人的特定财产在担保物权消灭或者实现担保物权后的剩余部分，在破产程序中可用以清偿破产费用、共益债务和其他破产债权。”因此，有财产担保的债权与共益债务之间的清偿顺序，在我国破产法中已有规定，破产费用和共益债务原则上应当优先从无担保的财产中支付，行使别除权后的剩余部分，在破产程序中可用以清偿破产费用、共益债务和其他破产债权担保债权。

实践中，债务人的部分甚至全部资产已被设定抵押的情形大量存在。在破产程序中，对于为担保权人的利益而增加的程序成本，如破产费用、管理人报酬等应从担保物变现款中优先支付，不存在争议。而对于不能清偿的共益债务能否以担保财产进行清偿，破产法并未明确规定，实务中亦存在

---

〔1〕 参见《【律师视点】张雪莲：破产重整中股权质押权的实现》，载个人图书馆网 2020 年 7 月 7 日，http://www.360doc.com/content/20/0707/11/943329_922757152.shtml。

争议。为全体债权人共同利益实施的某些行为而产生的费用，若均劣后于别除权，不利于社会公平；而在债务人财产全部或大部分已经被设定担保的情况下，则无法吸引为债务人企业继续经营提供借款的债权人或是共益债投资人，难以达到债务人企业继续经营的目的，尤其是在破产重整程序中需引入投资人提供借款以帮助债务人企业完成重整计划时。因此，对于共益债务与别除权之间的受偿顺位应当区分不同情形来考虑，若共益债务是基于维持企业生产经营、提升价值或者为全体债权人共同利益产生，则可由担保权人让渡部分利益以承担共益债务。司法实务中，别除权人与共益债务债权人之间的权益平衡与让渡亦需要提前协商取得认可，并由利益各方确认的清偿方案等予以执行。

（五）别除权确认纠纷的实务操作

1. 诉讼主体

（1）原告：债权人。

（2）被告：债务人，管理人为诉讼代表人。

2. 案由

《民事案件案由规定》将别除权债权确认纠纷作为四级案由规定在内。

3. 管辖

根据《企业破产法》第 21 条的规定，法院受理破产申请后，有关债务人的民事诉讼，只能向受理破产申请的法院提起。

4. 诉讼时效

根据《企业破产法解释（三）》第 8 条的规定，债务人、债权人对债权登记表记载的债权有异议的，应当说明理由和法律依据。经管理人解释或调整后，异议人仍然不服的，或者管理人不予解释或调整的，异议人应当在债权人会议核查结束后 15 日内向法院提起债权确认的诉讼。

5. 诉讼请求

（1）请求依法确认优先债权。

（2）请求对特定财产行使权利或支付相应债权款项。

（3）请求承担未按期支付期间的利息。

五、破产撤销权纠纷

（一）破产撤销权纠纷的概念

“破产撤销权纠纷”是接管债务人破产财产时，管理人对债务人在破产申请受理前的法定期间内进行有损债权人或者全体债权人公平清偿的行为，有权向法院行使申请撤销之权利，管理人与债权人就撤销权具体适用情形、破产撤销权的行使要件、撤销行为的时间以及相应产生的法律后果等债权能否撤销相关问题而形成的权利义务纠纷。

破产撤销权源于民法中的债权人撤销权，为防止债务人财产不当减少，有效保护债权人的合法财产权益。相较于民法债权人撤销权而言，破产撤销权存在特殊之处：一是破产撤销权限定在特定债权人受益之行为，并不同于意思自治下的民事撤销权人的任意选择；二是破产撤销权并不考虑相对人的主观恶意，依据债务人破产的情形即可行使；三是破产撤销权在破产程序期间并不受到时间限制。

当债权债务关系发生时，债务人应以其全部财产供债权人实现其债权，且不得恶意削减其财产以逃避债务。[1] 据此，为避免债务人在破产程序中恶意削减自身财产，导致债权人利益受损，法律规定了破产撤销权。破产撤销权旨在防止债务人丧失清偿能力的情况下，通过无偿转让、非正常交易或者偏袒性清偿债务等行为损害全体或多数人债权人的利益，破坏破产法的公平清偿原则。[2] 但在司法实践中，债务人处于破产境地之后，可能产生各种不良利益动机从而引发道德风险，利用破产撤销权法律规定的边缘地带进行转移财产、逃避债务或对个别债权人偏颇性清偿的行为，进而导致经济秩序的混乱。破产撤销权的核心目标是防止债务人在破产前恶意损害债权人利益，确保破产财产最大化并公平分配给全体债权人。管理人宜全面审查普通债权人的资产情形，准确认定资产范围，平衡好各债权人之间的关系，有效撤销不当处理债务人资产的行为，从而维护全体债权人的利益，保

〔1〕 参见许德风：《债务人的责任财产——债权人撤销权、代位权及公司债权人保护制度的共同基础》，载《清华法学》2024 年第 1 期。

〔2〕 参见王欣新：《微课堂 32 | 王欣新：破产撤销权及其与无效行为制度的比较》，载微信公众号“中国破产法论坛”2017 年 11 月 12 日，https://mp.weixin.qq.com/s/dbMa4S-qNqN4jcw8YsyFfA。

障交易安全和交易秩序的稳定性。

撤销权的行使范围不以保全行使撤销权享有的债权额为限,而以保全全体债权人的全部债权为限度。根据《企业破产法》第 31 条的规定及司法实践,以下行为属于可撤销行为的情形:

第一,无偿转让财产。破产债务人将本属于破产财产或权利的部分以无价或几近无代价的方式过度给第三人。包括无偿转让财产,赠与、放弃财产或权利,将超过诉讼时效的债权不依法律规定方式中断。

第二,以明显不合理的价格进行交易。包括高价买入和低价卖出两种行为。高价买入,是指没有正当理由以明显高于市场的价格向对方当事人购进产品或者服务;低价卖出则正好相反,是指没有正当理由以明显低于市场的价格向对方当事人卖出产品或者提供服务。所谓"明显不合理的价格",是指严重偏离该产品或者服务的市场价格的价格,司法实践中,转让价格达不到交易时交易地的指导价或者市场交易价 70% 的,以及转让价格高于当地指导价或者市场交易价 30% 的,一般可视为明显不合理的价格。

第三,对没有财产担保的债务提供财产担保。在破产程序中,有财产担保的债权较之普通债权优先受偿,债务人在法院受理破产申请前一定期限内对没有财产担保的债务提供财产担保,意味着本应用于集体清偿的财产变成了有财产担保的债权人优先受偿的标的,从而使普通债权人通过破产程序所能够获得的清偿数额减少,这显然不符合通过破产程序实现公平清偿的目标。此事项针对的是旧债新设担保,新债新担保以及旧债原担保延期不属此类。

第四,对未到期的债务提前清偿。一般来说,债务人提前清偿债务是法律所允许的行为。但是,对于破产企业来说,其在法院受理破产申请前一定期限内的提前清偿行为则受到限制。理由在于,在破产申请受理前一年内,债务人知道自己已经或者将要具备破产原因,其实施的提前清偿行为实际上是给予部分债权以优先于其他债权的地位,势必会影响其他债权人的合法权益。裁定破产申请之日已到期的则不属于此类。

第五,放弃债权。一般说来,债权可以放弃,债权因债权人的放弃而消灭,法律不能强迫债权人行使自己不愿行使的权利。但是,在破产申请受理前一年内,债务人知道自己已经或者将要具备破产原因,放弃自己的债权,实质上放弃的是自己的债权人受清偿的利益。无论其动机如何，这种行为都将损害债权人利益，应当认定为可撤销的行为。

破产撤销权亦可因具有例外情形而不可撤销，具体包括：债务人的行为使破产财产受益，如以合理价格出售积压货物；债务人的行为发生在法定可撤销期限之外；善意第三人的合法权益受保护，如不知情的交易相对方等。

破产撤销权的行使必须以诉讼的方式请求法院为之，破产撤销权在法律上的性质是形成起诉和给付起诉的结合，其直接的法律后果是使破产人于破产宣告临界期间内实施的涉及债权人的行为归于无效。

（二）典型案例分析

1. 对于债务人进入破产程序后的有关撤销权的案件，债务人管理人有权作为原告提起诉讼

案例 | 新光集团管理人与吉林银行东盛支行破产撤销权纠纷案

审理法院：最高人民法院

案　　号：（2021）最高法民再327号

【基本案情】

一审法院受理新光集团破产重整一案，指定浙江天册律师事务所、北京市高朋律师事务所、浙江振进律师事务所、浙江韦宁会计师事务所联合担任新光集团管理人。

新光集团管理人作为原告对被告吉林银行东盛支行向一审法院提起诉讼请求：（1）判令撤销新光集团在其破产申请受理前6个月内向吉林银行东盛支行个别清偿64,760,130元借款本金及利息的行为；（2）判令吉林银行东盛支行立即返还新光集团财产64,760,130元及利息（自2019年4月25日起按年利率6.525%计算至实际返还之日）；（3）由吉林银行东盛支行承担本案的诉讼费用。一审法院判决：（1）撤销新光集团于2018年11月21日、12月21日及2019年4月3日向吉林银行东盛支行清偿合计64,760,130元的行为；（2）吉林银行东盛支行于判决生效之日起10日内向新光集团管理人返还64,760,130元；（3）驳回新光集团管理人的其他诉讼请求。一审案件受理费365,600元由吉林银行东盛支行负担。

吉林银行东盛支行不服一审判决，提起上诉，称：一审判决对于新光集

团向吉林银行东盛支行监管账户转入的资金性质认定不清。新光集团转入监管账户内资金的性质仅存在四种可能,分别为偿债资金、存款、借款、保证金。无论新光集团转入监管账户内资金的性质如何,新光集团管理人均依法无权行使撤销权。若监管账户内资金属于偿债资金,则清偿行为早于新光集团破产申请前6个月,依法不属于可撤销的清偿行为。若监管账户内资金属于新光集团在吉林银行东盛支行的存款或借款,则吉林银行东盛支行据此对新光集团负有偿还存款或借款的债务,因此吉林银行东盛支行与新光集团间互负债权债务,吉林银行东盛支行可依照《企业破产法》第40条的规定行使抵销权。吉林银行东盛支行行使抵销权后,新光集团管理人逾期起诉,依法丧失胜诉权。若构成保证金,则吉林银行东盛支行可就监管账户内的资金优先受偿。故扣划行为不构成《企业破产法》第32条规定的可撤销的个别清偿。

二审法院审理认为,对于提起破产撤销权的诉讼主体问题,最高人民法院于2011年10月13日发布的《人民法院破产程序法律文书样式(试行)》中的"文书样式95"明确规定:"应区分不同管理人类型分别确定原告:管理人为个人的,原告应列为担任管理人的律师或者注册会计师;管理人为中介机构的,原告应列为担任管理人的律师事务所、会计师事务所或者破产清算事务所……"因此,本案应当以浙江天册律师事务所、北京市高朋律师事务所、浙江振进律师事务所、浙江韦宁会计师事务所为共同原告提起破产撤销权之诉。"新光集团管理人"作为原告提起诉讼,属于原告主体不适格,应当驳回其起诉。二审裁定:(1)撤销一审判决;(2)驳回新光集团管理人的起诉。

新光公司管理人不服二审生效判决,遂提起再审。

【争议焦点】

以债务人管理人名义提起诉讼是否符合此类案件原告主体适格的要件?

【审理结果和裁判要点】

再审法院认为,《人民法院破产程序法律文书样式(试行)》中的"文书样式95"的规定具有示范和指引功能,但不能以该规范直接作为判断破产撤销权原告是否适格的依据。首先,根据《企业破产法》以及相关司法解释,债务人进入破产程序后,管理人由法院指定。其次,根据指定管理人的相关法律规定,管理人的选任和确认具有明确指向,并不影响诉讼主体适格的判断。当存在责任主体难以认定的问题,其仍可以参考法律文书样式规范,以具体的个人或者中介机构作为原告。故二审法院以新光管理人不符合原告主体资格,属于法律错误,予以纠正。本案一审法院就当事人诉争的权利义务关系进行审理并作出判决,二审法院以原告主体不适格为由裁定撤销一审判决并驳回起诉,未对本案当事人之间诉争的权利义务关系进行审理。本案应撤销二审裁定,由二审法院对当事人诉争的权利义务关系继续审理并依法作出裁判。基于上述原因,申请人新光集团管理人申请再审所提出的请求维持一审判决的请求,亦不能获得支持。再审法院依法判决:撤销二审裁定,指令浙江省高级人民法院对本案进行审理。

破产撤销权纠纷中,以债务人管理人名义起诉是否符合诉讼主体资格的关键在于法律规范的适用。从解释方法来看,最高人民法院《关于审理企业破产案件指定管理人的规定》等司法解释均规定管理人由法院指定,结合最高人民法院《关于审理企业破产案件指定管理人的规定》明确了关于债务人管理人的名册确定、指定及更换等事项,管理人的选任和确定具有明确指向,这说明债务人管理人具体由哪些人或者哪家律师事务所、会计师事务所等担任均有具体明确指向,并不影响诉讼主体资格的判断。《民事诉讼法》第122条规定:"起诉必须符合下列条件:(一)原告是与本案有直接利害关系的公民、法人和其他组织,……"至于如何识别、认定提起诉讼的原告是否适格,需根据相关纠纷案件的类型,结合该类型纠纷的法律规范做进一步的分析和判断。本案为破产撤销权纠纷案件,焦点问题在于以债务人管理人名义提起诉讼是否符合此类案件原告主体适格的要件。《企业破产法》第32条规定,法院受理破产申请前6个月内,债务人有《企业破产法》第2条第1款规定的情形,仍对个别债权人进行清偿的,管理人有权请求法院予以撤销。根据该条规定,债务人进入破产程序后有关撤销权的案件,债务人管理人有权作为原告提起诉讼。

2. 债务人"借新还旧"并提供担保的情形下,该笔债务应认定为"新债",不可撤销

案例 | 农行辽源分行与麦达斯公司破产撤销权纠纷案

审理法院:最高人民法院

案　　号:(2020)最高法民再296号

【基本案情】

2016年12月20日,农行辽源分行与麦达斯公司签订743号《流动资金借款合同》,约定麦达斯公司向农行辽远分行借款9700万元;签订1405号《最高额抵押合同》,约定担保期限为2016年到2018年,担保限额为15,036万元,并办理部分抵押物登记。2016年12月29日,双方签订780号《借款合同》,约定借款金额为5300万元;签订782号《借款合同》,约定借款金额为5500万元。

2017年10月11日,双方签订1011号《最高额抵押合同》,约定担保期限为2017年到2019年,担保限额为5936万元,并提供补充担保782号的550万元的借款合同。后办理动产抵押登记。

2018年3月15日,双方签订123号的《借款合同》,约定借款金额为1.99亿元,借期3年,"借新还旧";担保方式单人担保及通用设备抵押,若采取最高额担保方式担保的,担保合同编号尾号为1405号及1011号。

借款到期后,除借款本金5300万元(780号《借款合同》项下借款)被偿还过600万元本金外,743号和782号《借款合同》项下借款均未偿还本金。为此,麦达斯公司与农行辽源分行就以上三笔借款的尚欠本金为本金,采取"借新还旧"的方式签订123号《借款合同》,将三笔借款进行展期,并以1405号和1011号《最高额抵押合同》共同提供抵押担保。

2018年4月2日,一审法院裁定受理麦达斯公司的破产重整申请,并指定吉林省启明破产清算有限公司为管理人。麦达斯公司管理人主张撤销1011号《最高额抵押合同》项下的抵押物设立动产抵押的行为,向法院提起诉讼。一审法院裁判认定撤销1011号《最高额抵押合同》项下的抵押物设立动产抵押的行为。

农行辽源分行不服一审判决,提起二审诉讼。二审法院判决驳回上诉,维持原判决。

农行辽源分行不服二审生效裁判,遂提起再审诉讼。

【争议焦点】

(1)债务人"借新还旧"并提供担保的情形下,该笔债务应认定为"旧债"还是"新债"?

(2)就1011号《最高额抵押合同》项下抵押物设立动产抵押的行为的可

撤销性如何?

【审理结果和裁判要点】

再审法院认为,本案中,原所涉借款债务有三笔共1.99亿元,包括743号《借款合同》项下借款9700万元、780号《借款合同》项下余款4700万元、782号《借款合同》项下借款5500万元。农行辽源分行与麦达斯公司于2018年3月15日签订的123号《借款合同》,约定借款1.99亿元,对上述三笔借款债务1.99亿元进行“借新还旧”处理,即消灭上述三笔旧债,重新设立新的借款债务1.99亿元。123号《借款合同》并无对上述三笔共1.99亿元旧的借款债务进行展期的约定,并非对上述三笔旧的借款所涉借款合同的补充变更,明确约定借款用途是“借新还旧”,一审、二审法院认定123号《借款合同》是对旧的借款的展期与合同约定不符,没有事实和法律依据,再审法院予以纠正。贷款到期后,借款人与贷款人订立新的借款合同,将新贷用于归还旧贷。旧贷因清偿而消灭,为旧贷设立的担保物权也随之消灭。

1011号《最高额抵押合同》包括两部分内容,一是对2017年10月11日之后两年内发生的新债务在5936万元范围内提供最高额抵押担保,二是该合同第17条约定抵押人同意提供98台机器设备,为782号《借款合同》约定的5500万元债务提供抵押担保。麦达斯公司管理人请求法院撤销的1011号《最高额抵押合同》项下6046号《动产抵押登记书》系为782号《借款合同》所作担保。因782号《借款合同》中的5500万元旧债权因借新还旧已经消灭,故前述合同第17条约定的为该5500万元提供的抵押担保也相应消灭,无须撤销。123号《流动资金借款合同》项下1.99亿元为新的借款,农行辽源分行与麦达斯公司约定该1.99亿元借款的同时还约定以1405号和1011号《最高额抵押合同》共同提供抵押担保,该新的借款1.99亿元在该两份《最高额抵押合同》约定的担保债权额度和期限之内。双方为该1.99亿元提供担保属于为新的债务提供担保,而不是为原本存在的无担保的债务额外提供担保。《企业破产法》第31条第3项规定破产管理人有权申请撤销的行为是在法院受理破产申请前一年内“对没有财产担保的债务提供财产担保的”行为,应当理解为对原没有财产担保的债务提供财产担保的一种偏颇清偿行为。作出该种理解的理由主要是:破产申请受理后,债务人的无财产担保债权只能作为破产债权受偿,如债务人在可撤销期间内为原无担保的债权人提供财产担保,将使该债权人在破产程序中对特定财产享有优先受偿权，得到个别优惠性清偿，故应予撤销；但债务人与债权人在可撤销期间内在签订主合同时一并签订抵押等财产担保从合同的，不在可撤销行为之列，因其不是对原无财产担保的债权提供担保，不具有改善某一债权人原有清偿地位的不公平性质，而且抵押等担保合同的签订往往是债权人决定签订主合同的对价利益和必要保障（即如果没有担保，债权人可能不愿签订主合同）。鉴于1011号《最高额抵押合同》约定的抵押是为1.99亿元新的债务提供担保，而不是为破产申请受理前一年内原本存在的无担保的债务提供担保，1011号《最高额抵押合同》不应撤销。故麦达斯公司管理人请求撤销就6046号《动产抵押登记书》项下抵押物设立动产抵押的行为，没有事实和法律依据，应予以驳回。是故，再审法院依法撤销一审、二审判决；驳回麦达斯公司管理人的诉讼请求。

对于“借新还旧”的借款认定的关键在于借款的性质认定。根据《九民纪要》第57条的规定，贷款到期后，借款人与贷款人订立新的借款合同，将新贷用于归还旧贷，旧贷因清偿而消灭，为旧贷设立的担保物权也随之消灭。该条规定说明“借新还旧”期待贷款展期作用，具体是指通过消灭旧债设立新债务的方式实现贷款展期，即为债务更新，故旧贷及其上的担保物权归于消灭。本案中，农行辽源分行与麦达斯公司签订多份《流动借款合同》，均约定“借新还旧”的情形，并无其他排除或者补充约定事由，故应当将其认定旧债据此消灭，新债产生，不应撤销。

3.“以房抵债”协议能否撤销，应实质审查债务人是否存在无偿转让财产等情形

案例 | 鸿雁房地产公司管理人与染化集团、绿峰化学股份等破产撤销权纠纷案

审理法院：辽宁省大连市中级人民法院

案　　号：(2024)辽02民终7567号

【基本案情】

大连某贸易有限公司长年向绿峰化学股份供应盐酸，因绿峰化学股份拖欠货款，双方同意以房抵债，房款不足部分由刘某另行转账，采取无息借款的方式走账。2020年4月7日，刘某通过其妻子阎某的账户向绿峰化学股份转账50万元，4月15日转账25万元，4月17日转账38,545元。4月

19日，鸿雁房地产公司、刘某、染化集团、绿峰化学股份签订抹账协议。约定绿峰化学股份应付刘某货款689,715元，借款848,745元，染化集团因欠绿峰化学股份的债务承接绿峰化学股份拖欠刘某的债务；鉴于染化集团欠绿峰化学股份37,813,701.81元，各方同意，由染化集团以其全资子公司鸿雁房地产名下位于大连市中山区某房屋作价1,538,460元，抵顶给刘某，并由鸿雁房地产和刘某签订商品房买卖合同；刘某对所购房屋鸿雁房地产尚不能提供购房发票和办理产权等现状全部知情，并承担房屋交接后发生的所有费用。4月30日，签订了商品房买卖合同，约定，案涉房屋面积为170.94平方米，单价为每平方米9000元。同日，刘某向鸿雁房地产缴纳了3220元燃气改造费和增容费并入住该房，之后该房屋的水电费和物业费均由刘某支付。法庭审理中，当事人均认可签定抹账协议时，鸿雁房地产尚欠染化集团400余万元。

2020年12月24日，一审法院作出(2020)辽0204破申6号民事裁定书，受理鸿雁房地产破产清算一案，并于2021年1月12日作出(2020)辽0204破6号之一决定书，指定辽宁某律师事务所和某会计师事务所(特殊普通合伙)大连分所联合体担任管理人。另查，染化集团系大连国资委独资企业，绿峰化学股份系大连国资委控股企业，鸿雁房地产系染化集团的全资子公司。染化集团与绿峰化学股份法定代表人均系刘某。

鸿雁房地产管理人以鸿雁房地产无偿转让案涉房屋为由请求法院判令撤销商品房买卖合同、刘某腾退房屋。

一审法院认为鸿雁房地产管理人所诉无事实和法律依据，不予支持。依照《企业破产法》第31条、《民事诉讼法》第67条的规定判决：驳回原告鸿雁房地产公司管理人的诉讼请求。

鸿雁房地产公司管理人不服一审判决，提起上诉。

【争议焦点】

案涉四方《抹账协议》及鸿雁房地产与刘某签订的《商品房买卖合同》是否应予撤销?

【审理结果和裁判要点】

二审法院认为，《企业破产法》第31条规定"人民法院受理破产申请前一年内，涉及债务人财产的下列行为，管理人有权请求人民法院予以撤销：(一)无偿转让财产的；(二)以明显不合理的价格进行交易的……"具体到本案,从查明的事实可见,虽然鸿雁房地产公司与刘某、染化集团、绿峰化学股份签订《抹账协议》的时间在受理鸿雁房地产破产清算申请前一年内,但该协议中载明,绿峰化学股份应付刘某货款和借款,染化集团因欠绿峰化学股份的债务故承接绿峰化学股份拖欠刘某的债务,又鉴于当时鸿雁房地产公司尚欠染化集团400余万元,故各方同意,由染化集团以其全资子公司鸿雁房地产公司名下的房屋抵顶给刘某,并由鸿雁房地产公司和刘某签订商品房买卖合同。显然,四方签订《抹账协议》的真实意思表示是通过债权转让和债务转移,最终相互间的同等债权债务抵消。故鸿雁房地产公司以房屋抵顶的方式抵付给刘某,并非无偿转让财产,其同时可以减少对染化集团的同等数额债务;刘某通过以债权抵顶房款的方式支付了购房款,并不存在刘某未支付房款的情形。既然案涉的《抹账协议》和《商品房买卖合同》已履行,现管理人要求撤销有违诚信原则,且亦不符合上述法律规定的情形。至于鸿雁房地产公司管理人提出染化集团在申报债权时并未扣除抹账协议所涉的债权,且其申报得到全额确认,据此管理人认为四方《抹账协议》所涉的房屋系无偿转让一节,四方《抹账协议》是经各方协商一致达成,且已实际履行,如果管理人认为染化集团申报的债权数额有问题,其应据实扣除已抵债房屋等额价款,不能以其对染化集团申报债权的确认来否定此前成立并已履行的抹账协议。故二审法院对上诉人此项主张不予支持。

关于管理人提出案涉房屋抵债价值明显过低,其提交的证据是评估报告。二审法院认为,管理人一方面主张鸿雁房地产无偿转让财产,另一方面又主张抵债房屋价格过低,前后自相矛盾。前文已阐述管理人关于无偿转让财产的主张不成立;关于价格是否过低,管理人虽提交了两份评估报告,但评估报告系因另案对其他房屋所作,并非对案涉房屋的评估报告,且评估报告的价值时点为2023年3月9日、2018年4月10日,并非签订案涉《抹账协议》的2020年4月,不同时期的市场行情会因国家政策、市场供求等各项因素而受影响,房屋的价格会产生波动,且案涉《抹账协议》签订时正值疫情期间,房屋价格与疫情未发生时存在差异亦属正常,故不能以上诉人提交的评估报告时间节点的房屋价格作为评定案涉抵债房屋价格是否合理的标准。再者,上诉人提供的京东司法拍卖结果显示无人出价,已流拍,进一步说明当时房地产市场低迷,流拍本身亦说明不能以评估价作为案涉房屋的参考价。综上,对上诉人此项主张同样不予支持。最终,二审法院依法驳回上诉，维持原判。

依据《企业破产法》的规定，法院受理破产申请前一年内，涉及债务人无偿转让财产的行为，管理人有权请求法院予以撤销。破产撤销权系法律赋予管理人的维持债务人财产的特殊权利，以此维护债权人整体利益及实质平等，维护破产程序的公正性和有效性。

对于"以房抵债"协议的效力认定，要从有利于保护当事人的合法权益、维护社会经济发展、贯穿意思自治的角度出发，适用诚实信用原则和公平原则予以裁判。本案中，鸿雁房地产公司、染化集团、绿峰化学股份、刘某于2020年4月19日签订的四方《抹账协议》及同年4月30日鸿雁房地产公司与刘某签订的商品房买卖合同均系当事人真实意思表示，不违反法律效力性强制性规定，为有效合同。根据四方《抹账协议》，鸿雁房地产公司并非无偿转让案涉房屋，而是通过连环抹账的方式，将案涉房屋出售给刘某，且刘某将不足的788,545元差额房款支付给绿峰化学股份。因此，本案并不存在无偿转让财产等应予撤销的法定情形。

（三）核心法条

1.《企业破产法》

第二条　企业法人不能清偿到期债务，并且资产不足以清偿全部债务或者明显缺乏清偿能力的，依照本法规定清理债务。

企业法人有前款规定情形，或者有明显丧失清偿能力可能的，可以依照本法规定进行重整。

第二十一条　人民法院受理破产申请后，有关债务人的民事诉讼，只能向受理破产申请的人民法院提起。

第二十五条　管理人履行下列职责：

（一）接管债务人的财产、印章和账簿、文书等资料；

（二）调查债务人财产状况，制作财产状况报告；

（三）决定债务人的内部管理事务；

（四）决定债务人的日常开支和其他必要开支；

（五）在第一次债权人会议召开之前，决定继续或者停止债务人的营业；

（六）管理和处分债务人的财产；

（七）代表债务人参加诉讼、仲裁或者其他法律程序；

（八）提议召开债权人会议；

（九）人民法院认为管理人应当履行的其他职责。

本法对管理人的职责另有规定的，适用其规定。

第三十一条 人民法院受理破产申请前一年内，涉及债务人财产的下列行为，管理人有权请求人民法院予以撤销：

（一）无偿转让财产的；

（二）以明显不合理的价格进行交易的；

（三）对没有财产担保的债务提供财产担保的；

（四）对未到期的债务提前清偿的；

（五）放弃债权的。

2.《企业破产法解释（二）》

第九条 管理人依据企业破产法第三十一条和第三十二条的规定提起诉讼，请求撤销涉及债务人财产的相关行为并由相对人返还债务人财产的，人民法院应予支持。

管理人因过错未依法行使撤销权导致债务人财产不当减损，债权人提起诉讼主张管理人对其损失承担相应赔偿责任的，人民法院应予支持。

3. 广东省高级人民法院《关于审理企业破产案件若干问题的指引》

第五十九条 以偿还债务为目的签订新借款合同，债务人为新借款合同提供物的担保，所偿还的债务没有担保物或虽有担保物但价值低于新借款合同担保物的，管理人可以依据企业破产法第三十一条关于"为没有担保债务提供财产担保行为"的规定，对新设或增设担保主张撤销权。

（四）疑难问题解答

1."借新还旧"的管理人破产撤销权行使适用问题

针对"借新还旧"情形，主要存在两种观点。一种观点认为，双方通过"借新还旧"的方式完成对现存债务的还款展期，应当视为对展望的借款进行相应的补充抵押担保，因此并未使债务人利益增加，进而损害全体债权人的利益。[1] 该观点亦与三门峡车站工行与天元股份公司、天元集团公司借

---

〔1〕 参见任一民：《既存债务追加物保的破产撤销问题》，载《法学》2015 年第 10 期。

款担保合同纠纷案[1]的裁判观点具有异曲同工之妙，该案中，法院认定虽然新贷代替旧贷，但客观上仅是延长旧贷的还款期限，因而予以相应撤销。另一种观点认为，“借新还旧”的方式并不一定实质上造成偏颇清偿或者个别性清偿，需要结合《企业破产法》第 31 条以及其他是否存在损害其他债权人利益的情形全面考虑，从而保障破产撤销权的立法本意。该观点在司法实践中亦有采用，例如，在工商银行义乌分行、浙江星耀律师事务所请求撤销个别清偿行为纠纷案[2]中，法院认定两笔贷款虽为新的贷款，但威德公司的授信额度未变更，贷款总金额与同日归还的贷款金额相同，该行为系银行普遍采取的对债务人暂缓清偿的做法，非恶意的偏颇性清偿，威德公司未因该行为受到损失，反而有利于其开展正常的经营活动。而在前述案例2 农行辽源分行与麦达斯公司破产撤销权纠纷案中，贷款到期后，借款人与贷款人订立新的借款合同，将新贷用于归还旧贷。即债务人“借新还旧”并提供担保的情形。该笔债务应认定为“新债”，旧贷因清偿而消灭，为旧贷设立的担保物权也随之消灭。因此不可撤销。厘清《企业破产法》第 31 条设立破产撤销权之立法目的，“借新还旧”应当根据具体的借款性质以及价款金额等多方面因素综合考量是否产生损害全体债权人的偏颇行为，并不能单一简单地理解为旧贷的展期展望，而将之认定为管理人享有相应的撤销权。

2. 破产撤销权一年撤销期间的起算点

《企业破产法》第 31 条和第 32 条的规定，以及《企业破产法解释（二）》第 10 条的规定主要明确了破产撤销权的行使期限，但对于该起算点是否应当包含“破产受理当日”并未予以明确。对此，实务中主要存在两种观点，第一种观点认为，破产撤销权的起算点应当包含破产受理日，认为破产撤销权不同于民法撤销权，撤销权起算点应为法院裁定受理破产清算申请之日计算；第二种观点认为，破产撤销权起算点不应当包含破产受理日，认为应以破产受理日为基准向前起算一年期间，即不包含破产受理日。但从体系解释角度来看，破产撤销权的设置，旨在保护债权人利益，防止债务人在破产前夕进行不当财产处分。因此，撤销权的行使期间应严格限定在破产受理前的一年内，以确保撤销的公正性和有效性。结合《民法典》关于“以上”

---

〔1〕 参见最高人民法院民事判决书，(2008)民二终字第 81 号。

〔2〕 参见浙江省金华市中级人民法院民事判决书，(2017)浙 07 民终 1532 号。

"以下"等规定，破产撤销权一年撤销期间的起算点不包括破产受理当日，破产法中的破产撤销权应当理解为以破产受理日为基准向前起算更为合理准确。

3. 登记生效行为在破产临界期的撤销权认定

根据《企业破产法》第31条和第32条规定的几种情形，合同生效创设权利的法律行为属于破产临界期内的，则该行为纳入破产撤销权范围内。但是，对于合同生效属于破产临界期外，担保物权登记行为属于破产临界期内的应否撤销，司法实践中存在不同观点。一种观点认为，不应该撤销，办理抵押登记系担保合同义务的履行问题，双方并未形成担保合意，则无相应法律依据赋予管理人予以撤销权的权利；[1]另一种观点认为，担保权的设立分为担保合意达成以及担保物权取得两个阶段，双方仅达成担保合意，但抵押登记处在破产临界期内，则属于可撤销范围。[2] 理论上，王欣新教授认为，无正当理由将登记不适当的拖延至破产临界期之间，能够依法撤销，但是应当给予当事人从抵押合同签订到登记机关办理抵押权登记手续的合理期间。[3] 由此看来，抵押权登记与破产临界期的担保行为存在行使破产撤销权的风险，回顾《企业破产法》的规定，破产撤销权的立法宗旨是保障全体债权人公平清偿的权益，登记生效行为在破产临界期内是否可被撤销，核心在于该行为是否满足《企业破产法》规定的可撤销要件即形成时间、是否具有损害及不公平的情形等。登记作为行为生效的形式要件，不影响撤销权的实质认定。管理人须结合全案情况认定，审查是否存在损害全体债权人利益的行为，综合行为性质、交易背景、第三人善意等因素，依法行使撤销权，以维护债权人公平受偿的权利。

4. 破产撤销权与民法撤销权的区别

破产撤销权和民法撤销权在主观要件、行为方式及损害后果方面均存在区别，具体说明如下。

(1)主观构成要件不同。从主观构成要件来说，民法撤销权以受让人知情为要件(善意第三人在不知情的情况下可以受让该权利)；而破产撤

---

[1] 参见湖南省高级人民法院民事裁定书，(2019)湘民申585号。

[2] 参见江苏省高级人民法院《破产案件审理指南(修订版)》"四、债务人财产"第5条。

[3] 参见王欣新：《论"对没有财产担保的债务提供财产担保"行为的认定》，载《人民法院报》2016年1月27日，第7版。

销权不以受让人知情为要件。故《企业破产法》对于债权人的保护力度更强。

(2)行为方式不同。《企业破产法》第31条中规定的“以明显不合理的价格进行交易”除了包括低价转让财产,也包括高价购买财产等其他情形,另外还规定了对没有财产担保的债务提供财产担保、对未到期的债务提前清偿和某些个别清偿的情形。而民法撤销权仅是指以明显不合理的低价转让财产等损害债权人利益的行为。可见,《企业破产法》中对债务人转让债权的行为进行了更为严厉清晰、范围更广的界定。

(3)损害结果不同。民法撤销权的债权人适用民法撤销权中的“放弃到期债权”“无偿转让财产”都需要以对该债权造成损害为前提,而《企业破产法》中规定的管理人行使的破产撤销权则无此类要求。

(4)权利的行使期间不同。依据《民法典》的相关规定,债权人的民法撤销权要求“债权人自知道或者应当知道撤销事由之日起一年内行使”,“债权人应当自债务人的行为发生后五年内行使”。针对债权人行使民法撤销权,《民法典》分别对“头”和“尾”都进行了限定,鼓励债权人积极行使自己的权利。而《企业破产法》中没有明确规定管理人行使撤销权的期间,在破产程序中均可行使。在破产程序终结后,管理人的职责已告终止,管理人已没有权利为了全体债权人的利益继续行使撤销权,但此时又存在破产程序时间较短而来不及行使撤销权从而使债务人和第三人存在不当得利、逍遥法外的可能性,所以《企业破产法》第123条又规定,在破产程序终结后两年内,债权人可以请求法院行使撤销权,追回财产,进行追加分配。[1]

(五)撤销权纠纷的实务操作

1. 诉讼主体

(1)原告:管理人。

(2)被告:行为的相对人。

2. 案由

《民事案件案由规定》将撤销权纠纷作为四级案由规定在内。

---

〔1〕 参见《【律师视点】张雪莲:破产撤销权VS民法撤销权》,载微信公众号“德衡律师集团”2019年6月14日,https://mp.weixin.qq.com/s/aNN0-Q56nTavl8f6Y3GxcA。

3. 管辖

根据《企业破产法》第 21 条的规定,法院受理破产申请后,有关债务人的民事诉讼,只能向受理破产申请的法院提起。

4. 诉讼时效

《企业破产法解释(二)》第 19 条第 1 款规定:“债务人对外享有债权的诉讼时效,自人民法院受理破产申请之日起中断。”该条规定属于《民法典》第 188 条规定的对诉讼时效“法律另有规定的,依照其规定”的情况,应优先适用。依据该规定,破产企业对外债权的诉讼时效自破产案件受理时发生中断效果,且为自动中断。而根据《民法典》第 195 条的规定,诉讼时效中断的,从中断、有关程序终结时起,诉讼时效期间重新计算。

5. 诉讼请求

(1)请求撤销相关行为。

(2)请求返还或支付相关财产。

(3)请求责任人承担损害赔偿责任。

六、损害债务人利益赔偿纠纷

(一)损害债务人利益赔偿纠纷的概念

“损害债务人利益赔偿纠纷”,是指债务人的有关人员不当执行职务或有破产法规定的损害债权人利益行为,造成债务人财产利益的损失,在破产程序中被要求承担损害赔偿责任而引发的民事纠纷。

公司治理结构中,公司董事、监事、高级管理人员实际掌握公司权利,故该类工作人员忠实履行义务,直接关乎公司的持续健康发展。司法实务中,大量存在管理人即使通过行使撤销权仍无法完全复归已被处置的债务人财产的情况,导致全体债权人利益无法得到有效的维护。针对这种情况的发生,法律作出相应规定,作为债务人的法定代表人和相关行为的直接责任人员,如对所涉行为存在故意或者重大过失的,应当对其故意或者重大过失造成的债务人财产损失承担赔偿责任。使企业破产程序更具有可操作性,更有利于维护全体债权人的利益。随着实践的推进,相关破产案件数量呈大幅上涨的趋势,《企业破产法》部分规定的内涵与外延有待商榷,对于怠于履行法定义务对债权人造成的损失难以量化,从而衍生出关于责任主体的认定、损害债务人利益赔偿责任的司法认定等问题。追本溯源，债务人有关人员的不当行为必然会减损债务人的整体责任财产，从而损害债权人的共同清偿利益，使债权人遭受经济损失，因此，有必要以诉讼程序对其课以赔偿责任，以维护债权人的合法权益和社会经济秩序。

2020 年以前，司法实践中并不对破产清算与强制清算情形下相关人员承担责任的依据做严格区分。以保障债权人利益为宗旨，部分法院动辄依据《公司法解释(二)》第 18 条判令破产企业的清算义务人对公司债务承担连带赔偿责任。为避免不当突破股东有限责任、防止破产制度的市场主体退出功能失灵，《九民纪要》第 118 条对此前的裁判观点予以纠偏。最高人民法院民事审判第二庭在对此条的理解与适用中明确指出：损害债务人利益的赔偿责任本质上属于侵权责任，须严格按照一般侵权责任的构成要件判断责任是否成立以及其大小；不能仅以违反配合破产清算义务为由，要求债务人相关主体对公司债务承担连带清偿责任。〔1〕 2023 年修订的《公司法》一个较为显著的变化是强化了董事、监事、高级管理人员义务，对董事、监事、高级管理人员违反义务所应承担的赔偿责任作出了更加清晰、细致的规定。例如，规定了董事、监事、高级管理人员的忠实义务和勤勉义务，引入"事实董事""影子董事"制度，明确了不正当利用关联关系的赔偿责任，未及时履行对股东出资核查和催缴义务的赔偿责任，股东违法减资、公司违法分配利润、抽逃出资等的连带赔偿责任及清算、执行职务中的赔偿责任等。从责任内涵、承担主体、对第三方责任、承担责任的方式等方面全方位地强化了董事、监事、高级管理人员的责任。《企业破产法》及其司法解释对损害债务人利益赔偿纠纷亦进行了较为明确的规定，包括对于违反忠实义务、勤勉义务的责任承担，配合义务清算人损害债务人利益赔偿责任的司法认定等。

结合上述法律、法规及司法实践，对于损害债务人利益赔偿责任的认定须符合如下构成要件：

第一，债务人有关人员主观上有过错。即存在明知行为会损害债务人利益仍实施、违反勤勉义务，未采取合理措施避免损失等的故意或重大过失的主观过错。如欺诈性清偿、偏颇性清偿、转移资产逃避债务等，过错形态

〔1〕 参见最高人民法院民事审判第二庭编著：《〈全国法院民商事审判工作会议纪要〉理解与适用》，人民法院出版社 2019 年版，第 597 页。

为主观故意。对于违反忠实义务、勤勉义务及放任关联交易损害公司利益等行为,推定其存在主观过错或重大过失,但行为人能够举证证明其已配合履行相关义务的除外。

第二,存在违法行为要件。债务人有关人员有怠于履行《企业破产法》规定义务的行为。如怠于申请破产、不配合清算等。直接损害行为如存在隐匿、转移财产欺诈性行为,在破产临界期内对个别债权人提前清偿之偏颇性清偿行为,以明显不合理的价格进行交易,股东未履行出资义务或抽逃出资等;消极不作为如董事未及时申请破产导致损失扩大等未履行法定职责,故意不采取必要措施保全资产放任财产贬值等。

第三,债务人利益实际损害结果要件。造成债务人的利益或债权人的清偿利益受到了损害,如资产被低价处置、资金被挪用造成债务人财产减损,违规担保增加债务人负债,导致债务人本可用于清偿债权人的财产灭失或价值贬损,降低全体债权人受偿比例。损害金额须具体明确,可通过审计、评估或市场对比确定损失范围。

第四,行为与结果之间存在因果关系。即行为人的违法行为与债务人利益或债权人利益的损害事实存在因果关系。只有当企业董事、监事或者高级管理人员违反忠实义务、勤勉义务,致使所在企业利益损失、破产等,此类人员才应当承担民事责任。

以上要素共同构成了损害债务人利益赔偿责任的法律基础,可有效识别和追究损害债务人利益的行为,维护破产财产的完整性与债权人公平受偿权。司法实践常存在相关人员不履行破产配合义务、破产申请义务的行为,恰恰导致上述要件事实缺乏证据加以证明。侵权理论使法院和管理人都陷入一种困境——管理人接管到的资料越少、损害债务人利益的侵权情形越严重,受害者越难以获得胜诉。[1] 如何在上述规则的框架下平衡债权人利益和相关人员的合法权益,成了考验裁判者和管理人的难题,需要结合法律规定、案件事实及社会效应等综合衡量。

---

〔1〕 参见王兆同、刘艳萍:《无法清算情形下的清算责任制度再反思——从〈全国法院民商事审判工作会议纪要〉的视角出发》,载微信公众号“破产圆桌汇”2024 年 4 月 25 日,https://mp.weixin.qq.com/s/4oZ4IgbS1hq1cY0tfFtcGQ。

（二）典型案例分析

1. 董事、监事或者高级管理人员违反忠实义务、勤勉义务与债务人破产有因果关系，应承担损害债务人利益的赔偿责任

案例 | 天卓睿丰公司与蒋某蓉等损害债务人利益赔偿纠纷案

审理法院：北京市高级人民法院

案　　号：（2022）京民终399号

【基本案情】

2004年7月6日，天卓睿丰公司成立，赵某为该公司股东、法定代表人；2017年7月17日，蒋某蓉接替赵某担任天卓睿丰公司的法定代表人、经理；2018年6月28日，宋某芳接替蒋某蓉担任公司法定代表人。2018年7月6日，赵某将其持有的46.97%股权转让给海瑞意兴公司。2018年11月16日，邓某冲担任天卓睿丰公司监事。

2020年4月23日，天卓睿丰公司被裁定进入破产清算程序。天卓睿丰公司管理人在接管公司后，天卓睿丰公司向管理人提交了审计报告，又于2021年2月24日提交《财产情况补充说明》，显示上述审计报告中库存商品序号13－17已被处理，且相应收入未交付天卓睿丰公司，存在账物不符情况的金额为2,018,805.25元。一审法院调取案涉审计报告工作底稿档案，确认审计机构在审计过程中并未对存货进行现场盘点，仅是根据公司提供的库存商品明细进行核对；就库存物品价值，是根据货物的账面价值进行的记录，并未做相应的减值，也未进行实际市场询价及估值。对销毁产品一节，赵某、宋某芳、邓某冲、蒋某蓉主张在2016年销毁时，案涉产品虽未过期，但已没有销售价值，故对存货进行销毁处置。

天卓睿丰公司以上述四人行为损害债务人利益为由将赵某、宋某芳等四人人诉至法院。一审诉讼中，一审法院在释明相关举证责任风险后，针对是否就涉诉货物的价值进行评估鉴定征询天卓睿丰公司、赵某、宋某芳、邓某冲、蒋某蓉意见，各方当事人均表示不申请评估鉴定。同时，经一审法院询问，赵某表示其无法提供购买涉诉存货的合同、付款明细等材料。一审法院裁判认定该四人行为无法证明存在损害债权人利益的行为，故驳回天卓睿丰公司的诉讼请求。

天卓睿丰公司不服一审判决，遂提起二审诉讼。

【争议焦点】

赵某、宋某芳、邓某冲、蒋某蓉是否违反与债务人破产存在因果关系的忠实义务、勤勉义务？

【审理结果和裁判要点】

二审法院认为，本案为损害公司利益责任纠纷。系债务人的企业董事、监事、高级管理人员等有关人员存在损害债权人利益行为，且直接或间接造成债务人财产利益的损失，在破产程序中被要求承担损害赔偿责任而引发的纠纷。

本案中，天卓睿丰公司于2020年4月被裁定进入破产清算程序。天卓睿丰公司管理人在接管公司后，天卓睿丰公司向管理人提交了审计报告，又于2021年2月24日提交《财产情况补充说明》，显示上述审计报告中库存商品序号13－17已被处理，且相应收入未交付天卓睿丰公司，存在账物不符情况的金额为2,018,805.25元。一审法院调取案涉审计报告工作底稿档案，确认审计机构在审计过程中并未对存货进行现场盘点，仅是根据公司提供的库存商品明细进行核对。库存物品价值是根据货物的账面价值进行的记录，并未做相应的减值，也未进行实际市场询价及估值。对销毁产品一节，赵某、宋某芳、邓某冲、蒋某蓉等主张在2016年销毁时，案涉产品虽未过期，但已没有销售价值，故对存货进行销毁处置。

天卓睿丰公司未能进一步充分证明蒋某蓉等企业董事、监事、高级管理人员违反忠实义务、勤勉义务，与天卓睿丰公司破产存在因果关系。需要注意的是，损害债务人利益赔偿纠纷发生于破产程序中，赔偿权的行使一般为管理人，而所以追究损害债务人利益赔偿的条件，不同于一般情况下的违反忠实义务、勤勉义务。在破产程序中，只有当企业董事、监事或者高级管理人员违反忠实义务、勤勉义务，致使所在企业破产时，此类人员才应当承担民事责任。案涉产品早在2016年即已销毁，该销毁处置属于企业自主经营行为，与破产无关，故赵某、宋某芳、邓某冲、蒋某蓉未违反与债务人破产存在因果关系的忠实义务、勤勉义务。故二审法院依法驳回上诉，维持原判。

债务人的董事、监事、高级管理人员作为债务人的决策者，应当对债务人的经营活动尽忠实、勤勉义务，当其不当行为特别是故意地作出错误经营决策或者是其恶意经营行为减损债务人财产时，必然会侵害债权人的清偿利益，应予以追究，从而维护债权人的合法权益。一般情况下，根据《公司法》《企业破产法》等规定，董事、监事及高级管理人员存在禁止行为损害债务人利益，从而侵害债务人清偿利益时，可以通过一般的诉讼、仲裁手段进行解决。但在司法实践中，追究该类人员的责任，应当在认定其存在损害行为及事实的同时，充分考虑损害行为及事实与债务人破产或是债权人的清偿利益受到损害之间的因果关系强度。

2. 股东怠于履行清算义务导致公司无法清算，应对公司债务承担连带清偿责任

案例 | 银禾公司与孙某江等损害债务人利益赔偿纠纷案

审理法院：广东省广州市中级人民法院

案　　号：(2021)粤01民终30465号

【基本案情】

银禾公司成立于2003年8月25日，股东为孙某江、方某洲，法定代表人为张某枝。2018年7月17日，方某洲、孙某江作出《股东会决议》，免除孙某江的法定代表人、董事、监事、经理职务，任命张某枝为法定代表人、执行董事、监事、经理。银禾公司出具的《法定代表人信息》《董事、监事、经理信息》附有张某枝的身份证复印件，并注明日期为2018年7月18日。

2019年11月18日，梁某沛以银禾公司不能清偿到期债务并且明显缺乏清偿能力为由，向广州市中级人民法院申请对银禾公司进行破产清算。2019年12月19日，广州市中级人民法院受理对银禾公司的破产清算申请，2020年1月7日，指定天胜律师事务所担任银禾公司管理人。银禾公司管理人经调查，未发现银禾公司存在任何财产，无财产可供分配，故银禾公司管理人提请宣告银禾公司破产并裁定终结破产程序。广州市中级人民法院审查认为，经银禾公司管理人核查，银禾公司不能清偿到期债务，并且资产不足以清偿全部债务，已资不抵债，符合破产条件，亦无财产可供分配，故裁定宣告银禾公司破产并终结银禾公司破产程序。

银禾公司于2020年10月13日向广州市越秀区人民法院提起诉讼。银禾公司主张：管理人未接管到银禾公司任何资料，银禾公司未向债权人梁某沛清偿债务，应由清算责任人张某枝、孙某江、方某洲对破产债权、破产清算

费用承担连带赔偿责任。孙某江、方某洲辩称:其实际未在银禾公司任职,也未控制银禾公司,故不掌握银禾公司相关资料;其不了解为何选定张某枝担任公司法定代表人,张某枝没有在银禾公司领取过报酬或参与经营管理公司,也未担任过银禾公司股东。一审法院要求孙某江、方某洲恢复银禾公司实际控制人的身份、实际掌握银禾公司账册资料的人员身份、银禾公司进入破产程序前的经营情况等问题,孙某江、方某洲在指定期限内未能答复上述问题。

一审法院裁判认定张某枝、孙某江、方某洲对公司债务及破产清算产生的费用不承担连带责任,驳回银禾公司的诉讼请求。

银禾公司不服一审判决,遂提起二审诉讼。

【争议焦点】

银禾公司要求张某枝、孙某江、方某洲对破产债权、破产清算费用承担连带赔偿责任的主张是否成立?

【审理结果和裁判要点】

二审法院认为,法院已于2019年12月19日裁定受理梁某沛对银禾公司的破产申请,因破产清算与公司解散后的清算有着不同的制度目标、适用条件和具体制度设计,故在判定债务人相关人员是否承担责任、承担何种责任的问题上,应当以《企业破产法》规定的相应义务是否履行为依据,不宜直接参照《公司法》及其司法解释中有关公司解散清算或强制清算的规定予以判定,一审法院认定本案不适用《公司法司法解释(二)》第18条关于有限责任公司股东怠于履行清算义务导致无法清算而应对公司债务承担连带清偿责任的规定,并无不当,二审法院予以认同。根据最高人民法院《关于债权人对人员下落不明或者财产状况不清的债务人申请破产清算案件如何处理的批复》第3款的规定,债务人的有关人员不履行法定义务,法院可依据有关法律规定追究其相应法律责任;其行为导致无法清算或者造成损失,有关权利人起诉请求其承担相应民事责任的,法院应依法予以支持。其中,"债务人的有关人员"是指债务人的法定代表人、财务管理人员和其他经营管理人员。"其行为导致无法清算或者造成损失",系指债务人的有关人员不配合清算的行为导致债务人财产状况不明,或者依法负有清算责任的人未依照《企业破产法》第7条第3款的规定及时履行破产申请义务,导致债务人主要财产、账册、重要文件等灭失,致使管理人无法执行清算职务,给债权人利益造成损害。本案中，根据银禾公司提交的证据，在银禾公司清算过程中，张某枝作为银禾公司的法定代表人，既未履行移交财务账册、重要文件等重要资料的义务，也未配合管理人陈述债务财产状况，其具备不履行配合清算义务的行为，致使银禾公司的财产状况处于不明状态，间接造成债权人的利益受到损害，故张某枝不配合清算的行为与银禾公司所负债务无法获得清偿之间具有一定的因果关系。银禾公司未能提供证据证明在清算期间，孙某江、方某洲已被法院确认为财务管理人员或者其他经营管理人员，对此应承担举证不能的责任，二审法院对银禾公司关于孙某江、方某洲属于《企业破产法》第15条规定的负有配合清算义务的主体的意见，不予支持。

因此，二审法院作出如下判决：(1)依法撤销一审判决；(2)被上诉人张某枝于本判决送达之日起10日内向上诉人银禾公司支付3,801,183元，该款项纳入上诉人银禾公司破产财产；(3)驳回上诉人银禾公司的其他诉讼请求。

配合清算义务人，指的是在破产程序开始后，有义务配合或协助管理人进行清算的公司有关人员。《企业破产法》第15条规定，配合清算义务人一般指破产清算公司的法定代表人，经法院决定，企业的财务管理人员和其他经营管理人员也可能成为配合清算义务人。结合本案事实，法院据此判决于法有据。司法实践中，管理人面对债务人不配合交接，存在债务人财产和行为失控的情况之时，应当以法律的威慑力与强制力为基础，及时登报声明债务人营业执照、各类印章作废，同时通知产权登记部门对债务人财产和股权限制流通，并积极主动与债务人有关人员沟通，通过双管齐下的方式促使债务人配合。在依法追究清算义务人责任的同时，全面了解及维护债务人财产，最大限度地维护全体债权人合法权益。

3. 法定代表人、财务管理人员和其他经营管理人员等债务人的有关人员不配合清算的行为导致债务人财产状况不明时，应承担相应赔偿责任

案例 | 徐某良与红树林公司管理人、胡某伦损害债务人利益赔偿纠纷案

审理法院：浙江省温州市中级人民法院

案　　号：(2022)浙03民终658号

【基本案情】

红树林公司成立于2010年8月17日，法定代表人为胡某伦，注册资本

100万元，徐某良出资70万元，占出资比例的70%，胡某伦出资30万元，占出资比例的30%。2018年10月9日，因红树林公司无法清偿到期债务，平阳县人民法院裁定受理债权人对红树林公司的破产清算申请，并于2018年10月15日指定瑞安瑞阳会计师事务所担任管理人。在红树林公司管理人破产履职过程中，红树林公司股东仅向管理人提供了2010年10月～2018年2月的会计凭证、明细账、总分类账及会计报表等财务资料，但经红树林公司管理人审查发现，财务账册部分往来记载与实际不符，其真实性不能确认，无法作为破产清算的依据，可供清偿的公司财产为零，不足以清偿破产费用。

2019年6月4日，平阳县人民法院作出（2018）浙0326民破23号民事裁定书，确认红树林公司债权人的债权共计1,990,140.79元。2019年7月10日，红树林公司管理人向平阳县人民法院提出申请，请求依法终结红树林公司破产清算程序。同日，平阳县人民法院以红树林公司破产财产不足以清偿破产费用为由，裁定宣告红树林公司破产，并终结破产清算程序。

一审法院认为，胡某伦系红树林公司的法定代表人，徐某良系该公司的日常经营者，根据《人员下落不明或财产不清债务人破产清算批复》以及《九民纪要》第118条的规定，债务人的法定代表人、财务管理人员和其他经营管理人员作为债务人的有关人员，其不配合清算的行为导致债务人财产状况不明时，应承担相应民事责任。现胡某伦、徐某良在红树林公司破产清算期间未依法向管理人提供真实，完整的财务账册，未履行配合清算义务，导致红树林公司的债权债务情况及财产管理状况不明，致使红树林公司管理人无法执行清算职务，造成全体债权人利益损失。故一审法院裁判认定胡某伦、徐某良应当承担赔偿责任。

徐某良不服一审判决，遂提起二审诉讼。

【争议焦点】

胡某伦、徐某良是否存在损害公司债权人利益的情形？是否应当对红树林公司债权人承担赔偿责任？

【审理结果和裁判要点】

二审法院认为，债务人的有关人员不履行法定义务，法院可依据有关法律规定追究其相应法律责任；其行为导致无法清算或者造成损失，有关权利人起诉请求其承担相应民事责任的，法院应依法予以支持。债务人的法定代表人、财务管理人员和其他经营管理人员，债务人的有关人员的行为导致无法清算的,应承担相应民事责任。胡某伦作为红树林公司的法定代表人,徐某良作为该公司的日常经营者,在红树林公司破产清算期间,尽管二者向红树林公司管理人提供了2010年10月~2018年2月的财务账册凭证,但经红树林公司管理人审核,该账册及报表反映的数据不作为破产清算的依据。徐某良不同意该审核意见,认为自己提供的财务账册真实、有效,并配合红树林公司管理人就审计事宜进行了说明,履行了配合清算义务,红树林公司管理人不能既当运动员又当裁判员。法院经查认为,红树林公司股东提供了2013年5月16日~2019年2月13日徐某良某工商银行账号的银行对账单,但红树林公司管理人无法对个人账户收支与账面记录(账册中没有相关记录)进行核对,结合财务账册中缺失吴某华、平阳金泽板材厂业务往来记录,账面有浙CHE0××××牌车辆长安汽车而车管部门无红树林公司名下车辆登记,以及红树林公司管理人系在法院监督下履行破产财产管理,进行清理、评估等事项的专业机构等因素,一审法院认定红树林公司管理人的财务审核报告并将其作为定案依据并无不妥。一审法院认定红树林公司无争议债权的金额为1,996,320.02元有误,应为1,990,140.79元,二审法院予以指正。尽管徐某良提交的财务账册所反映的存货、固定资产净值等金额不一定准确,但为体现与均没有提供财务账册或根本没有进行做账企业的区别,更为弘扬企业经营者诚信经营、财务会计须规范的风尚,优化企业营商环境,引领企业健康向上发展,二审法院酌情确定胡某伦、徐某良对红树林公司债权人的债权共计1,990,140.79元中的1,800,000元承担赔偿责任,所得赔偿款归入破产财产。

配合清算义务人损害债务人利益赔偿责任本质上为一般侵权责任,即应具备违法行为、损害事实、因果关系和主观过错四个要件。具体而言,(1)违法行为,是指在法定清算事由出现后,清算义务人故意拖延或者因过失导致公司无法进行清算的消极行为;(2)损害事实,是指因清算义务人怠于履行清算义务导致公司无法清算的情况下,债权人的全部债权将难以受偿;(3)因果关系,是指清算义务人怠于履行清算义务,导致公司财产贬值、灭失等,以及公司财产贬值、流失导致债权人权益受损;[1](4)主观过错,是

---

〔1〕 参见须海波:《须海波:清算义务人之清算赔偿责任丨微课程》,载微信公众号“上海一中法院”2021年11月19日,https://mp.weixin.qq.com/s/kzn35Fu_ZkhM8vOKvPkM-A。

指对于损害事实的发生存在故意或重大过失。具体到本案中，胡某伦、徐某良未积极履行清算义务，导致红树林可供清偿的财产为零，使红树林公司的全体债权人利益受损，符合配合清算义务人损害债务人利益赔偿责任的构成要件。

（三）核心法条

1.《企业破产法》

第十五条 自人民法院受理破产申请的裁定送达债务人之日起至破产程序终结之日，债务人的有关人员承担下列义务：

（一）妥善保管其占有和管理的财产、印章和账簿、文书等资料；

（二）根据人民法院、管理人的要求进行工作，并如实回答询问；

（三）列席债权人会议并如实回答债权人的询问；

（四）未经人民法院许可，不得离开住所地；

（五）不得新任其他企业的董事、监事、高级管理人员。

前款所称有关人员，是指企业的法定代表人；经人民法院决定，可以包括企业的财务管理人员和其他经营管理人员。

第一百二十五条 企业董事、监事或者高级管理人员违反忠实义务、勤勉义务，致使所在企业破产的，依法承担民事责任。

有前款规定情形的人员，自破产程序终结之日起三年内不得担任任何企业的董事、监事、高级管理人员。

第一百二十八条 债务人有本法第三十一条、第三十二条、第三十三条规定的行为，损害债权人利益的，债务人的法定代表人和其他直接责任人员依法承担赔偿责任。

2.《公司法》

第一百八十条 董事、监事、高级管理人员对公司负有忠实义务，应当采取措施避免自身利益与公司利益冲突，不得利用职权牟取不正当利益。

董事、监事、高级管理人员对公司负有勤勉义务，执行职务应当为公司的最大利益尽到管理者通常应有的合理注意。

公司的控股股东、实际控制人不担任公司董事但实际执行公司事务的，适用前两款规定。

第一百八十一条 董事、监事、高级管理人员不得有下列行为：

（一）侵占公司财产、挪用公司资金；

(二)将公司资金以其个人名义或者以其他个人名义开立账户存储;

(三)利用职权贿赂或者收受其他非法收入;

(四)接受他人与公司交易的佣金归为己有;

(五)擅自披露公司秘密;

(六)违反对公司忠实义务的其他行为。

第一百八十二条 董事、监事、高级管理人员,直接或者间接与本公司订立合同或者进行交易,应当就与订立合同或者进行交易有关的事项向董事会或者股东会报告,并按照公司章程的规定经董事会或者股东会决议通过。

董事、监事、高级管理人员的近亲属,董事、监事、高级管理人员或者其近亲属直接或者间接控制的企业,以及与董事、监事、高级管理人员有其他关联关系的关联人,与公司订立合同或者进行交易,适用前款规定。

第一百八十三条 董事、监事、高级管理人员,不得利用职务便利为自己或者他人谋取属于公司的商业机会。但是,有下列情形之一的除外:

(一)向董事会或者股东会报告,并按照公司章程的规定经董事会或者股东会决议通过;

(二)根据法律、行政法规或者公司章程的规定,公司不能利用该商业机会。

第一百八十四条 董事、监事、高级管理人员未向董事会或者股东会报告,并按照公司章程的规定经董事会或者股东会决议通过,不得自营或者为他人经营与其任职公司同类的业务。

第一百八十五条 董事会对本法第一百八十二条至第一百八十四条规定的事项决议时,关联董事不得参与表决,其表决权不计入表决权总数。出席董事会会议的无关联关系董事人数不足三人的,应当将该事项提交股东会审议。

第一百八十六条 董事、监事、高级管理人员违反本法第一百八十一条至第一百八十四条规定所得的收入应当归公司所有。

第一百八十八条 董事、监事、高级管理人员执行职务违反法律、行政法规或者公司章程的规定,给公司造成损失的,应当承担赔偿责任。

第一百九十二条 公司的控股股东、实际控制人指示董事、高级管理人员从事损害公司或者股东利益的行为的,与该董事、高级管理人员承担连带责任。

（四）疑难问题解答

1. 企业高级管理人员违反忠实义务、勤勉义务责任的承担

实践中经常出现董事、监事或者高级管理人员违反忠实义务、勤勉义务的情况，若有“致使所在企业破产”的事实和因果关系，应该如何判定责任大小和赔偿范围？对此，实践中的主流观点认为，只要董事、监事或者高级管理人员违反忠实义务、勤勉义务，对企业造成损失，无论该损失是导致企业破产的部分原因还是全部原因，都应当视为董事、监事或者高级管理人员违反忠实义务、勤勉义务并导致企业破产，均需要其承担赔偿责任。[1] 对赔偿数额和范围的认定也是实务中的难题，常常出现不同法院不同判定的情况，有的以债务人对外负债的金额为限认定赔偿责任范围，[2] 也有的认为赔偿的范围应包括无法向债权人清偿的债务、破产管理而产生的费用和管理人报酬等[3]。2023 年《公司法》第 188 条亦明确规定，董事、监事、高级管理人员执行职务违反法律、行政法规或者公司章程的规定，给公司造成损失的，应当承担赔偿责任。

另外一个疑问是，“企业董事、监事或者高级管理人员”需要以什么样的方式来承担民事责任？主要是承担赔偿损失的责任，另外还需要考虑《企业破产法》第 77 条第 2 款的特别规定。除非法院同意，否则债务人的董事、监事和高级管理人员在债务人期间不得向第三人转让其持有的债务人的股权。《企业破产法》并未明确规定董事、监事和高级管理人员违反此义务的责任，董事、监事和高级管理人员是否不需要承担对债务人损失的民事赔偿责任，应审核转让行为是否造成债务人的损失，法院可以根据利害关系人的申请而撤销该转让行为或确认该转让行为无效。

2. “其他经营管理人员”的认定

对《企业破产法》第 15 条规定的“其他经营管理人员”，司法实务中则存在较大的争议，对其判决标准也有所不同，如有判决认定股东不属于《企业破产法》第 15 条规定的配合清算义务人；[4] 还有判决认定担任监事，以仅为

---

〔1〕 参见韩传华：《企业破产法解析》，人民法院出版社 2007 年版，第 359 页。

〔2〕 参见广东省深圳市中级人民法院民事审判书，(2021)粤 03 民初 1067 号。

〔3〕 参见广东省中山市第一人民法院民事判决书，(2021)粤 2071 民初 122 号。

〔4〕 参见广东省深圳市中级人民法院民事审判书，(2021)粤 03 民初 2093 号。

挂名股东不参与实际经营为理由的,不能否认其负有配合清算义务;[1]亦有判决认为监事同时作为股东,不属于企业的财务管理人员及其他经营管理人员,也未经法院决定其作为配合清算义务人,不属于本条规定的负有配合清算的主体,不应当承担责任。[2]

《企业破产法》第15条规定的"有关人员"包括法定代表人、经法院决定的财务管理人员和其他经营管理人员两类。实践中,对于法定代表人属于"有关人员"没有争议。对于实际负责企业财务、经营管理的人员,在法院没有予以明确认定的情况下,其是否属于"有关人员"存在争议。其中,全国人大常委会法工委编写的《中华人民共和国企业破产法释义》一书认为,其他经营管理人员可以包括经理、董事、监事等;[3]韩传华认为,后者的范围应该既包括债务人的董事、监事、高级管理人员,又包括破产债务人内部负有经营管理职责的一般工作人员。[4]《九民纪要》第118条第3款将"法定代表人、财务管理人员和其他经营管理人员"直接认定为"有关人员",而未限定"财务管理人员和其他经营管理人员"须经"法院决定",系实质上突破了《企业破产法》对"有关人员"的认定范围和程序。[5]

显而易见,"有关人员"除其范围将可能十分广泛外,实践中还可能面临的问题是无限制地扩大人员和义务范围,难免导致侵犯有关人员的利益。按照韩传华的观点,法院在决定"有关人员"时,应该进一步明确地"决定"其需要的义务范围,尽可能降低对"有关人员"的无谓限制和侵犯。[6]

---

〔1〕 参见广东省佛山市中级人民法院民事审判书,(2022)粤06民终831号。

〔2〕 参见广东省深圳市宝安区人民法院民事审判书,(2021)粤0306民初32448号。

〔3〕 安建主编、全国人民代表大会常务委员会法制工作委员会编:《中华人民共和国企业破产法释义》,法律出版社2006年版,第31页。

〔4〕 参见韩传华:《企业破产法解析》,人民法院出版社2007年版,第53页。

〔5〕 《九民纪要》第118条第3款规定:"上述批复第3款规定的'债务人的有关人员不履行法定义务,人民法院可依据有关法律规定追究其相应法律责任',系指债务人的法定代表人、财务管理人员和其他经营管理人员不履行《企业破产法》第15条规定的配合清算义务,人民法院可以根据《企业破产法》第126条、第127条追究其相应法律责任,或者参照《民事诉讼法》第111条的规定,依法拘留,构成犯罪的,依法追究刑事责任;债务人的法定代表人或者实际控制人不配合清算的,人民法院可以依据《出境入境管理法》第12条的规定,对其作出不准出境的决定,以确保破产程序顺利进行。"

〔6〕 参见韩传华:《企业破产法解析》,人民法院出版社2007年版,第53页。

3."其他责任人员"的内涵与外延

对于《企业破产法》第128条的规定,需要特别留意该条规定的责任主体,即"债务人的法定代表人和其他直接责任人员"。"法定代表人"是一个企业法上的概念;而对于"其他责任人员"《企业破产法》并未明确规定,在学术界也存在不同的观点。可以参考《企业破产法》第15条第2款对该主体的规定,上文已有说明,此处不再赘述。

有学者认为,这种界定可以将法定代表人在内的董事、监事、高级管理人员和其他相关人员都囊括进去。[1]

也有学者认为,通过破产法追究高级管理人员对于可撤销行为的民事责任,其理论背景是现代公司法中强化债权人利益保护思潮的直接产物,债权人利益保护理论属于其利益相关者理论的重要组成部分。认为"债务人的法定代表人和其他直接责任人员"这一提法规范性稍差,"与公司法等现代企业法上对公司管理人员的表述有些不相协调,对法定代表人的突出规定与公司企业的机构设置与治理机制也存在差异";另外,"其他直接责任人员"这一表述尽管在客观上有利于追究不属于高级管理人员但依旧通过《企业破产法》第31~33条所描述行为来损害债权人利益的企业工作人员责任,但其模糊性亦显而易见。并提出建议,应该将这里的责任人员范围限定为违反其法定义务的董事、监事和实际控制公司并处分公司财产的高级管理人员,而"其他责任人员"尤其应排除被雇用的具体办事人员,而只应追究行为的实际决策者或负责人的责任。[2]

4.配合清算义务人损害债务人利益赔偿责任的司法认定

破产清算过程中,配合清算义务人未履行或未全面履行配合清算义务的,是否承担损害债务人利益赔偿责任,是债务人、债权人、配合清算义务人等各方利益主体密切关注的问题。在佛山某汽车科技公司与苏某损害债务人利益赔偿纠纷案[3]中,苏某作为法定代表人,属于《企业破产法》第15条规定的配合清算义务人,苏某未向管理人提供应收账款、会计账簿等资料,

---

[1] 参见韩传华:《企业破产法解析》,人民法院出版社2007年版,第362~363页。

[2] 参见王欣新、王雷祥:《论企业高管人员对破产可撤销行为的民事赔偿责任》,载《法制研究》2013年第6期。

[3] 参见《顺德法院发布打击破产"逃废债"典型案例》,载佛山市破产管理人协会网2024年8月26日,https://www.fsaba.cn/download_details/12.html。

未经同意擅自取走经营场所内经营使用的电脑，应当认定其未完全履行配合清算的义务，明显存在过错，应推定其行为与原告损失之间存在因果关系。《民法典》第70条规定了法人解散后清算义务人的履职要求；《公司法解释（二）》第18条第2款规定了怠于履行清算义务的民事后果；2023年《公司法》第232条第3款亦明确规定，清算义务人未及时履行清算义务，给公司或者债权人造成损失的，应当承担赔偿责任。

损害债务人利益赔偿责任，从性质上属于侵权责任，应同时符合义务人存在不配合清算义务的行为、义务人主观上存在过错、造成债务人损失、不当行为与债务人损失之间存在因果关系四个条件，明确了责任认定路径。同时，管理人代表债务人提出本类型诉讼，对管理人依法追收债权、保护债务人财产最大化具有示范意义，并释放出配合清算义务人应当积极配合清算义务的信号，对推动破产程序的有序开展具有重要的积极意义。

5. 相关人员离职并不当然免除其破产配合义务

债务人濒临破产时，其经营管理层实施有损债权人利益的行为后，常通过辞职、更换法定代表人、股权转让等方式逃避责任。近年来甚至出现了产业化的"职业闭店人""职业背债人"，利用监管缝隙和法律漏洞协助不诚信的企业主逃废债务，严重损害了正常的市场退出秩序。根据《劳动合同法》第50条的规定，劳动者在解除或终止劳动合同时，应当按照双方约定，办理工作交接。这一条款虽然未直接提及破产清算，但强调了劳动者离职时需要完成工作交接的基本义务。破产清算作为公司终止的特殊情况，涉及公司财产的清理、债务的清偿等复杂过程。《公司法》第186条明确了清算组的职责和清算程序，包括清理公司财产、编制资产负债表和财产清单、制定清算方案等。虽然该条款未直接规定离职财务人员需配合清算，但清算过程往往需要财务等人员提供相关的资料和协助。

离职并不当然免除相关人员的破产配合义务，相关人员应当对其在职期间形成的档案、资料、账册进行妥善保管，在离职时妥善办理交接手续。虽然法律未明确规定离职财务人员必须配合原单位的破产清算，但基于《劳动合同法》的工作交接义务、《公司法》的清算程序要求，以及职业道德的考量，离职财务人员通常应对相关工作给予必要的配合。如果拒绝配合且造成不良后果，可能需承担相应的法律责任。

(五)损害债务人利益赔偿纠纷的实务操作

1. 诉讼主体

(1)原告:债务人、管理人代表债务人提起诉讼。

(2)被告:债务人的法定代表人、股东、董事、监事、高级管理人员,或其他经营管理相关责任人。

2. 案由

《民事案件案由规定》将损害责任人利益赔偿纠纷作为四级案由规定在内。

3. 管辖

根据《企业破产法》第 21 条的规定,法院受理破产申请后,有关债务人的民事诉讼,只能向受理破产申请的法院提起。

4. 诉讼时效

《企业破产法解释(二)》第 19 条第 1 款规定:“债务人对外享有债权的诉讼时效,自人民法院受理破产申请之日起中断。”该条规定属于《民法典》第 188 条规定的对诉讼时效“法律另有规定的,依照其规定”的情况,应优先适用。依据该规定,破产企业对外债权的诉讼时效自破产案件受理时发生中断效果,且为自动中断。而根据《民法典》第 195 条的规定,诉讼时效中断的,从中断、有关程序终结时起,诉讼时效期间重新计算。

5. 诉讼请求

(1)请求承担相应责任(直接损失及间接损失)。

(2)请求承担损害赔偿或补充责任。

七、管理人责任纠纷

(一)管理人责任纠纷的概念

“破产法上的管理人责任纠纷”,是指管理人违反勤勉忠实义务不当履职,给债权人、债务人或者第三人造成损害时,权利人要求管理人承担民事赔偿责任所引发的纠纷。

公司进入破产程序后,法院指定管理人全面接管债务人事务并负责债务人财产管理和分配。[1] 管理人在负责相关事务期间，存在利用自身的管理债务人财产的权利损害其他人的利益的可能，为充分保障债权人、债务人或者第三人的合法权益，《企业破产法》规定了管理人责任制度。但在司法实务中，大量存在管理人不忠实履行勤勉尽责义务导致债务人、债权人或者第三人财产损失的纠纷，管理人责任纠纷产生以后，管辖法院的具体确定也存在法律适用问题。不可避免的是，由于管理人责任纠纷的法律规定具有高度的概括性与抽象性，管理人责任纠纷被滥用的问题广泛存在，故管理人责任纠纷的受案范围仍有待明晰。因而，管理人责任纠纷的关键在于对管理人的勤勉忠实义务，造成债权人、债务人或者第三人实际损失，管理人的故意或者重大过失的认定。对于不符合管理人纠纷的争议情形，宜清晰界定各种诉讼纠纷背后的救济渠道，以免因选择救济渠道错误而丧失救济机会。

破产衍生诉讼中的管理人责任主要是指民事责任，但管理人违反勤勉忠实义务不当履职，给债权人、债务人或者第三人等利害关系人造成损害时，在承担民事赔偿责任的同时，依其行为性质还有被追究刑事责任和行政责任的可能。破产管理人的三种责任形式如下。

1. 破产管理人的民事责任

破产案件管理人未依照《企业破产法》的规定勤勉尽责，忠实执行职务，给债权人、债务人或者第三人造成损失的，依法承担赔偿责任。根据《民法典》第179条的规定，承担民事责任的几种情形包括了停止侵害、赔偿损失、返还财产等。管理人在破产案件中给利害关系人造成的损失主要是财产损失，承担责任的主要方式是返还财产或者赔偿损失。当破产管理人因为失职造成了破产财产的损失时，应当由谁来保护破产财产的权利？由于破产关系的多样性和复杂性，与破产财产有关的权利主体范围也比较广泛，一般情况下，破产管理人不当处理破产财产利益的行为，会损害债权人、债务人或者第三人等利害关系人的利益，所以世界各国破产法均赋予了受到损害的利害关系人向破产管理人提出民事赔偿的权利。因债务人处于破产程序中的特殊地位，在破产程序中少有债务人向破产管理人提出赔偿请求权的，破产财产的最大受益者应当是债权人，所以，债权人是实践中最多提出要求破产管理人承担责任的请求的权利人。

---

〔1〕 参见河南省武陟县人民法院民事判决书，(2016)豫0823民初1145号。

破产管理人承担民事责任的赔偿数额应为破产程序利害关系人应该获得的清偿数额与实际获得清偿的数额之间的差额,但随着破产企业规模的不断扩大,有的企业破产涉及的经济数额巨大,已远非一般会计师事务所、律师事务所、受托人组织等专业破产管理人所能承受的。通常来说,破产管理人的执业报酬与其所经营管理的破产财产数额相差甚远,如果要求破产管理人就利害关系人的实际损失承担全额赔偿责任,显然不符合风险收益均衡原则,亦会影响各专业人士从事破产经营管理的积极性。因此,有必要引入最高赔偿限额制度,使破产管理人的执业风险降至合理程度,同时建议确立破产管理人执业责任保险制度,从客观上加强破产管理人对过失损害的赔偿能力,转嫁部分执业风险,使执业过失赔偿控制在可容忍的范围内,不至于危及这一职业群体的生存与发展。实际上,各国破产法中一般都规定了破产管理人的职业保险制度。我国《企业破产法》第24条关于破产管理人资格和条件的第4款也规定:"人担任管理人的,应当参加执业责任保险。"这说明我国立法已充分认识到要求破产管理人提供承担责任保障的重要性。

2. 破产管理人的刑事责任

《企业破产法》在第十一章"法律责任"第131条总括性地规定:"违反本法规定,构成犯罪的,依法追究刑事责任。"此条规定涵盖了所有破产程序中的违法行为。破产管理人的性质定位不仅是善良管理人,还是破产财产的受托人,要对破产财产尽到忠实和勤勉的管理义务,一旦违反此种义务,造成破产财产损失或其他破产财产利益相关人损失的,须承担相应法律责任。结合《刑法》的相关规定,破产管理人如存在索取、收受贿赂行为,或因玩忽职守或其他违法行为造成债权人、债务人或第三人重大经济损失的行为,构成犯罪的,应依法追究刑事责任。

3. 破产管理人的行政责任

破产管理人的行政责任,是指破产管理人在进行管理的过程中,由于过失或者是故意造成债权人、债务人或者是第三人的损害,或者违反了有关规定但是没有造成实质性的损失,主要是由行政主管机关或协会进行的处罚,一般包括吊销资格证书、暂停执业、没收违法所得、警告、罚款等处罚。

在破产程序中,在以社会利益为调整目标的破产法制度框架下,破产管理人是破产程序中的特殊主体,肩负着平衡破产过程中债权人、债务人及其他主体利益的重要使命。破产管理人应须谨慎履行相关法定责任和义务。

我国破产程序中破产管理人的法律责任在理论和实践上都还需要实现进一步的研究和探讨，进一步明确破产管理人的责任形式和责任能力。有利于破产法制度发挥其应有之功效，促使企业增强活力，合理调节资源配置，促使社会秩序向着法治化、规范化方向发展，有利于保证市场经济健康发展，有利于维护社会稳定及和谐社会的建设。[1]

（二）典型案例分析

1. 管理人承担未尽勤勉忠实义务的损害赔偿责任，应具有主观过错且行为与损害结果存在因果关系

案例 | 高某与同盛会计师事务所管理人责任纠纷案

审理法院：安徽省高级人民法院

案　　号：(2019)皖民终536号

【基本案情】

2013年7月22日，法院受理新纽置业公司破产重整案，指定同盛会计师事务所为该公司管理人。2014年5月8日，法院裁定确认该公司608位债权人的债权，其中高某的债权数额为1,553,869.17元。2015年9月17日，法院宣告新纽置业公司破产；2015年12月17日，法院裁定认可新纽置业公司管理人破产财产变价方案。新纽置业公司管理人依据该方案对公司财产进行拍卖。2017年9月5日，新纽置业公司与上海爱家投资公司签订《破产财产转入意向协议》。2017年9月11日，建设银行上海分行出具上海爱家投资公司资金存款证明。新纽置业公司管理人将债权人委员会通过的《新纽置业公司破产财产变卖方案》进行公示，确定公司财产受让方为上海爱家投资公司。

2017年11月14日，新纽置业公司管理人与上海爱家投资公司签订《新纽置业公司破产财产转让协议》。该协议签订后，新纽置业公司管理人与上海爱家投资公司全资项目公司宣城爱家置业公司办理了茶府项目资产交接。2018年6月29日，宣城爱家置业公司委托爆破公司对原茶府项目28号楼实施了爆破拆除。2018年8月24日，新纽置业公司管理人与上海爱家

---

〔1〕 参见《【律师视点】张雪莲、李思奇：债务人及破产管理人在破产程序中法律责任》，载微信公众号"德衡律师集团"2020年5月13日，https://mp.weixin.qq.com/s/4XtPmxGwwrBroOgBF5pgJA。

投资公司、宣城爱家置业公司签订《补充协议(二)》，就相关事项作出了补充约定。债权人高某以《新纽置业公司破产变卖方案》未经债权人会议决议无效，相关行为属于新纽置业公司管理人与上海爱家投资公司恶意串通损害普通债权人利益的情形为由，提起管理人责任之诉。一审法院裁判认定债权人高某的债权数额属于未最终确定的状态，故驳回高某的诉讼请求。

高某不服一审判决，遂提起二审诉讼。

【争议焦点】

高某能否主张管理人承担未尽勤勉忠实义务的损害赔偿责任？

【审理结果和裁判要点】

二审法院认为，根据《企业破产法》第130条的规定，管理人未履行勤勉尽责义务和忠实执行职务的，法院可以依法处以罚款；给债权人、债务人或者第三人造成损失的，依法承担赔偿责任。由于管理人民事赔偿责任在性质上系侵权责任，按照侵权责任的构成要件，管理人承担民事责任须同时具备四个要件：违反勤勉忠实的行为；造成债权人等人的损失；管理人主观上存在故意或者过失；行为与损害存在因果关系。本案中，高某请求新纽置业公司管理人承担损失，不仅需要证明管理人未履行勤勉尽责、忠实履职的义务，亦要证明损失的发生以及因果关系。因新纽置业公司仍处于破产程序中，高某的债权数额有多少能够得到清偿以及能否因管理人的责任而发生清偿不能的损失，仍处于不确定的状态，一审法院以高某的诉讼请求不具有确定性和可判决性为由，驳回其起诉并无不当，故二审法院判决驳回上诉，维持原裁定。

《民事诉讼法》关于起诉条件的规定明确要求提起诉讼必须满足诉的利益。转化为管理人责任纠纷，诉讼应当具有实际损失的确定性。本案中，高某提起管理人责任之诉，不仅应当证明管理人未履行勤勉尽责任、忠实履职的义务，其损失系管理人的不当行为所致，而且还要证明相关损失的具体数额。因新纽置业公司破产程序尚在进行过程中，高某的实际债权数额并未予以明确，处于悬而未决的状态，故高某所诉之事由不符合管理人责任纠纷诉讼的构成要件。

2. 管理人保障债权人的优先受偿权的过程不以债权人会议为必经程序

案例 | 某某银行嘉峪关市分行与某钊律师事务所管理人责任纠纷案

审理法院：最高人民法院

案　　号:(2021)最高法民申1207号

【基本案情】

2018年5月2日,嘉峪关市某公司因无法按期偿还到期债务向甘肃省嘉峪关市中级人民法院提出破产清算申请。该院裁定受理嘉峪关市某公司破产清算,指定某钊律师事务所担任嘉峪关市某公司破产管理人。

某钊律师事务所接受指定后,接管了嘉峪关市某公司的全部资产,并对某某银行嘉峪关市分行设有担保的财产即案涉啤酒花颗粒进行了审计和评估作价。2018年10月13日,某钊律师事务所在某司法拍卖网络平台上对某某银行嘉峪关市分行设有担保的啤酒花颗粒进行了第一次公开拍卖,起拍价设为评估价,流拍后于同年11月16日进行了第二次公开拍卖,起拍价为评估价的70%,但再次流拍。其间,某钊律师事务所将拍卖信息通过微信公众号、微信朋友圈及多家媒体发布了拍卖公告信息,但某某银行嘉峪关市分行设有担保的啤酒花颗粒未能成功变现。

2019年4月10日,某钊律师事务所就担保债权以实物进行优先受偿的事宜与某某银行嘉峪关市分行等四家担保权人进行面谈,并向某某银行嘉峪关市分行送达了(2018)兴盛破管字第58号《关于担保权以实物优先受偿的通知书》。在约谈笔录中,某某银行嘉峪关市分行明确表示同意以实物优先受偿其担保债权,但对3号冷库的受偿数量和2号冷库的抵押数量提出异议,并同意由法院对评估费、审计费和管理人报酬进行确定。

2019年4月11日,某钊律师事务所对某某银行嘉峪关市分行提出的异议作出(2018)兴盛破管字第62号《告知函》,并于2019年4月12日向某某银行嘉峪关市分行进行了送达,某某银行嘉峪关市分行对该告知函的内容未提出异议。同日,某钊律师事务所关于评估费、审计费和管理人报酬三项费用的承担问题向嘉峪关市中级人民法院报告。2019年5月6日,该院作出(2018)甘02民破2号之二通知、(2018)甘02民破2号之三通知,确定某某银行嘉峪关市分行应承担评估费54,045.41元、审计费67,662.75元、管理人报酬98,152.16元,以上合计219,860.32元。

2019年5月9日,某钊律师事务所向某某银行嘉峪关市分行送达(2018)兴盛破管字第65号《通知书》,载明"贵公司在自收到本《通知书》之日起5日内向管理人全额支付评估费54,045.41元、审计费67,662.75元、管理人报酬98,152.16元,合计219,860.32元"。某某银行嘉峪关市分行在收到该通知书后，未缴纳上述三项费用，亦未办理担保物的移交手续。针对移交担保物，5月31日，某钊律师事务所向某某银行嘉峪关市分行送达《关于移交担保物的告知书》，某某银行嘉峪关市分行予以签收。同年7月11日，某钊律师事务所工作人员王某某、杨某某在法院工作人员的监督下，向某某银行嘉峪关市分行送达(2018)兴盛破管字第69号《告知书》。

2020年1月20日，某钊律师事务所组织召开嘉峪关市某公司第三次债权人会议，通过了《嘉峪关市某公司破产清算案破产财产分配方案》等议案，以案涉啤酒花颗粒清偿某某银行嘉峪关市分行的债权15,115,033.28元，剩余债权共计11,470,207.72元列为普通债权，并按照分配方案确定的清偿比例进行清偿，某某银行嘉峪关市分行获偿的金额为525,798.91元，同时扣除其应承担的评估费、审计费、管理人报酬219,860.32元。

某某银行嘉峪关市分行向嘉峪关市中级人民法院提起诉讼，请求：(1)确认某钊律师事务所在未经债权人会议对破产财产分配方案进行审议通过和法院裁定认可的情况下直接以案涉啤酒花颗粒抵偿某某银行嘉峪关市分行债务的行为违反法定程序、违反破产管理人的忠实和勤勉义务；(2)判令某钊律师事务所承担因其违法行为和违反忠实、勤勉义务给某某银行嘉峪关市分行造成的损失等。

嘉峪关市中级人民法院于2020年6月15日作出判决，驳回某某银行嘉峪关市分行的诉讼请求。宣判后，某某银行嘉峪关市分行提出上诉。甘肃省高级人民法院于2020年11月19日作出判决：驳回上诉，维持原判。

某某银行嘉峪关市分行不服二审判决，遂向最高人民法院申请再审。

【争议焦点】

(1)某某银行嘉峪关市分行能否依据未经债权人会议处置优先受偿的担保财产的管理人民事赔偿责任？

(2)某钊律师事务所是否应承担因其违法行为和违反忠实、勤勉义务给某某银行嘉峪关市分行造成的损失等？

【审理结果和裁判要点】

再审法院认为，首先，根据《企业破产法》第109条和《破产审判纪要》第25条的规定，管理人在保障债权人的优先受偿权的过程中不以债权人会议作为必经程序。其次，某钊律师事务所委托机构对储蓄银行担保的财产进行相应估价并及进行拍卖，在拍卖无果的情形下，某钊律师事务所就以物抵债实际与某某银行嘉峪关市分行进行面谈，该银行并未明确放弃以物抵债的意思表示。因此，某钊律师事务所不存在违反忠实、勤勉义务的失职行为，并无不当，某某银行嘉峪关市分行关于其未与某钊律师事务所达成以物抵债合意，某钊律师事务所在保管、拍卖、处置案涉啤酒花颗粒等担保财产时未履行破产管理人忠实、勤勉义务的主张，缺乏事实和法律依据。再审法院裁定驳回某某银行嘉峪关市分行的再审申请。

债权人的优先受偿权的设立目的在于实现债权人的债权权益，优先于其他普通债权，从而予以特殊保护。管理人通过以物抵债的方式来实现债权人的优先受偿权，并未从实际上损害全体债权人的利益，宜理解为另一种方式的保障债权人的优先受偿权。《破产审判纪要》第25条“担保权人权利的行使与限制”中指出，“在破产清算和破产和解程序中，对债务人特定财产享有担保权的债权人可以随时向管理人主张就该特定财产变价处置行使优先受偿权，管理人应及时变价处置，不得以须经债权人会议决议等为由拒绝”。且管理人处分担保财产不能仅以未经债权人会议作出决议作为抗辩事由。由此，本案中管理人处置担保财产之程序并无不当。

3. 管理人如未尽勤勉尽责、忠实执行职务，给债权人、债务人或者第三人造成损失的，应当承担赔偿责任

案例 | 河南安彩公司与华飞公司管理人责任纠纷案

审理法院：最高人民法院

案　　号：(2014)民申字第827号

【基本案情】

2011年3月22日，因经营困难，华飞公司董事会决定停止公司经营，并公布《华飞公司员工分流安置方案》。2011年8月19日，法院受理华飞公司破产清算程序，指定江苏高的律师事务所担任管理人。2011年12月23日，华飞公司管理人提交《工作报告》，向债权人会议报告接管华飞公司的情况。2012年4月23日，法院裁定宣告华飞公司破产。2012年8月1日，法院确认华飞公司破产财产分配方案，确定职工债权为225,713,659.93元，并就此进行执行。2012年9月24日、2012年9月29日，华飞公司管理人分别向垫资单位熊猫电子公司、华东电子公司偿还其垫资款项。2012年9月24日、2012年10月12日、2012年12月11日，华飞公司管理人分别向未签署《终止劳动合同补偿协议书》的57名员工发放了经济补偿金及测算的一次性补助。后华飞公司债权人河南安彩公司以华飞公司管理人未将职工债权公示,错误清偿职工债权,损害债权人利益为由提起诉讼。一审裁判认定华飞公司管理人依据破产财产分配方案,将案涉的一次性补助41,639,750元作为职工债权向垫资方支付并无不当。依法驳回河南安彩公司的诉讼请求。

河南安彩公司不服一审判决,提起二审诉讼。二审法院裁判认定驳回上诉,维持原判。

河南安彩公司不服二审生效判决,遂提起再审申请。

【争议焦点】

河南安彩公司能否依据管理人未尽勤勉、忠实义务主张民事赔偿责任?忠实、勤勉义务的判断标准具体应如何适用?

【审理结果和裁判要点】

再审法院认为,根据《企业破产法》的规定,管理人未尽勤勉、忠实义务的判断标准限于故意或者重大过失的范围内,即有充分证据证明管理人在履职过程中因故意或者重大过失造成财产损失,方可追究管理人的民事赔偿责任。就职工债权而言,根据《企业破产法》第48条的规定,职工债权无须申报,有异议的职工债权人应提起职工破产债权异议之诉解决。本案中,华飞公司并未对职工债权异议提起诉讼,华飞公司管理人以此予以确认,并无不当。就华飞公司破产财产分配方案而言,华飞公司管理人经过华飞公司债权人会议讨论通过并经过法院裁定后予以执行,并无不当。故河南安彩公司无权主张管理人责任纠纷,华飞公司管理人并不存在未尽勤勉、忠实义务的情形。此外,再审法院特别说明,管理人系破产程序中为接管破产财产并负责破产财产的保管、清理、估价、处理和分配等事务而临时设立的专门职能机构,并非独立的民事主体。河南安彩公司基于华飞公司管理人履职不当提起诉讼,应当将担任管理人的江苏高的律师事务所列为本案被告。河南安彩公司将华飞公司管理人列为被告不当,对此再审法院予以指出。鉴于该判决已经发生法律效力,再审法院对此不再予以纠正。

结合《民法典》第1165条侵权责任构成要件的规定,管理人责任纠纷的实质认定要件应当满足相应的四要件条件说,即管理人存在未履行勤勉、忠实义务的情形,并因此造成债权人等人的财产损失,管理人存在相应的过错,行为与损失存在因果关系。具体到本案来说,华飞公司管理人并不存在未履行勤勉、忠实义务的情形。从职工债权公司角度来看,《企业破产法》明确规定职工债权无须申报,其背后的法理在于减轻职工的申报负担,提高清算效率,故管理人未予以公示符合法律规定。就华飞公司公示的破产财产分配方案来看,该方案实际经过公司债权会议通过以及法院裁定确认,并不存在不符合法律规定的情形。退一步来讲,河南安彩公司认为该破产财产分配方案存在损害债权人利益的情形,其应当提出撤销权之诉,而非管理人责任纠纷之诉。

（三）核心法条

1.《民法典》

第一千一百六十五条　行为人因过错侵害他人民事权益造成损害的,应当承担侵权责任。

依照法律规定推定行为人有过错,其不能证明自己没有过错的,应当承担侵权责任。

2.《企业破产法》

第二十五条　管理人履行下列职责:

（一）接管债务人的财产、印章和账簿、文书等资料;

（二）调查债务人财产状况,制作财产状况报告;

（三）决定债务人的内部管理事务;

（四）决定债务人的日常开支和其他必要开支;

（五）在第一次债权人会议召开之前,决定继续或者停止债务人的营业;

（六）管理和处分债务人的财产;

（七）代表债务人参加诉讼、仲裁或者其他法律程序;

（八）提议召开债权人会议;

（九）人民法院认为管理人应当履行的其他职责。

本法对管理人的职责另有规定的,适用其规定。

第四十八条　债权人应当在人民法院确定的债权申报期限内向管理人申报债权。

债务人所欠职工的工资和医疗、伤残补助、抚恤费用,所欠的应当划入职工个人账户的基本养老保险、基本医疗保险费用,以及法律、行政法规规定应当支付给职工的补偿金，不必申报，由管理人调查后列出清单并予以公示。职工对清单记载有异议的，可以要求管理人更正；管理人不予更正的，职工可以向人民法院提起诉讼。

第八十四条 人民法院应当自收到重整计划草案之日起三十日内召开债权人会议，对重整计划草案进行表决。

出席会议的同一表决组的债权人过半数同意重整计划草案，并且其所代表的债权额占该组债权总额的三分之二以上的，即为该组通过重整计划草案。

债务人或者管理人应当向债权人会议就重整计划草案作出说明，并回答询问。

第一百一十六条 破产财产分配方案经人民法院裁定认可后，由管理人执行。

管理人按照破产财产分配方案实施多次分配的，应当公告本次分配的财产额和债权额。管理人实施最后分配的，应当在公告中指明，并载明本法第一百一十七条第二款规定的事项。

第一百三十条 管理人未依照本法规定勤勉尽责，忠实执行职务的，人民法院可以依法处以罚款；给债权人、债务人或者第三人造成损失的，依法承担赔偿责任。

3.《企业破产法解释（二）》

第三十三条 管理人或者相关人员在执行职务过程中，因故意或者重大过失不当转让他人财产或者造成他人财产毁损、灭失，导致他人损害产生的债务作为共益债务，由债务人财产随时清偿不足弥补损失，权利人向管理人或者相关人员主张承担补充赔偿责任的，人民法院应予支持。

上述债务作为共益债务由债务人财产随时清偿后，债权人以管理人或者相关人员执行职务不当导致债务人财产减少给其造成损失为由提起诉讼，主张管理人或者相关人员承担相应赔偿责任的，人民法院应予支持。

4.《破产审判纪要》

25. 担保权人权利的行使与限制。在破产清算和破产和解程序中，对债务人特定财产享有担保权的债权人可以随时向管理人主张就该特定财产变价处置行使优先受偿权，管理人应及时变价处置，不得以须经债权人会议决议等为由拒绝。但因单独处置担保财产会降低其他破产财产的价值而应整体处置的除外。

（四）疑难问题解答

1. 管理人责任纠纷的起诉条件

《民事诉讼法》第122条具体规定了提起民事诉讼的条件，但就管理人责任纠纷而言，其存在以下特殊规则：

第一，管理人责任纠纷的原告、被告须具备相应的诉讼主体资格，即须明确列明具体的管理人。在前述典型案例3河南安彩公司与华飞公司管理人责任纠纷案中，审理法院最高人民法院明确管理人系破产程序中接管破产财产并负责破产财产的保管、清理、评估等而临时设立的专门职能机构，并非独立的民事主体，必须予以明确相应的诉讼主体资格。此裁判规则一定程度上在司法实践中得到适用，例如，云南省高级人民法院于2019年发布的《破产案件审判指引（试行）》在第160条第1款中即明确管理人必须注明其某债务人管理人。

第二，对管理人责任纠纷的管辖问题，我国法律规定并未予以明确。从司法实践的角度来看，既有受理破产案件的法院管辖的，亦有侵权责任纠纷的法院管辖的。理论上，有学者认为，管理人承担赔偿责任的纠纷须由其自身财产进行支付，实际与管理人管理的债务人财产无关，则当然地不适用受理破产案件的法院管辖。[1] 对此，最高人民法院在《关于破产清算组在履行职责过程中违约或侵权等民事纠纷案件诉讼管辖问题的批复》中规定，企业破产后，清算组因履行清算职责对他人违约或者侵权引起的诉讼，发生在破产程序终结之前的，由受理破产案件的法院管辖，在破产程序中一并处理。该司法解释为2006年《企业破产法》施行以前的司法解释，虽然目前已失效，但其蕴含的清算组制度仍被现今的《企业破产法》沿用，即管理人制度。

第三，起诉必须具备诉的利益，即救济的必要性与可能性。换言之，管理人未尽勤勉义务，实际造成债权人、债务人或者第三人损失的，方才具有相应的救济必要性。因此。原告若仅以管理人未尽勤勉义务为由主张诉讼，仅具有请求管理人损害赔偿的实施依据，但并不具备实质利益主张的诉

---

〔1〕 参见最高人民法院民事案件案由规定课题组编著：《最高人民法院民事案件案由规定理解与适用》，人民法院出版社2011年版，第425页。

讼请求，缺乏相应诉的利益。[1]

2. 管理人承担责任的实质条件

根据《民法典》第1165条对侵权责任的构成要件的规定，以及《企业破产法》第130条对破产管理人承担损害赔偿的规定，管理人承担责任的实质要件可主要归纳为以下四点：(1)管理人实施了违反勤勉尽责义务和忠实义务的客观行为。(2)管理人的不当行为对债权人、债务人或第三人造成损失。(3)管理人的不当行为与前述遭受的损失之间存在一定范围的因果关系。(4)管理人在主观上存在故意或过失。

具体而言，首先，过错的认定标准仅局限于故意或者重大过失的范围。根据《企业破产法解释(二)》第33条的规定，管理人因故意或者重大过失导致债务人财产损失的，权利人有权要求其承担补充损害赔偿责任。司法实践中，闵某强与广腾公司管理人责任纠纷案[2]中，法院即认为管理人民事责任系侵权责任之范畴，适用过错责任，且宜采取故意或者重大过失之标准。

其次，原告主张管理人承担民事赔偿责任，必须存在管理人未履行勤勉忠实义务，以及所造成的损失系管理人的不当行为导致。需要注意的是，共益债务的清偿主张管理人承担民事赔偿责任，必须先向债务人主张权利。共益债务的本质系债权人、债务人的共同利益所负担的债务，由债务人财产随时进行清偿。而对于管理人来说，其应当根据管理人职务行为或者非职务行为确定具体的侵权纠纷案由，从而予以追责。换言之，管理人正当执行职务产生的债务仍属于共益债务，按照具体纠纷来确定案由；管理人非职务行为造成债权人、债务人等财产损害的，应当根据具体的侵权纠纷确定案由，并按照相应的侵权责任或者契约责任来予以认定。[3]

3. 管理人"商业判断规则"的滥用抗辩

司法实践中，管理人违反勤勉忠实义务，并因此实际造成债权人、债务人或第三人的损失的，管理人常以"基于专业判断"为由，主张决策失误非主

[1] 参见杨瑶瑶：《破产管理人责任纠纷的诉讼要件与实体要件》，载《太原城市职业技术学院学报》2022年第3期。

[2] 参见江苏省无锡市中级人民法院民事判决书，(2017)苏02民终1952号。

[3] 参见人民法院出版社编著：《最高人民法院民事案件案由适用要点与请求权规范指引》，人民法院出版社2020年版，第812页。

观因素造成而不应当担责予以抗辩。部分法院对管理人决策持宽容态度，存在认为“事后结果不利≠当时决策错误”之司法倾向。

原告方主张管理人违反勤勉忠实义务存在故意或过失的，应从如下方面予以证明。

(1)缺乏合理调查和评估。管理人在作出决策时，如果没有进行充分的调查和评估，仅基于个人的主观判断或未经证实的信息即得出结论，可能构成滥用商业判断规则。

(2)程序违规。如管理人存在未履行债权人会议表决、未公开竞价等程序瑕疵的，可推翻其“商业判断”抗辩。

(3)利益冲突。如管理人在决策过程中存在利益冲突，即他们的决策并非出于公司或组织的最佳利益，而是为了个人或特定群体的利益，也被认为是滥用商业判断规则。

(4)决策明显不合理。管理人在决策过程中未能尽到合理的注意义务，未能尽职尽责地履行其职责，也可能被视为滥用商业判断规则。例如，在资产拍卖中，管理人选择的评估价远低于市场价，且未说明理由。或在破产分配方案的制定和执行中，管理人的决策可能存在瑕疵，使得部分债权人未能获得应有的分配份额等。

(5)违背行业惯例。对此应提供同类破产案件中常规操作方式，证明管理人的行为背离通行做法。

破产管理人在履行职责过程中应当勤勉忠实，若因自身行为给相关方造成了损失，应当承担相应责任。追究管理人责任应结合前述情形全面审查，避免管理人滥用“商业判断规则”抗辩。

(五)管理人责任纠纷的实务操作

1. 诉讼主体

(1)原告：债权人、债务人、其他利害关系人(如破产企业股东)。

(2)被告：管理人(个人或机构)，若为机构，可追加直接责任人员。

2. 案由

《民事案件案由规定》将管理人责任纠纷作为四级案由规定在内。

3. 管辖

根据《企业破产法》第21条的规定，法院受理破产申请后，有关债务人的民事诉讼,只能向受理破产申请的法院提起。

4. 诉讼时效

《民法典》第 188 条规定,向法院请求保护民事权利的诉讼时效期间为 3 年。这意味着,自权利人知道或者应当知道其权利受到损害之日起计算,3 年内可以提起诉讼以保护其民事权利。而根据《民法典》第 195 条的规定,诉讼时效中断的,从中断、有关程序终结时起,诉讼时效期间重新计算。

5. 诉讼请求

(1)请求判令管理人承担损害赔偿责任。

(2)请求撤销管理人违法行为(如撤销违规财产处置)。

(3)请求调整管理人报酬(如因过错减少报酬)。

第四章 与破产程序有关的纠纷

一、破产清算纠纷

（一）破产清算纠纷的概念

“破产清算纠纷”，是指债务人存在不能清偿到期债务以及资产不足以清偿全部债务或者明显缺乏清偿能力的情形，债务人或者债权人等具备破产申请资格的主体向法院提出破产清算引发的纠纷。据此，破产清算纠纷是指在企业破产清算过程中，因各方主体对破产财产分配、债权确认、程序合法性等问题产生争议而引发的法律纠纷。

受到国内外市场环境变化和整体经济下行的影响，一些公司经营困难，陷入破产困境，呈现企业经营停滞的状态，逐步沦为“僵尸企业”。对于公司债权人来说，债权人的债权无法得到有效清偿，债权人的合法权益亦无法得到实现；对于公司及股东来说，公司不能正常经营，长期受负债的拖累。破产清算有助于解决公司的债务问题，避免债务继续累积，保护公司的资产和运营。通过清算程序，公司可以合法地解除无法偿还的债务，为重新开始或进行重组提供可能性。同时，破产清算提供了一种公平分配债务人财产的方式，在清算过程中，债权人按照法定程序申报债权，并依据法律规定参与债务人财产的分配，债权人的权益将得到法律的保护。破产清算语境下，提起破产清算或负有清算责任的主体如下：

1. 债务人

根据《企业破产法》第 7 条的规定,债务人具备《企业破产法》第 2 条规定的情形时,即不能清偿到期债务,并且资产不足以清偿全部债务或者明显缺乏清偿能力的,可以向法院提出重整、和解或者破产清算申请。公司无法偿还到期债务时,作为债务人有权向法院申请破产清算。债务人向法院提出破产申请,须向法院提交财产状况说明、债务清册、债权清册、有关财务会计报告、职工安置预案以及职工工资的支付和社会保险费用的缴纳情况,以证明公司陷入财务困境,资不抵债之事实。

2. 债权人

同样依据《企业破产法》第 7 条的规定,当债务人不能清偿到期债务时,债权人可以向法院提出对债务人进行重整或者破产清算的申请。作为公司的债权人,在公司无法偿还其债务时,其有权向法院提出破产清算的申请,以保护自身权益,但需证明债权不能受偿之事实及相关证据。

3. 依法负有清算责任的人

依据《企业破产法》第 7 条第 3 款的规定,企业法人已解散但未清算或者未清算完毕,资产不足以清偿债务的,依法负有清算责任的人应当向法院申请破产清算。这类情况通常发生在公司解散后,发现其资产不足以清偿债务,此时依法负有清算责任的人(如清算组成员)需要向法院申请破产清算。《公司法解释(二)》第 8 条规定,公司股东、董事、监事、高级管理人员可以组成清算组,负责进行公司清算。这些人员在公司中担任重要职务,对公司运营情况有深入了解,因此负有清算责任。2023 年修订的《公司法》受董事会中心主义立法理念的影响,对《公司法解释(二)》第 18 条的内容作了大幅修订,将公司清算义务人由有限责任公司的股东、股份有限公司的董事和控股股东,统一规定为董事。根据 2023 年《公司法》第 232 条之规定,当公司面临特定解散情形时,包括但不限于公司章程所规定的营业期限届满、其他章程内解散事由的出现、股东会作出解散决议、公司被依法吊销营业执照、责令关闭或撤销,以及司法判决导致的解散等,公司的董事负有在解散事由发生之日起的 15 日内,迅速组织成立清算组并启动清算程序的法定责任。若董事未能及时履行此清算义务,导致公司或债权人因此遭受经济损失的,将依法承担相应的赔偿责任。

另外,"执转破"机制亦是启动破产清算的一种方式。根据最高人民法院《关于执行案件移送破产审查若干问题的指导意见》《破产审判纪要》的规定，在民事执行程序中，当债务人陷入严重财务危机，无法偿还到期债务且明显不具备清偿能力时，法院可以根据申请执行人之一或被执行人主动提出申请或征询当事人意见，在申请执行人或被执行人任意一方书面同意后，依职权启动执转破程序，将案件转向破产程序，从而开启破产清算的过程。

通过清算程序，在破产事由审查、接管债务人资产、债权申报核查及清算清偿方案制定实施过程中，可依破产法规定的可撤销制度、无效制度和出资义务加速到期等制度，收回债务人不当行为所损失的财产，实现债务人财产价值的最大化，有利于提高债权清偿率，使原有债权债务在破产程序终结后归于消灭，社会关系得以修复，市场秩序得到维护。同时，借助清算程序，对纯粹因财务困难而非市场竞争本身陷入困境但仍有营运价值的被执行企业进行破产重整、和解等，帮助其盘活资产、改善经营管理等，使企业重获新生，以实现经济效益最大化，充分保护债权人合法权益。

（二）典型案例分析

1. 债务人是否实质提供财务状况、债权债务等材料，不能作为破产受理的限制条件

案例 ｜ 周原房地产公司申请破产清算纠纷案

审理法院：最高人民法院

案　　号：（2020）最高法民再283号

【基本案情】

2018年11月27日，周原房地产公司向陕西省宝鸡市中级人民法院递交了企业破产还债申请书，申请公司破产还债。一审法院以其不具备法定破产条件为由裁定不予受理。周原房地产公司不服，向陕西省高级人民法院提起上诉，称公司尚欠党某伟等人债务至少1.8亿元，而其名下全部资产价值约为7000万元，已严重资不抵债，符合破产条件。二审法院认为，周原房地产公司提交的财务审计报告书为其2012年财务状况，2015年度资产负债表系其自行作出，且未提交近期财务会计报告、债权清册、职工安置预案及职工工资支付和社会保险费用缴纳情况等材料，遂驳回上诉，维持原裁定。

周原房地产公司不服二审裁定，向最高人民法院申请再审，请求撤销一审、二审裁定，支持其破产申请。

【争议焦点】

债务人申请破产清算时，债务人是否需要实质提供财务状况、债权债务等材料作为破产受理条件？

【审理结果和裁判要点】

再审法院认为，周原房地产公司向法院提出破产清算申请，属债务人申请破产。《企业破产法》第 2 条以及第 8 条明确规定，企业不能清偿到期债务，并且存在资不抵债或者明显丧失清偿能力的情形，应当提交财产状况说明、债务清册、债权清册、有关财务会计报名等证据。但是，该规定并未要求债务人的财务会计情况、资产负债表须为债务人之外的其他机构作出，亦未对财务状况的时间作出相应的限制。本案中，周原房地产公司提交破产申请后，并在一审、二审期间提交的财务会计情况、资产评估报告等相关证据符合法律规定要求。原审法院以周原房地产公司自行提交的资产负债表不符合规定、未提交近期财务状况及相关材料为由不予受理其破产申请，属适用法律错误。即便证据需补充、补正，法院也应告知申请人，而非径行不予受理。故二审法院依法裁定撤销陕西省高级人民法院和陕西省宝鸡市中级人民法院民事裁定，确定由陕西省宝鸡市中级人民法院立案受理。

根据《企业破产法》第 8 条的规定，债务人向法院提出破产申请，须向法院提交财产状况说明、债务清册、债权清册、有关财务会计报告、职工安置预案以及职工工资的支付和社会保险费用的缴纳情况。该条的立法要旨系通过债务人提供相应的资产负债表、资产评估等财务状况资料真实地反映债务人具备破产原因的核心判断标准。[1] 因此，无论债务人提供的财务会计表、资产负债表等资料是否为其他第三方机构作出，还是债务人提供的过去或者现在的财务状况资料，并无当然的硬性要求。破产申请的受理条件的核心在于债务人是否满足不能清偿到期债务以及满足资不抵债或者明显丧失清偿能力的条件，即是否具备破产原因。申请人提交资料需补全、补正的，

---

〔1〕 参见《最高人民法院民二庭负责人就〈关于适用中华人民共和国企业破产法若干问题的规定（一）〉答记者问》，载最高人民法院网 2011 年 10 月 28 日，https://www.court.gov.cn/shenpan/xiangqing/3271.html。

法院应当根据《企业破产法解释(一)》第7条之规定,告知申请人补充、补正相关证据材料,而非径行对破产申请不予受理。另外,根据最高人民法院《关于债权人对人员下落不明或者财产状况不清的债务人申请破产清算案件如何处理的批复》的精神,债务人能否提供财产状况说明、债权债务清册等材料,应当作宽松规定和处理。本案原审法院以周原房地产公司并未提交近期财务状况及相关材料,不予受理其破产清算申请,属适用法律错误,依法应予纠正。

2. 债权人提出破产清算申请时,应证明"债务人不能清偿到期债务",无须证明债务人处于资不抵债的状态

案例 | 刘某辉、龚某英与亚细亚公司等申请破产清算纠纷案

审理法院:最高人民法院

案　　号:(2017)最高法民再284号

【基本案情】

2016年7月25日,刘某辉、龚某英向江西省南昌市中级人民法院起诉,申请对亚细亚公司进行破产清算。二人称,(2015)赣民一终字第238号民事判决认定亚细亚公司欠其1152万元,且南昌市中级人民法院作出的(2015)洪中执字第536号执行裁定书认定亚细亚公司无力偿还到期债务。一审法院认为,刘某辉、龚某英提交的证据不足以证明亚细亚公司不能清偿到期债务并且其资产不足以清偿全部债务或者明显缺乏清偿能力,依照相关法律规定,裁定不予受理二人的破产申请。刘某辉、龚某英不服,向江西省高级人民法院上诉,称其提交的证据足以证明亚细亚公司存在不能清偿到期债务的事实,符合相关规定。二审法院认为,刘某辉、龚某英仅凭执行分配方案中无其他财产可供执行的事实主张亚细亚公司不能清偿到期债务并且资产不足以清偿全部债务或者明显缺乏清偿能力的证据尚不充分,且二审期间未补充提供相关证据,一审法院认定债权人提交的证据不足以证明达到破产条件并无不当,遂裁定驳回上诉,维持原裁定。

刘某辉、龚某英不服二审裁定,向最高人民法院申请再审。

【争议焦点】

亚细亚公司是否具备破产原因?

【审理结果和裁判要点】

再审法院认为,根据《企业破产法》第7条第2款"债务人不能清偿到期债务,债权人可以向人民法院提出对债务人进行重整或者破产清算的申请"之规定,债权人向法院提出破产申请时,只需证明债务人不能清偿到期债务即可。此时,根据该法第10条第1款以及《企业破产法解释(一)》第6条"债务人对债权人的申请未在法定期限内向人民法院提出异议,或者异议不成立的,人民法院应当依法裁定受理破产申请"之规定,应由债务人在法定期限内举证证明其既不属于资产不足以清偿全部债务,也非明显缺乏清偿能力的。债务人举证不能的,法院应当受理对债务人的破产申请。也即在债权人申请债务人破产的情形下,不能清偿到期债务既是债权人提出破产申请的条件,也是债务人存在破产原因的认定依据。就本案而言,刘某辉、龚某英申请亚细亚公司破产时,应当举证证明亚细亚公司存在不能清偿到期债务的情形,之后,举证责任转换至亚细亚公司,由亚细亚公司举证证明其不存在资产不足以清偿全部债务或者明显缺乏清偿能力的情形,否则即应认定亚细亚公司具备破产原因,由一审法院依法受理刘某辉、龚某英提出的破产申请。

本案中,刘某辉、龚某英的到期债权处于较长期间内未获清偿。亚细亚公司从2015年年初就已经停止经营,公司资产只有案涉土地、厂房,处于资不抵债状态。同时,亚细亚公司法定代表人并未对公司破产有异议,在其于2017年6月30日向再审法院出具的说明中,亦承认公司已经处于严重资不抵债状态,同意刘某辉、龚某英提出的破产申请。即本案债务人亚细亚公司不仅未对破产申请提出异议,反而明确认可其已处于资不抵债状态并同意破产申请。综上,刘某辉、龚某英已经举证证明亚细亚公司存在不能清偿到期债务的情形,且亚细亚公司同意破产申请。因此,亚细亚公司已经具备破产原因,一审、二审裁定以刘某辉、龚某英提交的证据不足以证明亚细亚公司不能清偿到期债务并且资产不足以清偿全部债务或者明显缺乏清偿能力为由裁定不予受理破产申请,不仅举证责任分配不当,亦缺乏事实和法律依据,应予撤销。综上所述,再审法院裁定:撤销一审、二审民事裁定;本案由江西省南昌市中级人民法院立案受理。

根据《企业破产法》第7条的规定,债权人提出申请时,仅需要证明债务人不能清偿其到期债务即可。对于债务人系基于何种原因不能清偿到期债务以及债务人是否出现"不能清偿到期债务且资不抵债"或者"不能清偿债务且明显丧失清偿能力的破产原因",债务人负有相反的举证责任。换言之,债权人证明债务人不能清偿其到期债务时,债务人无法举证证明不具有破产原因的情形,则当然地推定债务人出现破产原因的情形。就不能清偿到期债务认定条件来看,其需要满足三个要件:第一,债权债务关系依法成立,旨在防止债务人拖延破产程序启动。第二,债务人不能清偿的是已到还款期限的债务,否则不符合执行程序的要求。第三,债务人未清偿债务的客观状态始终存在,从而有利于保护债权人的合法权益。[1] 具体到本案中,亚细亚公司不能清偿刘某辉、龚某英到期债务,并且该公司的法定代表人并未对债权人提出的破产申请提出异议,亦无提供证据证明证明不符合破产事由的情形,则当然地适用债权人的破产申请。

3. 债权人申请债务人破产,提交了债务人不能清偿到期债务的有关证据,而债务人未举证证明其未出现破产原因,破产申请应受理

案例 | 陈某刚与蛇口公司申请破产清算纠纷案

审理法院:广东省高级人民法院

案　　号:(2019)粤破终23号

【基本案情】

蛇口公司成立于1989年3月13日,企业类型为全民所有制,注册资本5000万元,经营范围为:批发、零售机械设备、电子设备、通讯设备、电子计算机等。蛇口公司工商登记信息显示的主管单位为深圳市蛇口区区属国营企业董事会。

2015年8月26日,深圳市南山区人民法院作出判决,确认陈某刚与深圳市融达投资管理有限公司签订的《协议书》合法有效,确认陈某刚为蛇口公司的合法债权人。判决生效后,陈某刚申请强制执行,其主张债权金额为本金5,659,000元及相应利息。执行程序中,法院预查封、轮候查封蛇口公司名下土地使用权、房产及轮候冻结股权,但因宗地权属、轮候查封等原因,

---

〔1〕 参见《最高人民法院民二庭负责人就〈关于适用中华人民共和国企业破产法若干问题的规定(一)〉答记者问》,载最高人民法院网2011年10月28日,https://www.court.gov.cn/shenpan/xiangqing/3271.html。

这些财产均无法处置,法院遂裁定终结该次执行程序。陈某刚向深圳市中级人民法院提起蛇口公司破产清算申请。深圳市中级人民法院一审认为,陈某刚具备申请主体资格,但蛇口公司名下有大额资产,陈某刚的债权有从拍卖款中受偿的可能,现有证据无法证明蛇口公司具备破产原因,不符合受理条件,裁定不予受理陈某刚对蛇口公司的破产清算申请。

陈某刚不服一审裁定,遂向广东省高级人民法院提起上诉。

【争议焦点】

蛇口公司是否具备破产原因?

【审理结果和裁判要点】

根据法院裁定书认可,陈某刚系蛇口公司的合法债权人,则陈某刚符合申请蛇口公司破产清算的主体资格。再者,结合《企业破产法解释(一)》第1条以及第6条的规定,陈某刚提交的法院查封蛇口公司的裁定书等证据材料,其足以证明蛇口公司不能清偿到期债务。对于不能清偿到期债务的认定,不能仅凭资产负债表上的资产予以认定,仍需要结合其他因素综合考量。本案中,虽然蛇口公司的账面资产大于负债,但其名下不动产因抵押被多家法院查封,资产难以变现,蛇口公司不能清偿到期债务,经法院强制执行多年仍未清偿,财产不能变现,法定代表人下落不明且长年无人员经营管理财产,属于典型的"僵尸企业"。这类丧失经营价值、救治无望的企业主体,应按照市场化、法治化的原则退出市场。本案符合《企业破产法解释(一)》中认定明显缺乏清偿能力和具备破产原因的情形,且蛇口公司已解散未清算,未举证证明未出现破产原因,应受理破产申请。故陈某刚的上诉理由成立,其上诉请求应予支持。原审法院分配举证责任及适用法律不当,二审法院依法予以纠正。综上所述,二审法院裁定撤销广东省深圳市中级人民法院(2018)粤03破申161号民事裁定;指令广东省深圳市中级人民法院受理。

根据《企业破产法》第7条的规定,债务人申请债务人破产必须具备三要件,即债权人享有不能清偿的到期债务。具体到本案中,陈某刚对蛇口公司享有债权,陈某刚提交的证据足以证明蛇口公司不能清偿到期债务,相关举证责任已经完成。蛇口公司是否属于资不抵债,应由蛇口公司举证,陈某刚作为外部债权人不掌握蛇口公司内部情况,不具备提交此类证据的能力。

一审法院认为陈某刚提交的证据不足以判断蛇口公司的资产负债状况及清偿能力,属于举证责任分配不当,应予纠正。这也是立法要旨保护债权人利益的体现,能够有效进入破产程序,实现债权的清偿。

(三)核心法条

1.《企业破产法》

第二条 企业法人不能清偿到期债务,并且资产不足以清偿全部债务或者明显缺乏清偿能力的,依照本法规定清理债务。

企业法人有前款规定情形,或者有明显丧失清偿能力可能的,可以依照本法规定进行重整。

第七条 债务人有本法第二条规定的情形,可以向人民法院提出重整、和解或者破产清算申请。

债务人不能清偿到期债务,债权人可以向人民法院提出对债务人进行重整或者破产清算的申请。

企业法人已解散但未清算或者未清算完毕,资产不足以清偿债务的,依法负有清算责任的人应当向人民法院申请破产清算。

第八条 向人民法院提出破产申请,应当提交破产申请书和有关证据。

破产申请书应当载明下列事项:

(一)申请人、被申请人的基本情况;

(二)申请目的;

(三)申请的事实和理由;

(四)人民法院认为应当载明的其他事项。

债务人提出申请的,还应当向人民法院提交财产状况说明、债务清册、债权清册、有关财务会计报告、职工安置预案以及职工工资的支付和社会保险费用的缴纳情况。

第十一条 人民法院受理破产申请的,应当自裁定作出之日起五日内送达申请人。

债权人提出申请的,人民法院应当自裁定作出之日起五日内送达债务人。债务人应当自裁定送达之日起十五日内,向人民法院提交财产状况说明、债务清册、债权清册、有关财务会计报告以及职工工资的支付和社会保险费用的缴纳情况。

第一百零七条 人民法院依照本法规定宣告债务人破产的,应当自裁定作出之日起五日内送达债务人和管理人,自裁定作出之日起十日内通知已知债权人,并予以公告。

债务人被宣告破产后,债务人称为破产人,债务人财产称为破产财产,人民法院受理破产申请时对债务人享有的债权称为破产债权。

第一百零八条 破产宣告前,有下列情形之一的,人民法院应当裁定终结破产程序,并予以公告:

(一)第三人为债务人提供足额担保或者为债务人清偿全部到期债务的;

(二)债务人已清偿全部到期债务的。

第一百零九条 对破产人的特定财产享有担保权的权利人,对该特定财产享有优先受偿的权利。

第一百一十条 享有本法第一百零九条规定权利的债权人行使优先受偿权利未能完全受偿的,其未受偿的债权作为普通债权;放弃优先受偿权利的,其债权作为普通债权。

第一百一十一条 管理人应当及时拟订破产财产变价方案,提交债权人会议讨论。

管理人应当按照债权人会议通过的或者人民法院依照本法第六十五条第一款规定裁定的破产财产变价方案,适时变价出售破产财产。

第一百一十三条 破产财产在优先清偿破产费用和共益债务后,依照下列顺序清偿:

(一)破产人所欠职工的工资和医疗、伤残补助、抚恤费用,所欠的应当划入职工个人账户的基本养老保险、基本医疗保险费用,以及法律、行政法规规定应当支付给职工的补偿金;

(二)破产人欠缴的除前项规定以外的社会保险费用和破产人所欠税款;

(三)普通破产债权。

破产财产不足以清偿同一顺序的清偿要求的,按照比例分配。

破产企业的董事、监事和高级管理人员的工资按照该企业职工的平均工资计算。

第一百一十七条 对于附生效条件或者解除条件的债权,管理人应当将其分配额提存。

管理人依照前款规定提存的分配额，在最后分配公告日，生效条件未成就或者解除条件成就的，应当分配给其他债权人；在最后分配公告日，生效条件成就或者解除条件未成就的，应当交付给债权人。

第一百一十八条　债权人未受领的破产财产分配额，管理人应当提存。债权人自最后分配公告之日起满二个月仍不领取的，视为放弃受领分配的权利，管理人或者人民法院应当将提存的分配额分配给其他债权人。

第一百一十九条　破产财产分配时，对于诉讼或者仲裁未决的债权，管理人应当将其分配额提存。自破产程序终结之日起满二年仍不能受领分配的，人民法院应当将提存的分配额分配给其他债权人。

第一百二十条　破产人无财产可供分配的，管理人应当请求人民法院裁定终结破产程序。

管理人在最后分配完结后，应当及时向人民法院提交破产财产分配报告，并提请人民法院裁定终结破产程序。

人民法院应当自收到管理人终结破产程序的请求之日起十五日内作出是否终结破产程序的裁定。裁定终结的，应当予以公告。

第一百二十三条　自破产程序依照本法第四十三条第四款或者第一百二十条的规定终结之日起二年内，有下列情形之一的，债权人可以请求人民法院按照破产财产分配方案进行追加分配：

（一）发现有依照本法第三十一条、第三十二条、第三十三条、第三十六条规定应当追回的财产的；

（二）发现破产人有应当供分配的其他财产的。

有前款规定情形，但财产数量不足以支付分配费用的，不再进行追加分配，由人民法院将其上交国库。

第一百二十四条　破产人的保证人和其他连带债务人，在破产程序终结后，对债权人依照破产清算程序未受清偿的债权，依法继续承担清偿责任。

2.《企业破产法解释（一）》

第一条　债务人不能清偿到期债务并且具有下列情形之一的，人民法院应当认定其具备破产原因：

（一）资产不足以清偿全部债务；

（二）明显缺乏清偿能力。

相关当事人以对债务人的债务负有连带责任的人未丧失清偿能力为由，主张债务人不具备破产原因的，人民法院应不予支持。

第二条 下列情形同时存在的，人民法院应当认定债务人不能清偿到期债务：

（一）债权债务关系依法成立；

（二）债务履行期限已经届满；

（三）债务人未完全清偿债务。

第六条 债权人申请债务人破产的，应当提交债务人不能清偿到期债务的有关证据。债务人对债权人的申请未在法定期限内向人民法院提出异议，或者异议不成立的，人民法院应当依法裁定受理破产申请。

受理破产申请后，人民法院应当责令债务人依法提交其财产状况说明、债务清册、债权清册、财务会计报告等有关材料，债务人拒不提交的，人民法院可以对债务人的直接责任人员采取罚款等强制措施。

（四）疑难问题解答

1. 破产清算申请不予受理的常见情形

为了防止破产程序启动的滥用，法院必须对破产清算申请予以一定的审查。通过检索相关案例，破产清算申请不予受理的情形主要可以归纳为以下四种：

第一，不具有管辖权而被驳回申请。此种驳回申请的理由系民事诉讼法规定的常见情形，结合《企业破产法》第 3 条的规定，破产案件的管辖权原则系由债务人住所地法院管辖。例如，在张某勤与昊通物流公司申请破产清算案[1]中，法院认为，昊通物流公司系由乌鲁木齐屯河区工商管理局登记，则应由当地的基层法院管辖。

第二，申请人不符合债权人资格或者债权处在尚未确定的状态而被驳回申请。根据《企业破产法》第 7 条的规定，债权人向法院提出破产清算申请，需要符合对债务人享有到期且不能清偿债权的条件。例如，在张某与吉祥投资集团申请破产清算案中，法院认定该案处于审理过程中，申请人享有

〔1〕 参见新疆维吾尔自治区高级人民法院生产建设兵团分院民事裁定书，(2018) 兵民终 91 号。

的债权具体数额无法确定，不符合破产清算申请受理的条件。[1] 又如，在上述典型案例3陈某刚、蛇口公司申请破产清算纠纷案中，陈某刚依据《协议书》依法享有对蛇口公司的债权，该债权已经到期。经过法院强制执行程序，陈某刚的债权仍未得到实际清偿，故符合破产清算申请受理的条件。

第三，债务人不具有相应的破产主体资格而被驳回申请。根据《企业破产法》第7条的规定，债务人以及债权人，甚至已解散但未清算完毕的企业法人可向法院提出破产清算申请。需要注意的是，公司提出破产清算，依据《公司法》第59条第7项的规定，须经过公司股东会代表2/3以上表决权的股东通过。例如，在同济置业公司申请破产清算案[2]中，法院认为，破产清算属于公司重大事项，须经过公司权力机构的股东会作出决议，即须经代表2/3以上表决权的股东通过。

第四，不能证明债务人资不抵债或者明显丧失清偿能力而被驳回申请。根据《企业破产法》第2条，以及《企业破产法解释（一）》第1条至第4条的规定，债务人不能清偿到期债务属于债权人提出破产申请的实质要件，而债务人自己提出破产清算，须同时具备不能清偿到期债务，且资不抵债或者明显丧失清偿能力两个条件。例如，在楚雄公司、振威公司申请破产清算案[3]中，法院认为，振威公司仍有部分商铺房地产得以财产变现，并未被法院查封，故不属于不能清偿到期债务的情形。又如，在上述典型案例2刘某辉、龚某英诉亚细亚公司等申请破产清算纠纷案中，刘某辉、龚某英实际提供的亚细亚公司财产分配方案等证据材料足以证明该公司不能清偿到期债务，而该公司并未对此予以否认，故符合破产清算申请的受理条件。

2. 破产清算的法律程序

（1）申请与受理

由债权人、债务人或负有清算责任的主体向法院申请破产清算。

债务人自行或由负有清算责任的主体提起破产申请时，需要依据《公司法》的相关规定召开股东会，并通知全体股东，附加整理公司的审计报告、资产负债表、债权清册、债务清册等材料。债权人提出破产申请的，债务人需

---

〔1〕 参见福建省高级人民法院民事裁定书，破产清算其他（2017）闽破终1号。

〔2〕 参见山东省高级人民法院民事裁定书，（2019）鲁民终2123号。

〔3〕 参见湖北省孝感市中级人民法院民事裁定书，（2020）鄂09民终717号。

要自收到法院通知之日起7日内向法院提出异议,该期限届满,法院予以审查裁定是否受理,并指定破产管理人。

(2)债权申报与确认、财产管理与变价、破产财产分配

债权人需在规定期限内向管理人申报债权,管理人对债权进行审查,编制债权表,债权人或债务人对债权表有异议可提起诉讼。

管理人接管债务人财产,清理、评估并变价(拍卖)非货币资产。

按以下法定顺序分配财产:破产费用、共益债务→职工债权→社保及税款→普通债权。

公司破产申请被法院裁定受理后,需要根据案件的具体情况在不同时间内进行审结。[1] 例如,广东省高级人民法院为了提高企业破产案件的审判效率,发布了《关于推进企业破产清算案件快速审理的若干意见》规定,对推出快速审理的原则以及适用要求进行了规定。该意见第23条明确指出,快速审理的破产案件应于立案之日起6个月内审结。

(3)终结程序

分配完成后,法院裁定终结破产程序,企业注销登记。

3. 破产清算、自行清算及强制清算之比较

根据公司终止经营而进行清算的启动原因、债务人公司资产及管理状况的不同,应适用不同的清算方式,下文笔者将对自行清算、强制清算和破产清算的发起原因和清算主体进行比较。

(1)破产清算的发起原因和清算主体

根据《企业破产法》的规定,下列三种情形下,在法院同意受理后可启动破产程序:第一种,公司即债务人不能清偿到期债务,债权人向法院申请债务人破产的;第二种,公司即债务人因资不抵债而主动向法院申请破产的;第三种,公司法人已解散但未清算或者未清算完毕,资产不足以清偿债务,依法负有清算责任的人向法院申请破产清算的。申请人向法院提交破产申请,法院不同意受理或驳回申请的,可向上一级法院上诉。

破产清算主体是破产管理人,清算组或者依法设立的律师事务所、会计

---

〔1〕 参见唐青林、李舒、张德荣:《云亭抗疫|公司申请破产清算面临的六大实务问题解答》,载微信公众号"云亭律师事务所"2020年4月20日,https://mp.weixin.qq.com/s/cS6s2vMCbmibjX8TTMkX_w。

师事务所、破产清算事务所等社会中介机构具有相应质资可以成为破产管理人。与强制清算不一样，破产清算主体无公司内部人员与利益相关人员，包括可以参加强制清算的人员，如公司董事、监事、经理等高级管理人员都被排除，只能是与公司无关的中介机构和个人。管理人应当勤勉尽责，忠实履行义务。

(2)自行清算的发起原因及清算主体

自行清算的启动通常是公司股东基于对公司经营现状及未来利益的综合考量，通过自我研判后主动作出的终止公司经营的决定，充分体现出企业自我管理、自我监督和自我抉择的主体地位。公司自行清算通常是在公司解散或公司被吊销营业执照、责令关闭或者被撤销之时。《公司法》第 229 条规定："公司因下列原因解散：(一)公司章程规定的营业期限届满或者公司章程规定的其他解散事由出现；(二)股东会决议解散；(三)因公司合并或者分立需要解散；(四)依法被吊销营业执照、责令关闭或者被撤销；(五)人民法院依照本法第二百三十一条的规定予以解散。公司出现前款规定的解散事由，应当在十日内将解散事由通过国家企业信用信息公示系统予以公示。"第 232 条第 1 款规定："公司因本法第二百二十九条第一款第一项、第二项、第四项、第五项规定而解散的，应当清算。董事为公司清算义务人，应当在解散事由出现之日起十五日内组成清算组进行清算。"公司解散后，有必要按照相关程序，合法有效地完成清算程序。需要特别注意的是，清算程序具有法定性，并不允许股东通过公司章程或协议作出有违《公司法》规定的自主安排。

《公司法》第 232 条第 2 款、第 3 款规定："清算组由董事组成，但是公司章程另有规定或者股东会决议另选他人的除外。清算义务人未及时履行清算义务，给公司或者债权人造成损失的，应当承担赔偿责任。"由此可以确定，股东以及董事会负有在公司终止后清理公司债权、债务的责任，是基本的清算主体，同时具有股东性质的开办者、上级主管部门亦应属其列。自行清算主体与公司都存在资产关系或者对公司拥有重大管理权限，自行清算属于内部清算，基本没有外部因素的介入。或者说，外部因素即便介入也是在内部因素主导和控制下介入，发挥的作用很有限。

在自行清算中，公司债权人和其他利害关系人由于地位的不对等、信息的渠道不畅通，获得信息可能不充分和不及时，另外，国家公权力对其的监督也处于缺位状态。一旦股东在清算中违反诚信义务，或者故意阻碍清算的进行，侵害债权人的利益，或公司资产不能完全清偿债务，自行清算就很难发挥作用，其结果也很难具有客观公正性，更达不到其目的。实践中，债权人也很可能不接受自行清算的结果，有可能因此引发新的矛盾纠纷，问题依然没有得到有效解决。

在下列情形中，清算责任人应当承担其过错导致的自行清算瑕疵的法律责任：①清算责任人恶意处置公司财产或者虚假清算骗取公司注销登记的或公司未经清算即办理注销登记的；②清算责任人"怠于履行义务"，即未在法定期限内成立清算组，导致公司财产贬值、流失、毁损或者灭失的，或公司主要财产、账册、重要文件等灭失，而无法进行清算的；③清算组未合法履行通知和公告义务，致使债权人未获清偿的；④清算组不依公司法规定向公司登记机关报送清算报告，或者报送清算报告隐瞒重要事实或者有重大遗漏的；⑤清算组成员利用职权徇私舞弊、谋取非法收入或者侵占公司财产的；⑥清算方案未经股东会或法院确认即予执行，给公司或债权人造成损失的；等等。

（3）强制清算的发起原因及清算主体

强制清算是与自行清算相对应的一项法律制度，是指公司在自行清算过程中产生显著障碍，或发生公司资产不足以清偿到期债务等情况时，经法院命令或者裁决而进行的清算。在强制清算中，法院介入清算程序之中，对清算进行直接积极的监督，运用公权力对清算过程予以干涉，并让债权人有权参加会议，以谋求清算的顺利进行，充分保护债权人的权益。根据《公司法》及《公司法解释（二）》的相关规定，符合下列情形之一且清算责任人未在法定期限内履行清算义务的，法院应当组织强制清算：①公司章程规定的营业期限届满或出现章程约定的其他解散事由；②股东会决议解散；③公司设立目的无法实现或实际丧失存续价值；④公司登记后无正当理由超过6个月未开业，或开业后自行停业连续6个月以上；⑤被行政机关责令关闭、吊销营业执照或依法撤销登记；⑥法院裁定司法解散；等等。总体来说分为两类情况：一是债权人、股东提出申请，法院组织的强制清算；二是在公司被依法责令关闭而解散时主管机关组织的强制清算。[1]

申请公司强制清算的主体可以是公司的债权人，在特定情况下也可以是公司股东及其他利害关系人。2023年修订的《公司法》第233条对强制清

---

〔1〕 参见《【律师视点】张雪莲：公司终止|三种清算方式之应用》，载微信公众号"德衡律师集团"2020年3月24日，https://mp.weixin.qq.com/s/V4qNUxXCE5IS5byzKzgugQ。

算制度做了进一步完善,主要变化有两点:一是扩大了强制清算申请主体的范围,由“债权人”扩大到“利害关系人”及“作出吊销营业执照、责令关闭或者撤销决定的部门或者公司登记机关”两类主体;二是增加了强制清算的适用情形,由“逾期不成立清算组”增加为“逾期不成立清算组”或者“成立清算组后不清算”两种情形。

(五)破产清算责任纠纷的实务操作

1. 诉讼主体

(1)申请人:债权人、债务人、负有清算责任的人(企业已解散但未清算或未清算完毕)。

(2)被申请人:债务人。

2. 案由

《民事案件案由规定》将破产清算纠纷作为四级案由规定在内。

3. 管辖

根据《企业破产法》第三条的规定,破产案件由债务人住所地法院管辖。

4. 诉讼时效

《企业破产法》第2条规定:“企业法人不能清偿到期债务,并且资产不足以清偿全部债务或者明显缺乏清偿能力的,依照本法规定清理债务。企业法人有前款规定情形,或者有明显丧失清偿能力可能的,可以依照本法规定进行重整。”

《民法典》第188条规定,向法院请求保护民事权利的诉讼时效期间为3年。这意味着,自权利人知道或者应当知道其权利受到损害之日起计算,3年内可以提起诉讼以保护其民事权利。而根据《民法典》第195条的规定,诉讼时效中断的,从中断、有关程序终结时起,诉讼时效期间重新计算。

5. 诉讼请求

申请债务人破产清算。

二、申请破产重整纠纷

(一)申请破产重整纠纷的概念

“申请破产重整纠纷”,是指具备破产事由的企业,经由利害关系人的申请,在法院的主持和利害关系人的参与下,利害关系人之间、利害关系人与企业之间发生的企业重整与否的权利义务纠纷。具言之,在破产企业不能清偿到期债务,并且资产不足以清偿全部债务或者明显缺乏清偿能力的,或者有明显丧失清偿能力可能的情况下,在法院的主持以及利害关系人的参与下,依法通过重整计划对破产企业的生产经营、债权债务关系或者资本结构等方面进行调整,以引入投资等方式挽救困境企业,使其恢复经营能力,避免直接清算。使得破产企业摆脱破产困境,重获经营能力。破产重整是企业通过司法程序挽救经营困境、调整债务结构并恢复偿债能力的重要机制。其流程以《企业破产法》为核心,兼顾效率与公平,分为以下关键阶段。

1. 申请与受理

重整程序的申请主体,即重整申请权人,指的是有权向法院申请启动重整程序的法律主体。根据规定,发动重整的申请人可以有三种不同的法律主体:债务人、债权人和出资额占债务人注册资本 1/10 以上的出资人,即债务人或者债权人可以依照《企业破产法》第 7 条的规定直接提出重整申请,债务人或者债务人的出资人还可以依照《企业破产法》第 7 条第 2 款的规定,在破产清算程序中宣告破产前申请通过程序转换启动重整。

破产清算与重整都是在企业法人不能清偿到期债务,并且资产不足以清偿全部债务或者明显缺乏清偿能力的情况下启动的,但在破产重整语境下,债务人企业有明显丧失清偿能力"可能",但有挽救的希望,并获得各方利害关系人的协商同意,法院审查债务人具有重整价值的,裁定受理后指定管理人。

2. 管理人接管与债权申报

管理人接管债务人资产,审计、评估。

管理人/债务人负责经营管理,可申请暂停担保权行使、中止执行程序等。

债权申报、审核及确定优先债权、职工债权、税务债权及普通债权等各类债权的性质及数额。

引入重整投资人。

3. 重整计划制定

重整草案制定主体为管理人/债务人,在债务人自行管理企业的模式下,重整草案由债务人在管理人的监督下制定;在债务人经营严重失控,管理人主导经营的情况下，由管理人负责制定重整草案。重整草案的内容应当包括债务清偿方案、经营方案、投资方案及出资人权益调整等。

4. 重整计划的表决与批准

重整计划的表决，由债权人按债权性质分组进行，如担保债权、职工债权、普通债权等，出资人组单独表决。各组均需“多数决”，即须由出席会议的债权人过半数同意，且其代表的债权额占该组债权总额的2/3以上。

若各组均通过重整计划，法院裁定批准后即进入执行阶段。若部分组未通过重整计划，符合法定条件时，法院可强制批准。强制批准制度在破产重整程序中具有重要意义，它为债务人提供了更多的挽救机会，避免因破产清算造成债务人职工失业和社会财富的损失。同时，该制度也体现了法院的司法干预作用，确保重整程序的公平、公正和有效进行。《企业破产法》规定了重整计划草案的再次协商与表决机制以及法院的强制批准制度，为破产重整程序提供了法律保障，平衡了各利害关系人的权益，促进了企业破产重整的成功实施。

5. 重整计划执行与监督

在破产重整计划获得批准并开始实行之后，整个执行阶段往往需经历一连串的严谨步骤和烦琐程序。债务人负责执行重整计划的，管理人转为监督角色，监督期一般为重整计划执行期，管理人负责严格监管破产企业的日常运作及财务状况，确保各项规定得到坚决贯彻并落实到位。在执行期间内，有必要定期地向法院以及债权人汇报其进程情况，直至所有依照重整计划设定的各项任务及其目标均基本实现，如债务偿还符合预定轨道、企业经营恢复到正常水平且资产的处置工作已经圆满完成等，管理人便可向法院提交结案申请，法院确认后终结程序后，管理人职责终止。

6. 重整失败的处理

若重整期间债务人经营恶化或计划无法执行，法院可裁定终止重整并宣告破产并转入破产清算程序，按《企业破产法》清算程序相关规定分配财产，重整期间新发生的共益债务优先清偿。

《企业破产法》规定破产重整制度，旨在利用法院的公权力来挽救即将破产的公司，相较于破产清算，重整更注重“再生”而非“消亡”，其本质是在法律框架下平衡债权人、债务人、股东及社会公共利益，体现为经济价值挽救、社会秩序维护与制度创新推动。但在司法实践中存在重整价值识别难，对企业是否具备"持续经营价值",缺乏统一标准,易引发争议。仍有破产重整的主体资格判断、预重整的界定与性质定位、法院强制批准制度适用等事项,亦呈现各方利益博弈及平衡的复杂性、法律程序的高门槛、经营与融资困境、信息不对称及道德与执行风险等问题。未来,须通过细化重整价值评估标准,建立行业专家库与量化评估模型,减少司法裁量争议;强化信息披露与监督,要求债务人、管理人定期公开财务数据,引入第三方审计;完善配套政策,打通税务减免、信用修复、行政许可等重整堵点,提升程序效率。

(二)典型案例分析

1. 预重整作为启动正式破产程序前的庭外债务重组机制,并未产生法院裁定受理破产申请的效力,无法中止诉讼、执行的效力

案例 | 中资国本成都公司与丰泰投资公司合同纠纷案

审理法院:最高人民法院

案　　号:(2021)最高法民申 1488 号

【基本案情】

2018 年 4 月 20 日,天地公司与中资国本成都公司签订《项目合作协议》,约定由中资国本成都公司承建房屋并保证建设工程质量合格,天地公司对外销售房屋。2018 年 4 月 24 日,双方签订《项目合作补充协议》,约定 2018 年 4 月 25 日前乙方向甲方支付房屋合作定金 2000 万元,2018 年 4 月 28 日前乙方向甲方支付房屋合作定金 3000 万元,2018 年 5 月 11 日前乙方向甲方支付房屋合作定金 7000 万元。同日,丰泰投资公司、丰泰金科公司分别向天地公司出具《担保函》,载明"本函为担保中资国本成都公司与贵公司于 2018 年 4 月 19 日签署的《项目合作协议》中,中资国本成都公司对贵公司的全部义务,为中资国本成都公司向贵公司承担连带担保责任,且本公司所提供的该担保已经按照本公司章程之规定由股东会通过。本担保为无条件的、独立的、不可撤销的连带责任保证担保。担保期限为三年,自《项目合作协议》签订之日起计算"。天地公司分别于 2018 年 2 月 9 日、4 月 24 日、4 月 27 日、5 月 9 日、5 月 10 日向中资国本成都公司支付 1000 万元、2000 万元、3000 万元、1000 万元、5000 万元,总计 1.2 亿元。天地公司主张中资国本成都公司存在违约行为,要求解除《项目合作协议书》,并要求中资国本成都公司双倍返还定金2.4亿元，丰泰投资公司、丰泰金科公司承担连带责任，向法院提起诉讼。

2020年5月，依据丰泰投资公司的财务状态及其直接或者间接控制丰泰金科投资等7家公司的材料，法院作出(2020)川0704破申2号《决定书》，裁定案涉丰泰投资以及关联7家企业进行实质合并预重整。后中资国本成都公司、丰泰投资公司、丰泰金科投资公司与天地公司发生合作协议纠纷，并主张丰泰投资公司以及关联7家企业进入破产程序，应当予以中止审理。

一审法院裁判认定支持天地公司的全部诉讼请求。

中资国本成都公司不服一审判决，提起二审诉讼。二审法院裁判驳回上诉，维持原判。

中资国本成都公司不服二审生效判决，遂提起再审申请。

【争议焦点】

预重整期间，中资国本成都公司能否向法院主张丰泰投资公司以及关联7家企业进入破产程序中止案件审理？即预重整期间能否发生裁定受理破产申请的效力？

【审理结果和裁判要点】

再审法院认为，关于二审法院未中止审理本案是否正确的问题。中资国本成都公司等申请人主张丰泰投资公司、丰泰金科公司进入破产程序并向二审法院申请中止审理，二审法院未予准许属适用法律错误，不能成立。经查，中资国本成都公司等申请人向二审法院提交(2020)川0704破申2号《决定书》载明的内容是法院决定对丰泰投资公司、丰泰金科公司等公司实施破产预重整，但预重整属于启动正式破产程序前的庭外债务重组机制，并不能产生法院裁定受理破产申请的效力，二审法院据此对中资国本成都公司等申请人要求中止审理的申请不予准许，并无不当。此外，根据中资国本成都公司等申请人所主张的事实，丰泰投资公司、丰泰金科公司等公司实质合并重整的申请被法院裁定受理日期为2020年7月28日，二审审理已经完结，其亦不能据此要求二审中止审理。再从再审事由法定化及其体系看，《民事诉讼法》(2017年)第200条[1]规定了13项再审事由，其中第7项至

[1] 参见2023年《民事诉讼法》第211条。

第12项列举了程序性事由,故除涉及当事人基本诉权的情形外,第6项“适用法律确有错误”一般应指适用实体法律错误情形,并不包括其他程序违法情形,不能将该项事由理解为其他事由的兜底事由。

因此,本案中资国本成都公司等申请人认为原审不中止审理错误的主张超出了法定再审事由,不能因此启动再审。再审法院裁定驳回中资国本成都投资有限公司、丰泰投资集团有限公司、丰泰金科投资有限公司的再审申请。

预重整是企业先行与债权人、投资人进行协商,拟定重组方案后,再通过法律程序进行重整。根据《破产审判纪要》和《九民纪要》的规定,在法院受理破产重整申请前,债务人和债权人已经达成的协议系意思自治原则的体现,仅能具有同意该重组方案的当事人约束力。该协议仍需要后续的重整程序启动,法院审批通过发生真正意义上的重整效力。[1] 具体到本案中,中资国本成都公司提交的法院同意预重整的裁定书仅能发生预重整的效力,预重整作为启动正式破产程序前的庭外债务重组机制,并未产生法院裁定受理破产申请的效力,因此亦无法产生中止诉讼、执行的效力。

尽管预重整在我国的司法实践中被广泛应用,但我国现行法律及司法解释并未对破产预重整期间执行法院是否应当中止诉讼、执行作出统一规定,不同法院对此作出的裁判也存在不一致的情况。笔者亦期待法律层面尽早规范预重整的法律效力。

2. 人格高度混同的关联企业,可适用关联企业实质合并破产方式进行破产重整

案例 | 江苏省纺织进出口公司与其他5家公司实质合并破产重整案

审理法院:江苏省南京市中级人民法院

案　　号:(2017)苏01破1、6、7、8、9、10号之二(指导案例163号)

【基本案情】

2017年1月24日,江苏省南京市中级人民法院根据镇江福源纺织公司的申请,裁定受理江苏省纺织进出口公司破产重整案,并于同日指定江苏东恒律师事务所担任管理人。2017年6月14日,南京市中级人民法院裁定受理江苏省纺织进出口公司对江苏省轻纺公司、江苏针织公司、江苏省机电公

[1] 季奎明:《论企业预先重整制度》,载《公司法律评论》2011年第0期。

司、无锡新苏纺公司的重整申请及江苏省轻纺公司对江苏省服装公司的重整申请(其中,江苏省纺织进出口公司对无锡新苏纺公司的重整申请经请示江苏省高级人民法院,指定由南京市中级人民法院管辖)。同日,南京市中级人民法院指定江苏东恒律师事务所担任管理人,在程序上对6家公司进行协调审理。2017年8月11日,管理人以江苏省纺织进出口公司、江苏省轻纺公司、江苏省针织公司、江苏省机电公司、无锡新苏纺公司、江苏省服装公司6家公司人格高度混同为由,向南京市中级人民法院申请对上述6家公司进行实质合并重整。

【争议焦点】

(1)江苏省纺织进出口公司与其他5家公司能否进行实质合并重整?

(2)实质合并重整是否有损债权人等的合法权益?

【审理结果和裁判要点】

根据江苏省纺织进出口公司及其他5家的业务、财务等情况来看,存在江苏省纺织进出口公司与其他5家公司的人格高度混同的情形。从案涉公司合并重整的内容来看,符合《企业破产法》的公平清偿债权债务、维护社会主义市场经济秩序的规定。

首先,当事人申请对关联企业合并破产的,法院应当对合并破产的必要性、正当性进行审查。本案中,江苏省纺织进出口公司与5家公司属于人格高度混同的关联企业,存在不当利益输送、相互控制的关系。关联企业成员的破产应当以适用单个破产程序为原则,在关联企业成员之间出现法人人格高度混同、区分各关联企业成员财产成本过高、严重损害债权人公平清偿利益的情况时,可以依申请例外适用关联企业实质合并破产方式进行审理。

其次,采用实质合并破产方式的,各关联企业成员之间的债权债务归于消灭,各成员的财产作为合并后统一的破产财产,由各成员的债权人作为一个整体在同一程序中按照法定清偿顺位公平受偿。合并重整后,各关联企业原则上应当合并为一个企业,但债权人会议表决各关联企业继续存续,法院审查认为确有需要的,可以准许。

最后,合并重整中,重整计划草案的制定应当综合考虑进入合并的关联企业的资产及经营优势、合并后债权人的清偿比例、出资人权益调整等因素,保障各方合法权益,对于具有财产担保的债权人或者其他债权人,其仍然享有担保财产的优先受偿权或者其他法定优先受偿权。同时,可以灵活设计“现金+债转股”等清偿方案、通过“预表决”方式事先征求债权人意见并以此为基础完善重整方案，推动重整的顺利进行。

综上所述，南京市中级人民法院作出裁定：批准江苏省纺织进出口公司、江苏省轻纺公司、江苏省针织公司、江苏省机电公司、无锡新苏纺公司、江苏省服装公司合并重整计划；终止江苏省纺织进出口公司、江苏省轻纺公司、江苏省针织公司、江苏省机电公司、无锡新苏纺公司、江苏省服装公司合并重整程序。

随着市场化进程不断加快，公司集团化运作已成为企业发展的大势所趋，这导致由股权或者其他关系形成控制关系的关联企业破产的现象频繁出现。对此，我国法律尚未对实质企业合并破产作明确规定，故在实务中关联企业破产适用实质合并的标准存在不一。该案提供关联企业适用实质合并重整的指导意义。具体而言，关联企业破产以单个破产程序为原则，但当存在关联企业法人人格高度混同的情形、资产难以区分的情形，严重损害债权人公平清偿利益时，可采用实质合并的方式进行审理。高度混同的关联企业倘若适用单个破产程序，将从根本上背离《企业破产法》追求公平清偿债权债务的价值目标，亦会影响《企业破产法》追求的效率价值目标的实现。故关联企业的实质合并审理，既能够纠正关联企业成员间的不当利益输送行为，也能提高审批效率，减少资源的浪费。具体到本案中，江苏省纺织进出口公司与其他5家公司实际存在人格高度混同的情形，无独立的组织结构，人员高度交叉，导致相应的债权债务难以及时清理。因此，江苏省纺织进出口公司与其他5家公司进行实质合并重整具有其合理及必要性。

3. 破产重整的对象应当是具有挽救价值和重整可能的困境企业

案例 | 朱氏公司与迪嘉特公司申请破产重整破产案

审理法院：安徽省高级人民法院

案　　号：（2020）皖破终2号

【基本案情】

迪嘉特公司成立于2004年9月，注册资本为1590万美元，系有限责任公司。该公司法定代表人为朱某尚，股东为朱氏公司、高新创业公司、普邦资产公司。后因该公司不能清偿到期债务且明显缺乏清偿能力，一审法院受理该公司的破产清算一案。朱氏公司向一审法院提出破产重整申请。一审法院经审查认为，朱氏公司虽符合申请重整主体资格，但该重整方案不具有可行性，二次破产可能性较大。主要理由为：方案主要资金来源依托土地性质变更进行商业开发，但无政府同意变更土地性质的材料；规划先代建后招商，却未明确入驻企业投资金额、具体项目及是否符合产业政策；迪嘉特公司名下无相关知识产权，却在方案中涉及无权使用的知识产权。因此，一审法院认定朱氏公司提出的重整方案缺乏明确可行的操作路径，资金来源存在风险，是否能够产生相应收益本身亦存在不确定性，裁定不予受理朱氏公司的重整申请。

朱氏公司不服一审裁定，遂提起二审诉讼。

【争议焦点】

是否应受理朱氏公司对迪嘉特公司的重整申请？

【审理结果和裁判要点】

二审法院认为，《破产审判纪要》第14条规定："破产重整的对象应当是具有挽救价值和可能的困境企业；对于僵尸企业，应通过破产清算，果断实现市场出清。人民法院在审查重整申请时，根据债务人的资产状况、技术工艺、生产销售、行业前景等因素，能够认定债务人明显不具备重整价值以及拯救可能性的，应裁定不予受理。"据此，破产重整的对象应当是具有挽救价值和可能的困境企业，此是启动重整程序应具备的必要性和可能性标准。同时，重整程序成本高，耗时长，对利害关系人影响巨大，如让不具有拯救价值和可能的企业随意进入重整程序，只会造成重整程序的空转，徒增时间成本、经济成本，减损债务人企业的资产，损害债权人甚至是社会利益。同时，重整并非调整社会资源配置的唯一手段，破产清算同样具有优化资源配置、实现优胜劣汰的积极功效，对于经营无望的困难企业，通过清算尽早退出市场也是资源配置的最佳选择。为此，法院应对债务人是否具备重整价值以及拯救可能性进行必要审查。分析认定如下：

第一，迪嘉特公司的实际资产情况极不理想。马鞍山成功会计师事务所出具的《迪嘉特公司破产清算审计报告初稿》反映，截至2019年3月31日，迪嘉特公司的资产总额为365,648,412.12元，负债总额为448,046,561.71元，资产负债率为122.53%。上述资产总额中，货币资金余额为1,218,093.90元，房产、土地资产余额为107,572,608.40元；其他应收款为141,874,348.09元，但对破产企业安徽省磊鑫科技有限公司应收款为

134,358,944 元,其他 27 笔应收款中有 23 笔的账龄在 5 年以上;预付账款余额 46,685,318.34 元,超过 90% 的预付账款账龄都在 10 年以上。

第二,迪嘉特公司缺乏具有核心竞争力的主营业务。迪嘉特公司自 2004 年 9 月 28 日成立至一审法院裁定受理破产,经营 15 年左右,但从马鞍山成功会计师事务所出具的迪嘉特公司《收入汇总表》反映:2004 年至 2019 年公司主营收入总额为 27,008,361.22 元(加工收入 10,786,443.05 元 + 销售商品收入 16,221,918.17 元),且 2013 年以后无主营业务收入,仅有房租、设备租赁、基础建设补助等收入,但此期间主营业务成本总额达 3100 余万元。朱氏公司在重整方案中亦称迪嘉特公司经营业绩自 2009 年开始严重下滑。虽然该公司经营范围为自动贴片机、自动插片机、集成电路的设备设计开发,二手设备翻新、维修等,但其自成立以来,其仅从事过部分电子产品的代加工及销售活动,缺乏具有核心竞争力的主营业务,且盈利能力较低。

第三,重整方案明显不具有可行性。(1)关于无线电厂产业。重整方案拟对迪嘉特公司名下无线电厂土地进行"智慧康养"商业地产开发,并以该项目收入作为重整的资金来源。此项方案实施的前提,需将该部分工业用地变更为商业用地,但朱氏公司并未提交政府相关部门已经同意变更土地性质,准许迪嘉特公司进行商业开发,且符合当地人民政府对土地的整体规划、利用的批复文件。(2)关于债转股方案。重整方案拟将迪嘉特公司债权人债权转为公司股权,并根据性质区分为不可转股债权 7200 万元、抵押债权转旧改项目股 1400 万元、可转优先股债权 12,400 万元,再由经营股东采取逐年回购优先股方式清偿债权。因债权转股权是对债权人债权的处分,需要得到债权人的同意,但朱氏公司未能提交相关债权人同意此方案的相应证据,且对于上述债转股的回购计划及资金亦缺乏切实保障。(3)关于重整投资。重整方案拟引入的投资人多仅处于意向洽谈中,并没有明确具体的投资协议。迪嘉特公司与广西住总建设集团签订的《代融代建项目合作意向书》也仅为意向性协议,且协议约定建设项目交工后的回购资金来源为无线电厂旧改项目的回笼资金。如前所述,旧改项目本身就缺乏可行性。同时,朱氏公司对于重整经营模式及重整方案的保障措施等核心内容也未能提出具体明确的方案。因此,朱氏公司提出的重整方案,不足以证明迪嘉特公司具有重新获得盈利能力、恢复清偿能力的前景和可能性,也不能证明维持迪嘉特公司继续经营有利于债权人、债务人、员工等各利害关系人,有利于社会整体价值最大化。

第四，部分债权人不同意重整方案。困境企业的挽救需要各利害关系人共同努力、各自作出不同程度的让步才有实现的可能性，因此，如果各方利害关系人没有挽救债务人企业的意愿，或者均不愿作出让步，也就表明债务人企业不具有挽救希望。本案二审期间，管理人向法院提交迪嘉特公司七个债权人《关于朱氏公司重整申请的情况说明》，均表示不同意对迪嘉特公司进行重整。其中，徽商银行马鞍山汇通支行、中国农业银行马鞍山花山区支行对迪嘉特公司的特定财产享有担保权的债权金额分别4300万元（管理人审核确认，下同）、1,217,660.45元，约占此类债权份额的80%；国家税务总局马鞍山经济技术开发区税务局对迪嘉特公司享有税收债权为17,570,864.68元（税款本金11,918,741.25元，孳息5,652,123.43元），占此类债权份额100%。朱氏公司提交的仅为部分债权人同意迪嘉特公司进行重整的材料。据此，根据《企业破产法》第82条、第84条的规定，即使将朱氏公司提交的方案作为重整计划草案提交债权人会议表决，至少有特定财产担保债权组、税收债权组两个表决组不能表决通过。

综合以上四点分析，二审法院认为，迪嘉特公司明显不具备重整价值以及拯救可能性，故对朱氏公司的上诉请求不予支持，一审法院对其重整申请不予受理并无不当。

破产重整制度的立法要旨系拯救企业，平衡债权人、债务人及投资人等各方的利益。考虑到重整成本高、耗时长的特点，经营无望的困难企业无须进入破产重整程序，否则不利于发挥重整程序的价值，借助破产清算亦能够实现资源配置的优化，有效地调整社会资源配置。迪嘉特公司缺乏具有核心竞争力的主营业务，2013年无主营业收入，实际资产情况极不理想。结合《破产审判纪要》的条文规定，破产重整针对的重整对象须为具备相应的挽救价值和救济可能性的企业。因此，从迪嘉特公司自身企业经营发展到破产重整方案来看，均不符合破产重整制度的对象要求，亦当然不符合破产重整制度的立法目的。

4. 一审法院驳回投资人破产重整申请，通过上诉取得破产重整机会

案例 | 佳新公司与深商公司申请新一佳公司破产重整案

审理法院：广东省高级人民法院

案　　号：(2020)粤破终17号

【基本案情】

2017年10月30日，深圳市中级人民法院根据申请人恒安集团厦门商贸公司的申请裁定受理新一佳公司破产清算一案，并指定北京市中伦律师事务所、深圳市正源清算事务有限公司、深圳市卓效清算事务有限公司为管理人。在清算过程中，佳新公司、深商公司分别以新一佳公司具有重整价值为由向深圳市中级人民法院申请对新一佳公司进行重整。2019年4月15日，深圳市中级人民法院依法召开了听证，佳新公司、深商公司委托代理人、新一佳公司诉讼代表人、债委会成员、意向重组方及部分债权人参加了听证。

听证期间及听证后，新一佳公司、多家债权人均表示支持重整。综合听证查明的事实，本案意向重整的核心资产为位于深圳市宝安区的两处自建物业，均已设定抵押，抵押权人分别为许某某和杨某某，经管理人初步认定其抵押权金额分别为218,061,187.00元和65,540,933.33元。听证前后，许某某多次要求尽快处置抵押物并表示不支持重整。根据管理人初步核查的债权情况，已初步确认的有财产担保债权共4笔，总金额为567,812,509.14元，占比38.40%。此外，新一佳公司原主要经营连锁超市和零售业务，已停止经营多年，大部分员工均已遣散。

深圳市中级人民法院认为，重整程序尤其是大型企业的重整程序耗时较长、成本较高，因此在进行破产清算程序转入重整程序的审查时，应当充分注重重整价值及重整可能性的审查，以降低因重整计划执行不能而再次转入清算程序的风险，避免因程序过长扩大债权人的损失。关于新一佳公司的重整价值，新一佳公司原主营业务为连锁超市和零售业务，已停止经营多时，基本不具备营运价值，故通过重整程序维持新一佳公司原有的产业价值已无法实现。新一佳公司名下的资产可通过破产清算程序实现快速变现，符合破产制度的重新分配生产资源、释放生产要素、规范资不抵债的企业退出市场的法律价值，故新一佳公司不具备破产重整制度的立法价值。关于新一佳公司重整可行性，现有重整方案通过有担保债权组表决的可能性较低。根据听证调查的情况，新一佳公司重整的核心资产为深圳市宝安区的两处自建物业，该物业继续保留在新一佳公司名下是重整方案的核心要素。但新一佳公司自启动破产清算程序以来，上述物业的抵押权人许某某多次提出尽快处置抵押物实现其担保物权的主张。本案在听证期间及听证后，许某某亦继续坚持尽快处置抵押物的意见，并明确表示不支持重整。经深圳市中级人民法院释明并给予合理的期间，佳新公司、深商公司及新一佳公司均未能就抵押债权的延期清偿及补偿事宜获得许某某的支持。鉴于许某某持有的有担保债权金额超过有担保债权总额的1/3，其对于重整的不支持态度极有可能导致重整计划草案无法通过有担保债权组的表决。而佳新公司、深商公司所提交的重整方案中也未提出具有可行性的解决方案，故可以认定本案重整可能性较低。新一佳公司的重整价值和重整可行性较低，对其启动重整程序，不利于保护债权人，不符合破产重整制度的立法价值。综上所述，深圳市中级人民法院作出(2017)粤03破172号之一民事裁定，裁定不予受理佳新公司和深商公司对新一佳公司提出的破产重整申请。

佳新公司、深商公司因不服深圳市中级人民法院一审民事裁定，向广东省高级人民法院提起上诉。

【争议焦点】

债权人申请对债务人进行破产重整的，在法院受理破产申请后、宣告债务人破产前，债务人或者出资额占债务人注册资本1/10以上的出资人，可以向法院申请重整，法院应否受理？

【审理结果和裁判要点】

二审法院认为，《企业破产法》第70条第2款规定："债权人申请对债务人进行破产清算的，在人民法院受理破产申请后、宣告债务人破产前，债务人或者出资额占债务人注册资本十分之一以上的出资人，可以向人民法院申请重整。"本案情形符合上述法律规定。一审组织听证期间及听证后，新一佳公司、多家债权人均表示支持重整。深商公司提交的重整方案提出，有财产担保债权自重整计划批准之日起30日内以现金方式一次性清偿完毕，且提高普通债权清偿率，不能因有担保债权人许某某反对重整而不给新一佳公司破产重整的机会。本着对经营陷入困境的企业应先行挽救的目的，佳新公司、深商公司申请对新一佳公司破产重整，应予受理。一审裁定不予受理破产清算申请不当，二审法院予以纠正，故裁定：(1)撤销广东省深圳市中级人民法院(2017)粤03破172号之一民事裁定；(2)指令深圳市中级人民法院受理佳新公司、深商公司对新一佳公司的破产重整申请。

从司法实践的角度来看，对于经营陷入困境的企业，秉持先行挽救的目的具有重要意义。破产重整制度的设立初衷便是通过一系列措施，帮助困境企业恢复经营能力、调整债务结构，从而实现企业的重生，避免因破产清算导致企业主体消灭，造成资源浪费和社会不稳定因素增加。

在本案中，佳新公司、深商公司作为适格主体，依法拥有申请对新一佳公司进行破产重整的权利。其提出的重整方案，充分考虑了有财产担保债权人的权益，为其债权实现提供了明确且合理的途径。既能让有财产担保债权、职工债权、税款债权快速足额得到清偿，又有利于保护普通债权人的利益，综合权衡多方利益，以实现企业重生与各方利益平衡的目，为新一佳公司的重生创造了条件，具有可行性与公平性。启动对新一佳公司的重整，不仅能够更好地保护优先债权人合法权益，提高普通债权的清偿率，且有利于维护企业的品牌价值、员工就业以及上下游产业链的稳定，符合社会整体利益和经济发展需求，体现了破产重整制度的价值导向。

（三）核心法条

1.《企业破产法》

第七十条 债务人或者债权人可以依照本法规定，直接向人民法院申请对债务人进行重整。

债权人申请对债务人进行破产清算的，在人民法院受理破产申请后、宣告债务人破产前，债务人或者出资额占债务人注册资本十分之一以上的出资人，可以向人民法院申请重整。

第七十一条 人民法院经审查认为重整申请符合本法规定的，应当裁定债务人重整，并予以公告。

第七十二条 自人民法院裁定债务人重整之日起至重整程序终止，为重整期间。

第七十五条 在重整期间，对债务人的特定财产享有的担保权暂停行使。但是，担保物有损坏或者价值明显减少的可能，足以危害担保权人权利的，担保权人可以向人民法院请求恢复行使担保权。

在重整期间，债务人或者管理人为继续营业而借款的，可以为该借款设定担保。

第八十四条 人民法院应当自收到重整计划草案之日起三十日内召开

债权人会议，对重整计划草案进行表决。

出席会议的同一表决组的债权人过半数同意重整计划草案，并且其所代表的债权额占该组债权总额的三分之二以上的，即为该组通过重整计划草案。

债务人或者管理人应当向债权人会议就重整计划草案作出说明，并回答询问。

2.《破产审判纪要》

14.重整企业的识别审查。破产重整的对象应当是具有挽救价值和可能的困境企业；对于僵尸企业，应通过破产清算，果断实现市场出清。人民法院在审查重整申请时，根据债务人的资产状况、技术工艺、生产销售、行业前景等因素，能够认定债务人明显不具备重整价值以及拯救可能性的，应裁定不予受理。

3.《九民纪要》

115.继续完善庭外重组与庭内重整的衔接机制，降低制度性成本，提高破产制度效率。人民法院受理重整申请前，债务人和部分债权人已经达成的有关协议与重整程序中制作的重整计划草案内容一致的，有关债权人对该协议的同意视为对该重整计划草案表决的同意。但重整计划草案对协议内容进行了修改并对有关债权人有不利影响，或者与有关债权人重大利益相关的，受到影响的债权人有权按照企业破产法的规定对重整计划草案重新进行表决。

（四）疑难问题解答

1.预重整制度的定性

预重整制度系从国外引入的概念，但我国学者对此重整程序与模式观点不一。联合国国际贸贸易法委员会制定的《破产法立法指南》将预重整定义为“简易重整程序”，即为使受到影响的债权人在破产重整程序启动之前自愿重组谈判中商定的计划发生效力而启动的程序。具体而言，预重整属于“破产程序启动之前”进行的程序，即当事人的法庭外自愿重组，以此达到高效、便捷地衔接重整程序的目的。[1] 王欣新教授认为，我国的预重整包括

〔1〕 参见王欣新：《建立市场化法治化的预重整制度》，载《政法论丛》2021年第6期。

法庭外重组以及法庭内重整前后两个阶段,当事人在法庭外重组阶段达成的重组协议具有重整计划草案的效力,法院通过审批批准后将之纳入重整程序,实现法治化,简易、快捷地解决企业挽救再生之问题。此说法解释了为何要在破产清算、破产和解等制度之外设立破产重整制度的合理性,强调了预重整制度在企业拯救方面的社会调整作用,甚至具有对我国司法实践的重要指导意义。需要注意的是,预重整制度仍为辅助性制度,需要借助后续的重整程序的启动以及法院对此的审查结果,才能实现企业挽救的目的;预重整不具有重整程序启动的法律效力,其不容纳司法权力的干预,亦不能发生重整程序启动的各种法律效力(中止执行、解除保全等)。

但在司法实践中,预重整整合了庭外重组与庭内重整的优势,将庭外重组向后延伸至重整程序,是庭外重组与司法重整的桥梁,具有重要的实务价值:(1)预重整有利于降低重整的时间成本和经济成本;(2)预重整不发生企业控制权的转移,有利于调动各方面的积极性;(3)在司法重整前,通过债务人与债权人、投资人等利害关系人的沟通,强化信息披露,利益相关方能够实现对企业价值的精准识别,强化了债权人、投资者的信心,增强法院对计划重整的认可程度,提高了重整的效力;(4)预重整将法庭外的债务重组和破产重整程序相连接,民法的私力救济机制和破产保护机制相结合,有利于公平和效率的有机结合。预重整有利于降低重整的成本,提升重整的质量,堪称"重整的缓冲期"。笔者亦希望我国《企业破产法》的修订工作能够尽快推进,并完善预重整相关制度,使得预重整制度能够在挽救危困企业、推进供给侧结构性改革、优化营商环境方面发挥更大的价值和作用,完美实现预重整"桥梁"效应。〔1〕

2. 法院强制批准制度的理念

强制批准重整制度赋予法院在破产程序中干预重整进程的重要权力。该制度背后的价值基础在于以沃伦、维斯特布鲁克为代表的学者所主张的"损失分担"理论。〔2〕具体而言,破产重整程序中,重整参与各方通过动态博弈进行损益的再分配,而法院作为独立于利益各方的主体,为损益的分配

〔1〕 参见《【律师视点】张雪莲:预重整——庭外重组与司法重整的桥梁》,载微信公众号"德衡律师集团"2021年4月23日,https://mp.weixin.qq.com/s/h0nW1epsAfeFtN3kDlUJtg。

〔2〕 Baird, G. Douglas, *Bankruptcy's Uncontested Axioms*, 108 Yale Law Journal 576(1999).

提供了一种平衡机制。[1] 从法院的角度来看,法院的审批权主要体现为两个方面:若重整中各表决组通过重整计划,法院将对协商结果赋予相应的法律效力;若表决组未通过重整计划,法院依据计划制定者的申请,批准符合法律规定的重整计划,从而赋予其法律效力。此种制度可有效平衡各方利益主体的利益、保障各方主体的发表意见的权利、发挥重整效率的价值,防止权利的滥用,挽救企业。我国的破产重整制度在一定程度上吸收了上述立法理念,并借鉴美国破产法的强制批准制度,建立起具有中国特色的法院强制批准制度。《企业破产法》第 87 条,要求强制批准需满足"普通债权组在重整计划中获得的清偿比例不低于清算状态下的清偿率""对出资人权益的调整公平、公正"等条件。

强制批准重整制度亦具有实务难点,例如,对清算价值评估存在争议,债务人资产价值在清算与重整状态下的差异难以精准量化,导致对"清偿比例是否达标"的认定产生分歧;"公平对待"标准模糊,普通债权人组内部是否需细分(如大额与小额债权人),不同债权人是否实质公平产生争议;法院自由裁量权过大,强制批准可能被滥用,引发债权人质疑程序公正性;等等。

3. 实质合并重整的认定标准

司法实践中,我国已经存在相当数量的实质合并重整案件,在最高人民法院发布的《破产审判纪要》中亦有提及。关联企业实质合并重整有利于债权人公平清偿,保证破产程序的效率,实现重整程序的制度价值。深层来看,倘若关联企业不采取实质合并重整,无视关联关系本身的弊端,放任关联企业之间的内部利益输送、欺诈性转让等行为,将使得实质合并重整更多沦为形式意义上的清偿,并未在实质上实现债权人的公平清偿。《企业破产法》第 1 条即规定"公平清偿债权债务",其注重形式公平与实质公平的兼顾,而实质合并重整体现了破产程序设立的意义所在。

但是,实质合并重组制度正处于探索阶段,存在认定标准不明晰的问题。查阅我国近年来的司法实践情况可知,法院更多借助《破产审判纪要》明确的关联企业实质合并破产方式来对具体案件进行审理,这说明会议纪要对现实的审判工作具有指引性作用。会议纪要规定实质合并破产重整具

---

〔1〕 参见齐明、郭瑶:《破产重整计划强制批准制度的反思与完善——基于上市公司破产重整案件的实证分析》,载《广西大学学报(哲学社会科学版)》2018 年第 2 期。

有抽象性之义，法院在具体认定企业法人人格混同时存在不同的认识因素。对此，王欣新教授认为，法人人格混同主要体现在两个方面：一为无独立的意思表示能力；二为资产与负债严重混同，无独立的民事能力。[1] 在今后的司法实践认定标准中，仍需要进一步明确企业法人人格混同以及其他独立适用的裁判标准。只有这样，方才能最大限度地发挥实质合并重整本身的制度价值。

4. 重整计划的具体内容

重整计划中应载明债权分类与调整方案，明确各类债权的性质、数额及调整方式，如债权的减免、延期偿付等：(1)债权受偿方案，规定各类债权的具体受偿方式和比例，包括现金清偿、以物抵债或转为股权等；(2)经营方案，制定企业在重整期间的经营计划，包括业务调整、资产处置、债务重组等措施，以实现企业的复苏和盈利能力提升；(3)监督方案，明确重整计划执行主体与监督主体的义务及责任等。

重整计划需要进行可行性的分析与表决，以保护债权人等利害关系人的利益。应设置部分开放式弹性条款，可将部分非重大变更的情形纳入重整计划条款以保障执行的稳定性。从比较法的视角分析，我国对重整计划内容上的指引较为简单，未来立法应对重整计划制定的内容进行更为详细的规范指引，以实现各方主体的利益保护，旨在通过合理的安排和协调，使企业在破产困境中获得重生的机会。

5. 重整企业股东权益的调整问题

破产重整企业股东权益调整的方式通常有以下两种：(1)股权让渡。将现有股东所持股权的一部分或者全部进行无偿转让，转让的股权可用于公开处置、定向处置给意向投资人获得流动资金清偿债务或作为债转股股票直接分配给债权人抵偿债务；(2)资本公积转增股本。转增后的股份用于公开处置获得偿债资金、引入战略投资人、直接用于偿付债务，是近几年上市公司重整计划采用最多且多以单一方式调整出资人权益的方案。

重整计划对出资人权益的调整应公平、公正。重整计划经过债权人全体表决通过以及法院的司法批准程序，应认为其中对股权调整及让渡方案

---

〔1〕 参见王欣新：《实质合并破产中法人人格严重混同的判断标准》，载《法治日报》2021年6月9日，第11版。

的约定已经取得了强制执行的依据，法院有权将其作为执行依据予以强制执行。在实务操作中，法院出具的执行文书的具体落实还需借助于市场监管部门的协调与配合，股权的调减及后续变更登记将与股权负担之权利人的主张直接冲突，需要解决的是重整计划的约束力和执行力问题。故建议有关部门出台配套文件，明确市场监管部门有权根据破产受理法院出具的解封或解除股权质押裁定直接办理股权变更登记。破产受理法院向查封法院发函建议解除对债务人企业的股权查封的，查封法院应出具裁定书予以解封。

6. 重整融资优先顺位的认定

重整实践中，为激励潜在投资方，重整计划中存在约定重整融资的清偿顺位优先于破产前成立的财产担保债权的条款，进行个别的顺位调整，乃至按照重整投资人的要求优先清偿个别其债务，能达到多方共赢的效果，但对于特定债权绝对优先，立法上并未明确规定，笔者结合司法实践分析如下：

（1）为激励潜在资金提供方，重整融资的顺位能否优先于破产前成立的财产担保债权。

一种意见认为，在满足充分保护的前提下，可以赋予重整融资超级优先权，即优先于旧的财产担保债权。对于充分保护的方式，可以借鉴美国破产实务的做法，包括直接补偿、提供替代担保等。另一种意见认为，根据《企业破产法解释（二）》第 3 条和《企业破产法解释（三）》第 2 条的规定，重整融资作为共益债务不得优先于担保债权清偿。

为了鼓励融资，进行个别的顺位调整，乃至按照重整投资人的要求优先清偿个别其子公司的债务，能达到多方共赢的效果。但对于特定债权优先于担保债权清偿，立法上似乎采取了否定的态度。一方面，《企业破产法解释（三）》第 2 条明确，为债务人继续营业而借款的债权，主张优先于此前已就债务人特定财产享有担保的债权清偿的，法院不予支持；另一方面，根据《企业破产法》第 75 条第 1 款的规定，重整程序中即便担保权暂停行使，若担保物有损坏或者有价值明显减少的可能，足以危害担保权人权利的，担保权人可以向法院请求恢复行使担保权。此外，对于特定债权能否通过债权人自治优先于共益债务、破产费用清偿，立法上尚处空白。因此，共益债务融资债权人要优先于担保债权人、破产费用以及共益债务相关权利人清偿，除债权人会议表决通过外，还需要单独取得特定主体劣后清偿的同意。若担保债权人不同意让渡优先权，目前仍应按照《企业破产法解释（三）》第 2 条的规定办理。

（2）重整融资的利息能否作为共益债务优先受偿。

破产重整程序中理论上可进行债务清偿，但要满足严格条件。针对可能或已破产但有挽救价值的企业，由法院主导、利益关系人参与，进行业务重组和债务调整。特定债务如维系企业运营产生的必要债务、共益债务有优先清偿权，普通债务的清偿仍要严格依破产重整方案和法院裁决执行。总之，破产重整中对于债务清偿有规定和限制。重整融资的利息因重整融资而产生，亦符合共益性要求，能够作为共益债务优先受偿。具体而言，从认定标准上看，重整融资发生在法院受理破产申请之后，且该融资借款是为了全体债权人的利益；从认定程序上看，重整融资的投资人之所以同意放款，一般来说是包含融资方案在内的重整计划草案已由债权人会议表决通过，在此情况下对利息部分优先受偿也属于执行重整计划的应有之义；从可行性上看，若对重整融资不予计息或是将利息认定为普通债权，将极大地影响投资人的积极性，也将降低债务人企业获取重整融资的可能性。在破产重整期间，债务利息的承担问题需要根据具体情况明确约定。一般来说，应当通过投资协议、重整计划予以明确规定，避免投资收益损失及产生纠纷。

（3）房地产企业破产重整中，担保债权人在续建工程中优先权的范围如何确定？重整融资的用途是否必须限定于续建工程？

对于担保债权人在续建工程中优先权的行使范围：一种意见认为，在《民法典担保制度解释》出台之前，司法实践中抵押权人一般均约定将所有的工程都纳入抵押物范围，而不区分已建和未建部分。但根据《民法典担保制度解释》第 51 条的规定，抵押权的效力范围限于已经办理抵押登记的部分，故担保债权人按照担保合同约定主张效力及于续建部分的，法院不应予以支持。另一种意见认为，担保债权人行使担保权的范围应根据抵押担保合同（在抵押登记时一并备案可查）约定的抵押物范围来确定。实践中有的合同约定以已建建筑作为抵押物，有的合同约定以后续完整建好的建筑物作为抵押物；若合同约定不明的，则需根据其他实际情况来综合判断。《企业破产法解释（三）》第 2 条规定，重整融资需用于债务人企业的继续营业，对于“继续营业”存在一定的解释空间。例如，房企重整中用于续建工程的专项资金原则上应当专款专用，仅在续建资金存在剩余的情况下才能够用于清偿原有的债权债务。但对于实践中存在的新旧施工队交接问题,为妥善安置旧施工队、保障续建工程的顺利进行,续建资金的使用存在一定的变通需要。

在“共益债续建”投资模式下,重整计划通常会赋予续建资金(即共益债务)以“超级优先”的受偿地位。但是,该“超级优先”需经债权人会议表决通过并经法院裁定确认后才能产生法律效力,并最终在重整投资文件如《重整投资方案》《重整投资协议》《重整计划》等中去落实。

7. **重组与重整的联系和区别**

重组和重整都是为清理债权债务关系,拯救陷于困境但又有希望的企业,避免债务人遭受企业破产宣告或破产分配带来的消极后果,使企业重新振兴。二者都可通过债转股、减免债务人债务、企业再融资、接受第三人投资等方式在当事人之间达成和解协议,并且在公司管理机构、公司章程,甚至公司的经营方向和策略等方面取得一致而使企业能够恢复生产能力,促进经营发展。但重组是一个市场行为,而重整是司法制度,二者存在着较大的差异,这主要表现在以下几个方面:

(1)法律性质不同。重整程序是一个严格的法律概念,是法院受理破产案件后的一种司法程序,是实体法和程序法的结合;而重组并不是法律概念,而是一种当事人之间达成的合意,重组是一个市场行为,并且按照合约的约定履行合约的行为,其性质属于民事法律行为。

(2)参与的主体不同。在重组行为中,参与的主体是债权人、债务人,以及战略第三人。债务人股东只能被动地接受和解协议而无任何发言权;在重整程序中,参与的主体包括债权人、债务人、法院、管理人、计划执行人以及债务人股东。

(3)政府的地位和作用不同。纵观我国上市公司的重组,都是在政府的大力支持和帮助下完成的。政府可谓功不可没。由于国企改革遗留的历史问题,政府往往是上市公司的最大国有股股东,其作为民事主体身份完全有权利参与重组,但除了行使股东权外,政府行使的最主要的、起决定作用的权利是它的行政权力,是一个以政府权力为核心的民事主体。这种既当运动员又当裁判员的行为,可能使重组失去公正性,带来许多潜在的矛盾和风险。在重整程序中,政府仅以民事主体的身份参加进来,其行为受到法院的监管,保证了重整程序的公正性。

(4)法院的地位和作用不同。法院在重整程序中起主要的监管甚至决定性的作用，重整程序中的管理人须接受法院的监管，对法院负责并报告工作。未经法院许可，管理人不得辞去职务；管理人不能胜任工作，或者有渎职或其他违法行为的，法院可以依债权人会议或者其他利害关系人的申请，或者依职权对管理人予以撤换。重整企业不能执行或者不执行职务的，法院经利害关系人申请，裁定终止计划执行，宣告债务人破产。重整计划执行完毕，法院审查确认后，裁定终结破产案件。而在我国上市公司重组案中，从开始到结束，完全是当事人之间的私法行为，法院从始至终没有介入。

(5)计划方案的通过条件不同。重组方案完全属于自愿，必须取得所有债权人的同意，否则重组方案对不同意的债权人无效。重整方案并不需要所有的权益人同意，根据《企业破产法》的规定，只需要"由出席会议的有表决权的债权人过半数同意，并且其所代表的债权额占无财产担保债权总额的三分之二以上"即可，在某种情况下，即使重整方案未能取得 2/3 以上债权人的同意，法院仍可以强行批准重整方案。

(6)时间效率不同。资产重组的期限，由各方当事人的自由意志决定，没有实质的限制。《企业破产法》明确规定"法院裁定重整之日起六个月内提交重整计划草案，否则终止重整程序，并宣告债务人破产"。基于此规定，达不成一致重整方案就面临破产清算的后果，所以各方当事人均会认真对待，加大谈判诚意，减少了不必要的扯皮，提高了效率。[1]

8. 上市公司破产重整在审查程序上的特别规定

2024 年 12 月 31 日，最高人民法院、中国证监会发布了《关于切实审理好上市公司破产重整案件工作座谈会纪要》，对上市公司破产重整在程序上进行了如下特别规定：

(1)人民政府出具的维稳预案。申请人申请上市公司破产重整的，除提交《企业破产法》第 8 条规定的材料外，还应当提交关于上市公司具有重整可行性的报告、上市公司住所地省级人民政府出具的维稳预案等。

(2)听取证监会的意见。债权人提出重整申请，上市公司在法律规定时间内提出异议的，或者债权人、上市公司、出资人分别向法院提出破产清算

---

〔1〕 参见《【律师视点】张雪莲：重组 VS 重整》，载微信公众号"德衡律师集团"2019 年 10 月 13 日，https://mp.weixin.qq.com/s/X0MNhO6f9hZLFQwjx9KwWQ。

申请和重整申请的，法院应当组织召开听证会。法院召开听证会的，应当于听证会召开前通知申请人、被申请人，并送达相关申请材料。公司债权人、出资人、实际控制人等利害关系人申请参加听证的，法院应当予以准许。法院应当就申请人是否具备申请资格、上市公司是否已经具备重整事由、上市公司是否具有重整可行性等内容进行听证。涉及证券监管事项的，应当听取属地中国证监会派出机构意见。

（3）最高人民法院审查。法院在裁定受理上市公司破产重整申请前，应当将审查意见及相关材料逐级报送最高人民法院审查。

企业发生财务困境的情况下，作为债务人可以选择以重组还是重整的方式来挽救企业，且重组与重整二者本是相辅相成的，在处理困境企业危机过程中，可以根据企业的发展需要及商业规则，利用财务、法律技术使重组与重整相结合。例如，*ST 重钢是经重大资产重组不成功转为司法重整、*ST超日太阳是经司法重整成功之后又进行资产重组、S*ST 海纳则是重整、重组同时进行使得企业重生并稳定发展。

（五）破产重整纠纷的实务操作

1. 诉讼主体

（1）申请人：债权人、债务人、出资比例占注册资本 1/10 以上的出资人（破产案件受理后，破产宣告前）。

（2）被申请人：债务人。

2. 案由

《民事案件案由规定》将破产重整纠纷作为四级案由规定在内。

3. 管辖

根据《企业破产法》第 3 条的规定，破产案件由债务人住所地法院管辖。

4. 诉讼时效

《企业破产法》第 2 条规定："企业法人不能清偿到期债务，并且资产不足以清偿全部债务或者明显缺乏清偿能力的，依照本法规定清理债务。企业法人有前款规定情形，或者有明显丧失清偿能力可能的，可以依照本法规定进行重整。"《民法典》第 188 条规定，向法院请求保护民事权利的诉讼时效期间为 3 年。这意味着，自权利人知道或者应当知道其权利受到损害之日起计算，3 年内可以提起诉讼以保护其民事权利。而根据《民法典》第 195 条的规定，诉讼时效中断的，从中断、有关程序终结时起，诉讼时效期间重新计算。

5. 诉讼请求

申请债务人破产重整。

三、申请破产和解纠纷

（一）申请破产和解纠纷的概念

“申请破产和解纠纷”，是指为了避免破产清算，由债务人提出和解申请以及和解协议草案，经过债权人会议讨论通过后法院许可，用于解决债权债务的法律制度。[1]

破产和解制度是我国破产法制度的重要组成部分，发挥着预防破产清算、挽救债务企业的重要功能，对困境企业的复苏再建具有重要意义。[2] 由于外部经营环境或者内部经营决策和经营管理等因素的变化，企业经营过程中出现破产事由，而破产和解制度旨在挽救破产企业，减少企业破产造成的社会负担。破产和解制度既契合现代破产发展的理念，亦可保留债务人的经营价值，最大化破产财产的价值，减少公共利益的损失，稳定社会秩序。但在司法实践中，大量存在破产和解协议与担保物权人权利行使冲突、和解协议成立后的效力认定问题，以及破产和解程序与破产重整程序的衔接适用问题。不可避免的是，由于破产和解制度的法律规定具有高度的概括性与抽象性，实践中债务企业选择适用破产和解制度的案件少之又少，无法发挥破产和解制度的价值，该制度甚至一度成为“僵尸条款”。因而，为激活“破产和解”制度，关键在于解决和解协议与担保物权人的权利行使问题、和解协议的履行问题、破产清算、破产和解抑或破产重整的转化问题。整个破产和解程序中，管理人宜以保证和解程序合法，指导就债务的减免及清偿内容的协议合法合规，并非主导和解协议的制定。破产和解的条件及法律特征：

1. 破产和解的条件

首先，申请主体与时间限制。（1）申请主体：根据《企业破产法》第 95 条

---

〔1〕 参见李永军：《破产法》，中国政法大学出版社 2017 年版，第 204 页。

〔2〕 参见张世君、郑侠：《破产和解制度价值实现的困境与出路》，载《首都师范大学学报（社会科学版）》2022 年第 5 期。

的规定，破产和解仅能由债务人提出和解申请，债权人或管理人均无权启动和解程序；(2)时间限制：须在法院受理破产申请后、宣告债务人破产前提出。

其次，债务人具备和解基础。(1)清偿能力预期：债务人须证明通过和解协议的执行，其能够恢复偿债能力或具备可行的债务清偿计划；(2)财产状况透明：须提交财产状况说明、债务清册、和解协议草案等文件，确保债权人可评估和解可行性。

最后，债权人会议表决通过且法院审查认可。和解协议须经出席债权人会议的有表决权债权人过半数同意，且其所代表的债权额占无财产担保债权总额的2/3以上。有财产担保债权人未放弃优先权的，不参与表决，但其权利不受和解协议影响。协议内容不得违反法律强制性规定，不得损害少数债权人或社会公共利益。法院须判断和解协议是否具备执行可能性，进行实质审查，避免“虚假和解”拖延债务清偿。

2. 破产和解的法律特征

首先，程序启动的“自愿性”。体现为债务人主导、债权人意思自治，即是否申请和解完全由债务人自主决定，体现私权处分原则，且和解协议须经债权人会议多数决，确保债权人集体意志的体现。

其次，债务调整的“优先性”。和解协议优先于清算程序，一旦和解协议生效，破产程序中止，企业免于破产宣告；担保债权受限，根据《企业破产法》第96条的规定，担保债权人仍可就担保物优先受偿，但不得在和解协议执行期间行使权利。和解协议可予债务减免或展期及经营调整空间，可约定减免部分债务、延长还款期限、分期清偿或债转股等灵活方案，可约定债务人可继续管理财产和营业事务，利于企业恢复经营发展。

最后，法律效力的“强制性”。一旦和解协议被法院裁定认可，企业免于破产宣告。根据《企业破产法》第100条的规定，和解协议对全体无财产担保债权人均有约束力，反对的债权人亦须遵守；和解协议具有司法强制力保障，根据《企业破产法》第104条的规定，若债务人不履行协议，债权人可申请法院裁定终止和解并宣告破产，且和解中的让步失效。

破产和解作为企业破产程序中的一种重要制度，旨在通过债务人与债权人协商达成协议，避免企业直接进入清算。核心价值在于以效率优先、意思自治为原则，通过协商解决企业债务危机，优化营商环境。然而，在司法实践中,破产和解的应用频率显著低于重整和清算程序,本质上是法律规则刚性、债务人信用缺失、执行风险高及市场选择共同作用的结果。未来需要通过制度改良与实务创新,激活和解程序的灵活性与效率优势,使其真正成为挽救企业、平衡多方利益的“第三条路径”。

(二)典型案例分析

1. 预重整制度、府院联动机制、司法和解或重整制度三者应有效结合

案例 | 三工公司申请破产和解案

审理法院:浙江省瑞安市人民法院

出　　处:2017 年浙江法院破产审判十大典型案例之十

【基本案情】

三工公司是温州市重点骨干企业,在汽车发动机冷却水泵、机油泵等产品的生产方面有雄厚的技术力量。因受对外担保债务所累,企业逐渐陷入经营困难。2016 年年中,三工公司向瑞安市处置办提出帮扶申请。瑞安市处置办经甄选将其列为帮扶企业。之后,瑞安市处置办与瑞安市人民法院以全力快速推动企业再生为目的,建立“府院联动式”预重整机制,探索适用“政府预重整 + 司法和解或重整”的企业帮扶模式。

预重整过程中,瑞安市处置办依法对债务人情况进行了全面摸底,研究和解方案并促成债务人与债权人等达成共识。预重整结束后,瑞安市人民法院裁定受理三工公司破产和解申请。

【争议焦点】

三工公司是否具备申请破产和解的条件?

【审理结果和裁判要点】

法院认为,三工公司不能清偿到期债务,且该公司的审计报告显示公司资产不足以清偿全部债务,故其具备破产原因。考虑破产和解能够促使三工公司以较小的成本、积极的态度清偿公司债务,这不仅有利于维护债权人的利益,也有利于债务人的复苏与再生,故法院对三工公司的破产和解申请予以准许。对此,三工公司针对自身情况,提出“以失信修复为条件的破产和解”,即对于具有市场重整价值的失信企业,若企业能够主动修正或者管理人能够依法追回减损的财产,债权人对此无异议的,则可进行和解。

故对债务人第二次向法院提出的和解协议以及相应附件内容，法院予以认可。

“府院联动式”预重整机制将预重整制度、府院联动机制、司法和解或重整制度三者有效结合，弥补了单一制度的短板，形成行政权、司法权明确分工又相互协作的有效企业帮扶模式。首先，发挥政府协调和保障职能，解决金融债权谈判困难的问题。实践中，地方银行囿于审批权限等因素，不愿与企业先行谈判偿债计划。由政府在预重整阶段充当协调者的角色达成初步方案，后通过司法和解、重整确认赋予其法律强制力，可消除金融债权人权责分担的顾虑。其次，缩短破产审判周期，在司法程序中确认预重整的谈判成果，缩短和解、重整程序时间，有效地将破产负面影响消解至最低程度。最后，充分发挥政府公共服务职能，解决和解、重整方案执行问题，由政府先期解决和解方案执行中可能涉及的企业信用修复、税费缴纳等问题。瑞安市人民法院提出以失信修复为条件的破产和解或重整机制，有效破解了对失信企业适用和解或重整程序的难题，在保障债权人利益的前提下成功挽救具备再生能力的优质企业。

2. 破产和解协议为债务人与债权人自行达成并赋予司法效力的协议

案例 | 普嘉丽公司破产和解案

审理法院：广东省佛山市顺德区人民法院

出　　处：广东省高级人民法院发布15个服务保障高质量发展破产审判典型案例之三

【基本案情】

普嘉丽公司成立于2005年11月18日，主营建筑材料、建筑装饰件生产经营，发展旺盛时产品海内外畅销，拥有职工近百人。2020～2021年，受新冠疫情影响，其与国外企业的合同无法正常履行，又因三角债务与国内企业合同受阻，陷入经营困境，涉多宗诉讼和执行案件。

佛山市顺德区人民法院在执行普嘉丽公司系列案件时，查封了其机器设备，虽公司拖欠部分工人工资，但生产经营仍正常。经联合破产庭法官研判，认为该公司符合破产条件且有挽救价值与可能，遂于2021年7月30日裁定受理其破产清算申请，并指定广东天地正律师事务所为管理人。

审理查明，普嘉丽公司的负债总额2248万余元，其中职工债权305万余元，资产经评估共40余万元。第一次债权人会议上，普嘉丽公司申请继续营业并获通过，并申请破产清算转破产和解。但推进和解过程中，有债权人反映普嘉丽公司的实际控制人陈某开设的普坚丽公司与普嘉丽公司存在财务混同嫌疑。经调查，两公司虽财务存在一定混同，但账目清晰，无转移资产、逃避债务行为。经多轮谈判，普坚丽公司和陈某同意对普嘉丽公司债务承担连带清偿责任，并划拨97万余元清偿部分职工债权以保障生产经营秩序。第一次债权人会议上，普嘉丽公司提出继续营业的申请，会议表决通过了普嘉丽公司继续营业的申请及经营方案。普嘉丽公司申请破产清算转破产和解。

【争议焦点】

普嘉丽公司是否具备转化为破产和解制度的条件？即其是否符合破产和解制度的适用条件？

【审理结果和裁判要点】

在第五次债权人会议上，普嘉丽公司破产和解协议以91.27%的高票通过。普嘉丽公司采取“债务人自行管理营业、管理人监督”模式继续经营，分期偿还债务，预计2027年10月全部支付完毕，若和解方案顺利执行，普通债权将获100%清偿。普嘉丽公司实际控制人陈某以及其开设的普坚丽公司同意对普嘉丽公司的债务承担连带清偿责任，保留款项清偿职工债权，优先保障生产经营秩序。2022年4月2日，顺德区人民法院裁定普嘉丽公司和解并认可和解协议。

破产和解制度的优势在于程序灵活、操作简单、成本低，能够挽救企业、实现企业的再生。根据《企业破产法》的规定，债务人可以依照该法规定，直接向法院申请和解；也可以在法院受理破产申请后、宣告债务人破产前，向法院申请和解。债务人申请和解，应当提出和解协议草案。破产和解协议为债务人与债权人自身达成的协议。本案中，通过多次的债权人会议讨论，普嘉丽公司与债权人达成了和解协议。该和解协议具有挽救普嘉丽公司企业价值的可行性，维护了企业的职工债权与债权人的利益，促进普嘉丽公司的生产逐步恢复，经营规模稳步提升。法院及时对具有成功挽救可能性的普嘉丽公司启动执转破程序，争取挽救企业的时机，帮助企业摆脱经营困难。

3. 在破产清算过程中，债权人或债务人认为具备和解条件时，可向法院提出破产和解申请

案例 | 和兴玻璃公司破产清算转和解案

审理法院：上海市第三中级人民法院

出 处：上海市破产法庭2020年度典型案例之五

【基本案情】

和兴玻璃公司系新加坡和兴玻璃集团于1992年在中国投资成立的全资子公司，从事各类幕墙的设计、加工制作、安装及施工管理，具有幕墙工程承包一级资质、装修装饰工程承包二级资质等建筑行业资质，承建工程项目曾多次获得“鲁班奖”及“白玉兰”奖，具有一定行业声誉。后因内部经营管理不善陷入债务危机。债权人某铝业公司向上海市第三中级人民法院申请和兴玻璃公司破产清算，上海市第三中级人民法院于2020年3月9日裁定受理，并随机指定上海金茂凯德律师事务所担任管理人。

管理人查明，和兴玻璃公司涉债权人46名，确认债权总额3937万元，涉执行案件20余件。同时，管理人了解到，和兴玻璃公司具有多种优质资质，其子公司、分支机构在全国各地仍有众多在建工程施工或质保中项目。若破产清算，会导致优质资质丧失、在建工程停工、售后质保脱保等问题，并可能因工程款拖欠产生涉近百名农民工以及公司员工的矛盾等不稳定风险，预测债权人清偿率低于18%。

【争议焦点】

和兴玻璃公司是否具有破产清算的必然性？能否转化为破产和解纠纷？

【审理结果和裁判要点】

法院认为，由于和兴玻璃公司具有多种优质资质，国内各地存在众多在建工程，涉及债权总额大，不宜采取破产清算程序。倘若采取破产清算，会产生优质资质丧失、在建工程停工等问题，加剧拖欠农民工工资等不稳定风险，进一步降低清偿率。在合议庭指导下，管理人积极开展法律释明和沟通工作，确定了债务人自行经营管理以及破产清算转和解的工作思路。本案债务人自筹资金维持了50余名职工的工资发放及社保费用缴纳。与此同时，管理人通过积极接管归集财产、追回个别清偿款120余万元等工作，维护

债权人利益最大化。2020 年 9 月初,债务人申请转为和解程序,并提交了和解协议方案。经债权人会议表决程序,和解协议获得表决通过。2020 年 9 月 17 日,法院裁定认可和解协议并终止和解程序。

破产和解制度的功能主要是预防破产、挽救债务人企业。换言之,通过和解程序调和债权人与债务人之间的关系,债务人的偿债得以一定程度上缓解,给予债务人继续经营的机会。[1] 本案是充分发挥和解制度保护功能,促进困境企业再生的典型案例。债务人虽陷入财务困境,但在建筑行业拥有良好的资质。和解程序有效避免了优质建筑资质丧失以及在建项目停工损失等不良后果,不仅维持了企业存续,化解了债务危机,而且将普通债权清偿比例从破产清算状态下的 18.9% 提升至 42% 以上,也为公司员工保住了就业,及时支付了农民工欠薪,避免了群体性事件风险。本案帮助企业修复信用、重塑企业形象等做法,对中小企业运用和解程序重获新生亦具有借鉴意义。

(三)核心法条

1.《企业破产法》

第九十五条 债务人可以依照本法规定,直接向人民法院申请和解;也可以在人民法院受理破产申请后、宣告债务人破产前,向人民法院申请和解。

债务人申请和解,应当提出和解协议草案。

第九十六条 人民法院经审查认为和解申请符合本法规定的,应当裁定和解,予以公告,并召集债权人会议讨论和解协议草案。

对债务人的特定财产享有担保权的权利人,自人民法院裁定和解之日起可以行使权利。

第九十七条 债权人会议通过和解协议的决议,由出席会议的有表决权的债权人过半数同意,并且其所代表的债权额占无财产担保债权总额的三分之二以上。

第九十八条 债权人会议通过和解协议的,由人民法院裁定认可,终止

---

[1] 参见张世君、郑侠:《破产和解制度价值实现的困境与出路》,载《首都师范大学学报(社会科学版)》2022 年第 5 期。

和解程序，并予以公告。管理人应当向债务人移交财产和营业事务，并向人民法院提交执行职务的报告。

第九十九条　和解协议草案经债权人会议表决未获得通过，或者已经债权人会议通过的和解协议未获得人民法院认可的，人民法院应当裁定终止和解程序，并宣告债务人破产。

第一百条　经人民法院裁定认可的和解协议，对债务人和全体和解债权人均有约束力。

和解债权人是指人民法院受理破产申请时对债务人享有无财产担保债权的人。

和解债权人未依照本法规定申报债权的，在和解协议执行期间不得行使权利；在和解协议执行完毕后，可以按照和解协议规定的清偿条件行使权利。

第一百零一条　和解债权人对债务人的保证人和其他连带债务人所享有的权利，不受和解协议的影响。

第一百零二条　债务人应当按照和解协议规定的条件清偿债务。

第一百零三条　因债务人的欺诈或者其他违法行为而成立的和解协议，人民法院应当裁定无效，并宣告债务人破产。

有前款规定情形的，和解债权人因执行和解协议所受的清偿，在其他债权人所受清偿同等比例的范围内，不予返还。

第一百零四条　债务人不能执行或者不执行和解协议的，人民法院经和解债权人请求，应当裁定终止和解协议的执行，并宣告债务人破产。

人民法院裁定终止和解协议执行的，和解债权人在和解协议中作出的债权调整的承诺失去效力。和解债权人因执行和解协议所受的清偿仍然有效，和解债权未受清偿的部分作为破产债权。

前款规定的债权人，只有在其他债权人同自己所受的清偿达到同一比例时，才能继续接受分配。

有本条第一款规定情形的，为和解协议的执行提供的担保继续有效。

第一百零五条　人民法院受理破产申请后，债务人与全体债权人就债权债务的处理自行达成协议的，可以请求人民法院裁定认可，并终结破产程序。

第一百零六条　按照和解协议减免的债务，自和解协议执行完毕时起，债务人不再承担清偿责任。

2.《九民纪要》

107. 充分发挥破产重整案件信息网的线上预约登记功能，提高破产案件的受理效率。当事人提出破产申请的，人民法院不得以非法定理由拒绝接收破产申请材料。如果可能影响社会稳定的，要加强府院协调，制定相应预案，但不应当以“影响社会稳定”之名，行消极不作为之实。破产申请材料不完备的，立案部门应当告知当事人在指定期限内补充材料，待材料齐备后以“破申”作为案件类型代字编制案号登记立案，并及时将案件移送破产审判部门进行破产审查。

注重发挥破产和解制度简便快速清理债权债务关系的功能，债务人根据《企业破产法》第九十五条的规定，直接提出和解申请，或者在破产申请受理后宣告破产前申请和解的，人民法院应当依法受理并及时作出是否批准的裁定。

（四）疑难问题解答

1. 破产和解、破产清算、破产重整三大制度的比较

《企业破产法》明确规定了破产和解、破产重整、破产清算三大制度，形成了“三驾马车”并驾齐驱的格局。[1] 但这三大制度各有自身的价值，共同构建起我国破产法律体系。相较于破产清算制度，破产和解制度能够充分调动债务人、债权人积极性，降低进入清算程序的高额成本，保留企业的运营价值，避免因企业解体而引发员工失业、经济动荡等社会问题。毕竟，申请破产的企业存在资不抵债且存在无力清偿到期债务的情形，部分原因是存在财务困境，即资金周转困境，并非因企业资产本身价值大跌，一味地适用破产清算制度不利于企业甚至是市场经济有序发展。相较于破产重整制度，破产和解制度达成的和解协议相对简单，可以赋予当事人最大限度的意思自治，能够就债权清偿问题畅所欲言，高效地实现企业的再生。从经济学的角度来看，成本与效率系制度考量的重要因素，破产重整需要公权力机关强有力地干预与介入，必然对当事人的谈判产生限制，并且破产程序较为复杂，不利于发挥资源的最大效用。相反，破产和解具有快速协商一致性，更

---

〔1〕 参见张朋敏、丁燕：《企业破产和解法律制度研究》，载《东莞理工学院学报》2021 年第 6 期。

可体现和解制度的优势所在。[1]

需要进一步说明的是,对于破产和解制度的功能定位存在不同争论。有学者认为,破产和解制度系旨在防止企业宣告破产而达成协议的破产预防制度;也有学者认为,破产和解重在终结债权债务关系。结合我国《企业破产法》以及《全国法院民商事审判工作会议纪要》的立法规定,破产和解制度兼具防止企业破产和清算债权债务的功能,从而实现各方利益的互利共赢。[2]

2. 破产和解相关制度的缺失

根据《企业破产法》第 96 条的规定,担保物权人自法院裁定破产和解即可实现担保物权的效力,赋予担保物权人的特殊保护。殊不知,该条规定在司法实务中不利于积极求生的破产企业进行和解协议的进程。例如,在破产和解纠纷中,法院裁定认可和解协议时,担保物权的债权人要求行使担保物权,此行为进一步加剧了陷入财务困境的企业的危机。这样一来,破产和解制度的适用似乎变得尤为困难。再者,根据《企业破产法》第 98 条的规定,和解程序终止后,管理人应当向破产企业移交事务,并向法院实时报告债权人财产接管、债权债务清理等内容。此种情况下,和解协议全靠债务人的自觉履行,易产生破产企业随意转移、隐匿财产的行为,无相应的监督机制进行规避。最后,破产和解、破产重整系我国破产法预防制度的有机统一体,构建多元且灵活的破产预防体系具有当然之义。[3] 但我国司法实务缺乏破产重整与破产和解制度间的转化机制。

3. 破产和解制度的完善

针对上述破产和解制度的缺失,需要进一步完善破产和解制度,使之发挥破产和解制度的价值。第一,适当限制担保物权人的权利。当担保财产系企业维持经营所必需的财产时,法院应在一定期间内限制担保物权行使的,仅限于和解协议所必需的情况。否则,这会导致和解程序的价值无法发挥,担保物权人的权益无法得到保护。第二,完善监督机制。有学者提出设

〔1〕 参见李永军、王欣新等:《破产法》,中国政法大学出版社 2017 年版,第 204 页。

〔2〕 参见张世君、郑侠:《破产和解制度价值实现的困境与出路》,载《首都师范大学学报(社会科学版)》2022 年第 5 期。

〔3〕 参见丁燕:《论"出售式重整"的经济法品格》,载《法学杂志》2016 年第 6 期。

立和解监督组，包括股东、律师等和解程序所必需的人才。[1] 此种说法有其一定的合理性，但在当下中国不具备破产管理人制度的背景下，很难从实践层面发挥其应有的作用。可利用外部的第三方机构——商会发挥监督职能，有效避免各方利益主体利益受损的风险，减少监督管理的成本。第三，创设破产和解制度的转换机制。在破产重整与破产和解程序方面，重整程序与和解程序的立法要义系注重主体之间的意思自治，即当事人自主提出转换申请且不妨碍对方利益之实现的，法律尊重当事人的行为选择。两种制度均为再建型制度，具有共同点、互为补充的特点。基于此，破产当事人认为重整耗时长，向法院申请进入破产和解程序未尝不可。[2]

（五）破产和解纠纷的实务操作

1. 诉讼主体

申请人：债务人。

2. 案由

《民事案件案由规定》将破产和解纠纷作为四级案由规定在内。

3. 管辖

根据《企业破产法》第 3 条的规定，破产案件由债务人住所地法院管辖。

4. 诉讼时效

《企业破产法》第 95 条第 1 款规定："债务人可以依照本法规定，直接向人民法院申请和解；也可以在人民法院受理破产申请后、宣告债务人破产前，向人民法院申请和解。"据此，破产和解应在宣告债务人破产前申请。

5. 诉讼请求

申请债务人破产和解。

四、申请破产财产追加分配纠纷

（一）申请破产财产追加分配纠纷的概念

"申请破产财产追加分配纠纷"，是指破产程序终结，破产企业法人资格

---

〔1〕 参见汤维建：《破产和解制度的改革与完善》，载《中国法学》1995 年第 2 期。

〔2〕 参见邹杨、丁玉海：《破产和解制度的反思：价值、规范与实践的统一》，载《海南大学学报（人文社会科学版）》2013 年第 6 期。

消灭后，在法定期限内发现破产企业还有可供分配的财产，经债权人请求，由法院按照破产财产分配方案进行分配。相较于破产财产分配而言，两者存在时间限制的不同：破产追加分配是指破产程序终结后，新发现属于破产人的可用于破产分配的财产并进而实施的分配程序；一般破产财产分配是指法院宣告债务人破产至破产程序终结期间实施的破产财产分配程序。

破产追加分配制度系我国破产法制度的重要组成部分，旨在通过对破产欺诈、偏颇清偿、错误等行为的遏制与纠正，以实现对破产财产的再发现与再分配。[1] 换言之，通过对破产财产的再发现和再分配，防止债务人恶意逃避债务的行为，使得全体债权人的债权全面受偿，实现对债权人更为有效的保护。但从立法到司法实践的衔接适用来看，实务中破产程序终结时间超过两年的情形时有发生，申请追加破产财产分配的债务人何去何从？破产管理人、清算组等向法院主张破产财产追加分配的该如何适用？破产追加可供分配的财产范围又该如何认定？这些问题反映出立法与司法实践存在不协调一致的情况，无疑是无法真正有效地发挥破产财产追加分配制度的价值优势。根据《企业破产法》第 123 条的规定，自破产程序依照该法第 43 条第 4 款或者第 120 条的规定终结之日起两年内，发现债务人存在以下行为的，债权人可以请求法院按照破产财产分配方案进行追加分配：(1)在法院受理破产申请前一年内，涉及债务人财产有无偿转让财产的、以明显不合理的价格进行交易的、对没有财产担保的债务提供财产担保的、对未到期的债务提前清偿的、放弃债权的行为；(2)法院受理破产申请前 6 个月内，债务人在资不抵债的情形下，仍对个别债权人进行清偿的行为；(3)债务人为逃避债务而隐匿、转移财产，虚构债务或者承认不真实的债务；(4)债务人的董事、监事和高级管理人员利用职权从企业获取的非正常收入和侵占的企业财产等情形，或是发现破产人有应当供分配的其他财产的债权人。笔者归纳总结追加分配的实务要点如下：

1. 申请追加分配的条件

(1)时间条件。破产程序已终结，追加分配必须以破产程序终结为前提，即清算完毕、重整计划执行完毕或和解协议履行完毕。(2)申请时效。

---

[1] 参见《追加分配：法律对债权人的最后保护线》，载四川省社会科学院法学研究院网 2005 年 10 月 8 日，http://www.sass.cn/925076/1784.aspx。

债权人须在破产程序终结后两年内提出申请，两年申请时效为除斥期间，不因任何事由中止或延长，超期则丧失权利。(3)程序条件。申请人资格可为债权人、管理人或法院依职权启动。债权人提出须向原破产受理法院提交书面申请及财产证据；管理人在发现财产后则应主动申请追加分配。司法实务中通常由管理人申请。

2. 追加分配的特征

(1)补充性与例外性。追加分配是破产程序的例外补充，仅在原分配未覆盖全部财产时启动，不改变原分配方案的基本框架。(2)财产范围有限性。仅限“新发现”或“新取得”的财产，且属于债务人并未被纳入原分配方案，法院需审查财产权属、价值及是否属于可分配范围。追加分配需扣除追收费用，如诉讼费、评估费等。

3. 破产追加分配与相关程序的衔接

(1)与执行回转程序的衔接。破产程序终结后，若发现原已分配的财产系错误执行或通过欺诈手段取得，如虚构债权参与分配，须通过执行回转程序追回财产，纳入追加分配范围。(2)与刑事追赃程序的衔接。若财产系刑事追缴所得，管理人应主动对接司法机关，须协调刑事与破产程序，确保追赃财产及时移交，优先分配给受害人。(3)与企业注销程序的衔接，企业注销后，原未分配财产原则上收归股东或国有，但若发现新财产须追加分配；极端情况下，如大规模财产隐匿的，债权人可申请撤销企业注销，恢复破产程序。若财产尚未分配至股东，法院可直接裁定追加分配，无须恢复企业主体资格。股东存在隐瞒或恶意转移财产的，债权人可主张股东在接收财产范围内连带清偿。若财产已上缴国库，须通过行政诉讼或协商程序追回。(4)与民事诉讼程序的衔接。破产终结后，新发现债权债务的，如发现债务人对外享有应收账款，债权人可通过独立诉讼确认债权，胜诉后执行款项纳入追加分配。

作为债权人的最后一道保护线，完善追加分配的法律规定会使债权人法律保护更趋完整。申请破产财产追加分配纠纷的关键在于法定除斥期间的适用问题、申请追加分配财产的主体限定条件、可供分配的财产的范围问题的认定。完善追加分配的法律规定可以促使债权人、破产管理人、法院三者更好地行使权利和承担义务，从而降低破产成本，提高破产效率，以及配套追加分配制度的监管制度的建立，从而能够使得破产财产追加分配制度更好地在实践中适用。

(二)典型案例分析

1. 申请追加分配的两年期间虽已届满,亦不应直接否定相关债权人申请启动执行程序的合理性

案例 | 白银公司破产清算组、光大兴陇信托公司执行案

审理法院:最高人民法院

案　　号:(2016)最高法执复69号

【基本案情】

2003年5月13日,甘肃省高级人民法院对白银公司偿还光大兴陇信托公司的借款本金713万元和利息予以立案执行。2003年11月13日,甘肃省高级人民法院对白银公司偿还光大兴陇信托公司本金3043万元以及利息予以立案执行。执行中,被执行人白银公司拒不履行法律义务,将其全部经营往来资金转存工商银行白银分行的封闭运行贷款账户,规避和对抗法院执行。2005年6月22日,甘肃省人民政府要求暂停对白银公司采取强制执行措施。

2007年5月,白银市中级人民法院受理白银公司的破产申请。2007年11月22日,白银市中级人民法院宣告白银公司破产并且终结破产还债程序。

2010年9月,光大兴陇信托公司向甘肃省高级人民法院申请对案件继续执行,并委托机构对白银公司的房产进行查封、评估。对此,白银公司清算组向甘肃省高级人民法院提出执行异议,请求解除查封,终结执行程序。甘肃省高级人民法院认为,履行法院生效裁判是宪法和法律规定的法定义务。原白银公司作为国有大型企业,非但不积极主动履行判决,反而想尽办法规避、对抗法院执行,甚至裹挟政府出面干预司法,要求法院停止执行,导致案件执行长期受阻,否则本案当年即可执行完毕,原白银公司对此负有全部过错责任。原白银公司申请破产时未将本案债权列入破产债权并报告破产法院,也未向本案债权人发出债权申报通知,破产清算时采取隐瞒欺骗手段,未将甘肃省高级人民法院查封的大量资产列入破产财产范围,是典型的恶意逃废债务行为,严重损害本案债权人利益,异议人关于本案债权灭失的理由显失公平,认为原被执行人白银公司债务无关不能执行的理由不能成

立。裁定驳回了白银公司清算组的异议。

白银公司清算组不服该裁定,遂提出复议。

【争议焦点】

破产终结程序已满两年后,债权人发现破产人有应当供分配的其他财产,能否申请启动执行程序?

【审理结果和裁判要点】

复议法院认为,破产程序属于概括的债务清偿执行程序。破产程序终结后,原则上不再可能根据个别债权人的申请启动个别执行程序,但如果确实存在异议裁定中实质上认定的本案执行中所查封的资产未被纳入破产财产,也未被政府收回的事实,那么该财产相当于破产终结后发现破产人有应当供分配的其他财产,则可依据《企业破产法》第123条向法院请求追加分配的可能。本案中,光大兴陇信托公司向法院提出财产的执行已超过两年的破产终结程序,则债权人无法通过《企业破产法》的程序获得救济的可能性。但是,实务中不应否定根据相关债权人信托公司的申请启动执行程序的合理性,债权人的分配可放在财产处分阶段予以考虑。

但本案异议裁定对于执行中所查封的资产未被纳入破产财产,也未被政府收回这一关键事实的认定,存在疑问,对白银公司清算组提供的相关证据需要进一步考虑,如有必要应进行实际调查。此外,异议裁定中对于本案债权人是否参与破产程序、其债权是否列入破产债权相关的下列事实也未充分查明:一是厂坝公司的破产与本案执行债权是否相关,涉案债权是否已被分别列入厂坝公司、白银公司的破产债权;二是债权人信托公司是否知道或应当知道白银公司破产程序,是否向白银市中级人民法院申报债权或参加破产程序;三是甘肃省高级人民法院是否知道或应当知道白银公司破产的情况,白银公司破产程序开始后直到2010年9月甘肃省高级人民法院决定对本案继续执行期间,本案执行处于什么状态。甘肃省高级人民法院应就上述相关事实问题进一步查明后,结合复议法院在法律适用方面的意见,重新作出裁定。复议法院最终裁定:撤销甘肃省高级人民法院(2016)甘执异15号执行裁定,发回甘肃省高级人民法院重新审查。

根据《企业破产法》第123条的规定,裁定终结破产程序之日起两年内,发现可供分配的财产应当追加分配。此两年除斥期间系实施追加分配的除斥期间，自破产程序终结之日起计算，不能延长或终止；在两年除斥期间后发现的可供分配的财产，不可追加分配，因为无期间限制地追加分配不利于破产人的利益，也影响法院审理破产程序的效率。[1] 这说明破产法规定的破产财产追加分配具有其时间限制条件，但是实务中全盘否定债权人对财产的合法权益似乎与破产法的公平清偿债务，维护债权人利益的立法理念相冲突。因此，为了给予债权人相应的救济措施，实务中应当综合案情确定是否受理债权人提出执行程序的申请。

2. 破产终结程序后，债权人仍可起诉股东，在认缴出资范围内承担偿付责任而主张追加破产分配

案例 | 吴某微、冯某婷与俞甲、刘某等股东损害公司债权人利益纠纷案

审理法院：上海市宝山区人民法院

案　　号：(2021)沪0113民初4375号

【基本案情】

上海菱芮公司成立于2014年8月，周某持股51%，俞乙持股49%。发生股权转让后，周某、俞乙将股权转让给俞甲、俞丙，俞丙又转让给俞甲、刘某。吴某微于2015年至2016年先后出借70万元给菱芮公司，并未归还。经过法院判决和执行，吴某微并未执行到款项。对此，吴某微、冯某婷向法院申请菱芮公司破产，上海市第三中级人民法院作出宣告该公司破产并终结破产程序的裁定，同时确认了吴某微的债权。

俞甲、刘某、俞乙、俞丙、周某五人作为菱芮公司的股东和发起人，均未履行任何出资义务，且俞甲、刘某怠于履行义务，导致菱芮公司账册、重要文件等灭失而无法清算，严重损害公司债权人利益，吴某微、冯某婷向上海市宝山区人民法院起诉，主张俞甲、刘某、俞乙、俞丙、周某五被告就菱芮公司向原告承担连带清偿责任。

【争议焦点】

(1)两原告是否有权在菱芮公司破产终结后共同起诉菱芮公司股东在

---

[1] 参见杨万明主编、最高人民法院研究室编著：《最高人民法院新民事案件案由规定理解与适用》，人民法院出版社2021年版，第1143页。

认缴出资范围内承担偿付责任?

(2)五被告是否都应承担偿付责任?

【审理结果和裁判要点】

第一,关于两原告是否有权在菱芮公司破产终结后共同起诉菱芮公司股东在认缴出资范围内承担偿付责任的问题。

法院认为,根据《企业破产法》第35条的规定,法院受理破产申请后,债务人的出资人尚未完全履行出资义务的,管理人应当要求该出资人缴纳所认缴的出资,而不受出资期限的限制。根据《企业破产法》第123条的规定,当发现破产人有应当供分配的财产的,债权人可以在破产终结之日2年内请求法院按照破产财产分配方案进行追加分配。该规定中的"应当供分配的财产"应包括破产企业股东应加速到期的出资。在菱芮公司破产程序中,虽然菱芮公司管理人未向菱芮公司股东主张出资加速到期,但菱芮公司已经破产终结且未能清偿债权人债务,菱芮公司各认缴出资股东的出资加速到期责任不能自然免除。

菱芮公司破产案已经债权申报公告、债权人会议核查程序,且(2019)沪03破164号之一号裁定书确认了菱芮公司的所有债权人即吴某微、冯某婷以及二人各自的债权金额,此系对债权人人数及债权金额的固定。另外,《企业破产法》第56条规定:"在人民法院确定的债权申报期限内,债权人未申报债权的,可以在破产财产最后分配前补充申报;但是,此前已进行的分配,不再对其补充分配。为审查和确认补充申报债权的费用,由补充申报人承担。债权人未依照本法规定申报债权的,不得依照本法规定的程序行使权利。"此处的"破产财产最后分配前"应是指债务人被宣告破产后在裁定终结破产程序前的最后分配。在债务人破产且法院裁定终结破产程序后,不应再增加新的债权人。如果发现破产企业有新的可供分配的财产须追加分配,也只能在终结破产程序前法院已经裁定确认的债权人之间进行分配;否则,会导致破产程序的过分拖延、司法资源的浪费和法律关系的长期不稳定。因此,本案在菱芮公司股东尚未履行出资加速到期义务即已破产终结的情况下,作为在菱芮公司破产终结前已确认的全部债权人(吴某微、冯某婷),有权共同要求菱芮公司股东在认缴出资义务范围内继续清偿菱芮公司的债务。

需要指出的是,本案两原告并非单独起诉要求菱芮公司股东个别清偿,而是作为菱芮公司经司法裁定确认的全部债权人共同起诉，其实质属于债务人企业破产后对可供分配财产（加速到期出资）的追加分配。追加分配既可以由债权人委托原管理人（或新管理人）出面主张权利并主持分配；在债权人较少的情况下，也可以由债权人直接共同起诉要求按照原破产财产分配方案或债权人之间约定的分配比例直接分配财产（后一种方式还可减少分配成本）。本案在所涉菱芮公司破产案件程序中因菱芮公司管理人无法接管财务资料、债务人财产不足以清偿破产费用等原因，未能形成破产财产分配方案，在这种情况下，现两原告在起诉时即明确约定了若执行到款项在两原告之间的分配比例，此做法与法不悖，符合《企业破产法》追加分配规定的立法本意。

综上所述，在菱芮公司股东于菱芮公司破产程序中未被追究加速到期责任、菱芮公司未能清偿债权人债务的情况下，两原告作为在破产程序中确认的菱芮公司所有债权人，有权共同起诉菱芮公司股东在认缴出资范围内偿付菱芮公司债务。

第二，关于五被告是否都应承担偿付责任的问题。

法院认为，在股东加速到期责任已确定的情况下，相关未实缴出资的股东对公司债务的责任应参照适用《公司法》及相关司法解释的规定。根据查明事实，五被告之前均未对菱芮公司有过实际出资或支付过股权转让款。被告俞甲和刘某系菱芮公司破产时的股东，在破产程序中未履行出资加速到期义务的情况下，自然应在本案中承担对两原告的偿付责任。

周某、俞乙辩称其在两原告对菱芮公司的债权产生之前即已转让公司股权，不应承担责任。对此法院认为，周某、俞乙系菱芮公司注册成立时的股东，系公司的发起人，根据《公司法解释（三）》的相关规定，周某、俞乙应对俞甲、刘某的偿付责任承担连带责任。俞丙转让菱芮公司股权的行为发生于两原告的债权已经法院判决确认之后，故不能免除其对后续股东加速到期责任的连带责任。另外，最高人民法院《关于民事执行中变更、追加当事人若干问题的规定》第 19 条规定：“作为被执行人的公司，财产不足以清偿生效法律文书确定的债务，其股东未依法履行出资义务即转让股权，申请执行人申请变更、追加该原股东或依公司法规定对该出资承担连带责任的发起人为被执行人，在未依法出资的范围内承担责任的，人民法院应予支持。”该规定虽针对执行追加当事人程序，但在股东履行加速到期责任的破产程序或追加分配程序中,亦可参照适用,故俞丙亦应对俞甲、刘某的偿付责任承担连带责任。

本案中,菱芮公司的股东并未完全履行出资义务,作为债权人的吴某微有权要求上海菱芮公司的股东承担连带清偿责任,且该追回的财产属于可供追加分配的财产。在菱芮公司宣告破产并终结破产程序后,该公司经破产程序确认的所有债权人(两原告)要求在破产程序中未履行出资加速到期责任的公司股东在应加速到期的认缴出资范围内偿付债权人的债权,且两债权人约定了若执行到位款项在彼此间的分配比例,其实质属于破产后的追加分配财产。法院判决五被告对两原告承担偿付责任,符合我国《企业破产法》及《公司法》的相关规定和法理精神,也有助于促进破产案件审理效率的提升和债权人权益的保护,有利于遏制资本认缴制下借助破产逃避债务的行为。

3. 破产终结程序后,管理人有效追回财产可追加财产分配程序

案例 | 浙江家园门业公司等三公司合并破产清算案

审理法院:浙江省江山市人民法院

出　　处:2020 年浙江法院破产审判十大典型案例之七

【基本案情】

浙江家园门业公司、浙江铭家宝宅门业公司、江山市华府贸易公司(以下简称家园门业等三公司)是门类生产、销售企业。由于经营不善,发生资金链断裂、企业停工停产等问题,大量该公司债权人起诉。2017 年 9 月 15 日,江山市人民法院通过执转破程序依法受理家园门业等三公司破产清算案件。2017 年 12 月 11 日,因人员、资金等高度混同,江山市人民法院裁定家园门业等三公司实质合并清算。家园门业等三公司名下房产、土地等主要资产在执行程序经司法拍卖变价清偿抵押权人。进入破产清算程序后,因无财产可供分配,江山市人民法院裁定终结家园门业等三公司破产程序。

管理人结合家园门业等三公司财务资料及部分债权人提供的线索,发现存在应当追回的财产。为了最大限度地保护债权人的利益,一年内,管理人前往湘潭、惠东、桂林、南宁、上海等地开展应收款破产财产催收工作。同时,通过政策适用向江山市财政局申报资产处置退税补助,最终取回资金共 647.1 万元。

【争议焦点】

破产终结程序后，管理人有效追回应当追回的财产，能否据此主张追加财产分配程序？

【审理结果和裁判要点】

本案中，破产程序终结后，管理人结合公司财务资料以及部分债权人线索，发现应当追回的财产并据此积极采取破产财产催收工作，最终取回资金647.1万元。为了更好地实现企业破产财产的再发现以及再分配，简化追加分配程序，由法院主持会议，会前提前将债权表提交债权人核查债权，一次债权人会议完成分配表决事项，减少债权人程序负担。2020年6月召开债权人会议，表决通过《破产财产分配方案》。通过追加分配，最终实现垫付的劳动债权、税收债权100%清偿，88位普通债权人补充清偿率达3.04%，提高了清偿率。

追加分配的价值之一是破产财产价值最大化，最大限度保障债权人利益。毕竟破产清算程序下债权人债权无法完全实现，而追加分配制度旨在减少债权人的损失，提供更多的破产分配可能性。[1] 本案中，管理人在破产程序终结后及时发现有待追回的破产财产线索，基于破产价值最大化、保障债权人利益之功能定位的目的，家园门业等三公司进行追加分配，从而实现债权清偿率相应程度的提高。

追加分配是破产制度的重要组成部分，其核心要义是对企业破产财产的再发现和再分配。本案是程序终结后两年内积极追收破产财产并追加分配的典型案件。该案在现行《企业破产法》及相关司法解释对于追加分配程序规定较为原则、实践层面缺乏统一操作指引的情况下，在法律框架内进行了探索，为该类型的破产案件审理提供了思路。

（三）核心法条

1.《企业破产法》

第一百二十三条　自破产程序依照本法第四十三条第四款或者第一百二十条的规定终结之日起二年内，有下列情形之一的，债权人可以请求人民

---

〔1〕 参见崔明亮：《论破产追加分配》，载《法治研究》2018年第6期。

法院按照破产财产分配方案进行追加分配：

（一）发现有依照本法第三十一条、第三十二条、第三十三条、第三十六条规定应当追回的财产的；

（二）发现破产人有应当供分配的其他财产的。

有前款规定情形，但财产数量不足以支付分配费用的，不再进行追加分配，由人民法院将其上交国库。

2.《审理企业破产案件规定》

第九十七条 破产程序终结后，由清算组向破产企业原登记机关办理企业注销登记。

破产程序终结后仍有可以追收的破产财产、追加分配等善后事宜需要处理的，经人民法院同意，可以保留清算组或者保留部分清算组成员。

第九十八条 破产程序终结后出现可供分配的财产的，应当追加分配。追加分配的财产，除企业破产法第四十条规定的由人民法院追回的财产外，还包括破产程序中因纠正错误支出收回的款项，因权利被承认追回的财产，债权人放弃的财产和破产程序终结后实现的财产权利等。

3.《九民纪要》

118. 人民法院在审理债务人相关人员下落不明或者财产状况不清的破产案件时，应当充分贯彻债权人利益保护原则，避免债务人通过破产程序不当损害债权人利益，同时也要避免不当突破股东有限责任原则。

人民法院在适用《最高人民法院关于债权人对人员下落不明或者财产状况不清的债务人申请破产清算案件如何处理的批复》第 3 款的规定，判定债务人相关人员承担责任时，应当依照企业破产法的相关规定来确定相关主体的义务内容和责任范围，不得根据公司法司法解释（二）第 18 条第 2 款的规定来判定相关主体的责任。

上述批复第 3 款规定的“债务人的有关人员不履行法定义务，人民法院可依据有关法律规定追究其相应法律责任”，系指债务人的法定代表人、财务管理人员和其他经营管理人员不履行《企业破产法》第 15 条规定的配合清算义务，人民法院可以根据《企业破产法》第 126 条、第 127 条追究其相应法律责任，或者参照《民事诉讼法》第 111 条的规定，依法拘留，构成犯罪的，依法追究刑事责任；债务人的法定代表人或者实际控制人不配合清算的，人民法院可以依据《出境入境管理法》第 12 条的规定，对其作出不准出境的决定,以确保破产程序顺利进行。

上述批复第 3 款规定的“其行为导致无法清算或者造成损失”,系指债务人的有关人员不配合清算的行为导致债务人财产状况不明,或者依法负有清算责任的人未依照《企业破产法》第 7 条第 3 款的规定及时履行破产申请义务,导致债务人主要财产、账册、重要文件等灭失,致使管理人无法执行清算职务,给债权人利益造成损害。“有关权利人起诉请求其承担相应民事责任”,系指管理人请求上述主体承担相应损害赔偿责任并将因此获得的赔偿归入债务人财产。管理人未主张上述赔偿,个别债权人可以代表全体债权人提起上述诉讼。

上述破产清算案件被裁定终结后,相关主体以债务人主要财产、账册、重要文件等重新出现为由,申请对破产清算程序启动审判监督的,人民法院不予受理,但符合《企业破产法》第 123 条规定的,债权人可以请求人民法院追加分配。

(四)疑难问题解答

1. 破产追加分配之诉的诉讼主体

依据《企业破产法》第 123 条破产追加分配制度的相关规定,结合破产程序中相关事实等综合进行分析,以解决主体事项。

(1)破产追加分配之诉的原告

首先,是债权人。根据《企业破产法》第 122 条的规定,除存在诉讼或仲裁未决的情况外,管理人于办理注销登记完毕的次日已经终止职务。而《企业破产法》第 123 条明确,债权人可以请求法院按照破产财产分配方案进行追加分配。因此,当发现新的可供分配财产时,债权人可以通过诉讼方式行使权利,追回财产并进行追加分配。

其次,是管理人,管理人作为原告是由其在破产程序中的地位和作用决定的。《破产审判纪要》将管理人在破产程序中的地位和作用描述为“管理人是破产程序的主要推动者和破产事务的具体执行者”。针对该问题,笔者希望在我国《企业破产法》修改的过程中建立管理人恢复履职制度。

(2)破产追加分配之诉的被告

追加分配之诉的被告为债务人的财产占有人,根据责任主体的不同而可能存在区别。除了《企业破产法》第 123 条第 1 项明确规定的符合《企业破产法》第31条、第32条、第33条、第36条的情况外,还可能出于追缴出资人出资、追究董事、监事和高级管理人员以外侵占公司财产责任人的责任的目的提起破产追加分配之诉。债务人财产相应占有人即为被告。在管理人作为原告行使破产撤销权与债权人作为原告行使撤销权等诉讼中被告或有不同,当管理人行使破产撤销权时,被告为交易相对人;当债权人行使债权人撤销权时,破产企业与交易相对人应为共同被告或将破产企业列为第三人。

在破产企业已注销登记情形下,原股东或清算责任人、管理人亦可能成被告。

2. 破产追加财产分配的界定

破产财产的分配是破产财产追加财产分配的上位概念。破产财产分配是指破产财产按照法律规定的债权清偿顺序和案件实际情况决定的受偿比例向债权人进行清偿的顺序;[1] 而破产追加财产分配增加了破产终结程序结束后(最后分配之后可能出现可供分配的破产财产)这一时间条件。基于此,我国《企业破产法》第123条明确了破产追加分配财产的含义。具体而言,追加分配财产具有以下特征:第一,追加财产具有一定的或然性,即必须存在可供分配的财产的情形,倘若破产财产最后全部分配完毕,则无追加分配的适用。第二,破产分配发生在破产程序终结之后的两年内;追加分配财产的来源系侵占公司财产行为、非正常收入、无效行为等而追回的财产;追加分配存在必要性的前提条件,倘若发现破产财产,但已经因法律或者事实上的原因无法收回,那么无适用追加分配的价值性。

追加分配破产财产既符合破产法的立法要旨,也具有自身多元化的价值含义。首先,通过破产财产的追加分配保障债权人的利益,减少债权人的利益损失,推动破产财产价值的最大化。其次,通过破产的追加分配能够有效纠正企业中存在的偏颇清偿、侵占公司财产等行为。最为重要的是,破产的追加分配能够完善破产制度体系的完整度,有效衔接破产撤销权制度、管理人制度等规则。[2]

---

〔1〕 参见王欣新:《破产法》,中国人民法学出版社2011年版,第287页。

〔2〕 参见崔明亮:《论破产追加分配》,载《法治研究》2018年第6期。

3. 追加破产分配的适用困境

我国《企业破产法》第 123 条规定了破产财产追加分配情况，但是在司法实践中并非与立法向协调一致。第一，法定的除斥期间呈现虚置化的趋势。例如，在上述典型案例 1 白银公司破产清算组、光大兴陇信托公司执行案中，光大兴陇信托公司超过破产终结程序的两年期间向甘肃省高级人民法院请求继续执行，最高人民法院认为光大兴陇信托公司请求追加的破产财产并无不当，转化为执行程序予以财产处分。此做法变相承认了破产追加财产而非机械地适用法律规定。第二，追加分配主体的不一致性。根据《企业破产法》第 123 条的规定，债权人有申请追加分配的权利。但在实践中，存在破产管理人或者破产清算组申请追加财产分配的情形，无疑是与立法不一致。例如，在南方证券破产案[1]中，深圳市中级人民法院指定破产清算组并裁定终结破产程序，后南方证券破产清算组向深圳市中级人民法院主张追加分配申请，法院予以相应认可。第三，《企业破产法》较为抽象地确定追加分配程序规定，但并未建立相应的监督机制。这样一来，破产财产的追加分配存在适用的漏洞，无法真正地发挥破产追加分配的价值性。

针对上述漏洞，笔者认为，破产财产追加分配制度应当予以完善。就除斥期间而言，应追加分配除斥期间的修正。法律规定的两年除斥期间与我国现实的追加分配实践的需求存在矛盾，并未考量追加分配的财产标的额大、法律关系复杂等现实困难情况，应考虑适当延长追加分配的财产的除斥期间。就追加分配的主体而言，破产管理人亦有权向法院申请按照破产财产分配方案进行追加分配，毕竟管理人本身处理债务人企业的众多事务，完成追加分配可理解为其职责的延伸情形。期待我国破产法律进一步完善对追加分配的期间、主体及监管制度等方面的规定。

4. 破产终结后破产人的债务与债权之关系

理想情况下，破产程序终结后，破产人的债权债务不可逆，即并不存在债权人追回遗漏破产财产的空间。但立法中与实践中，破产财产的追加分配即为债务人债权不可逆的例外，其背后折射的理念则是通过对破产人的破产财产的再发现和再分配，遏制破产人的恶意逃债行为，最大化保障债权人的利益。深究而言，破产人的债务并不发生逆转，破产程序已明确定的债

[1] 参见广东省深圳市中级人民法院民事裁定书，(2006)深中法民七字第 26 号。

权人、债权性质、数额、受偿比例;而破产人的债权基于追加分配制度的立法宗旨具有其适用可能性,这一观点在《九民纪要》第 118 条中亦得到了相应认可,以完善对债权人的法律保护。

(五)申请破产财产追加分配纠纷的实务操作

1. 诉讼主体

(1)申请人:债权人或管理人。

(2)被申请人:债务人财产占有人。

2. 案由

《民事案件案由规定》将追加破产分配纠纷作为四级案由规定在内。

3. 管辖

根据《企业破产法》第 21 条的规定,法院受理破产申请后,有关债务人的民事诉讼,只能向受理破产申请的法院提起。

4. 诉讼时效

法律没有明确规定追加分配的期限,债权人应当在发现未分配财产或新财产线索后的合理时间内向法院提出申请,以避免丧失权利。通常应根据《民法典》第 188 条的规定,向法院请求保护民事权利的诉讼时效期间为 3 年。法律另有规定的,依照其规定。诉讼时效期间自权利人知道或者应当知道权利受到损害以及义务人之日起计算。自权利受到损害之日起超过 20 年的,法院不予保护;有特殊情况的,法院可以根据权利人的申请决定延长。

5. 诉讼请求

请求撤销分配行为/追缴出资/追回财产并追加分配财产。

结　语

合上本书的最后一页，破产衍生诉讼的复杂图景宛然在目。从个别清偿撤销之诉的“硝烟四起”，到重整计划批准裁定的“一锤定音”，每一场诉讼都是法律规则与商业逻辑的激烈碰撞，亦是市场出清与利益平衡的艺术呈现。

破产法的魅力，正在于其“动态法治”的特质。随着个人破产制度的破冰、跨境破产规则的衔接、数字资产处置的革新，衍生诉讼的裁判规则必将持续演进。万变不离其宗的是“对债权人实质公平的追求”“对市场效率的尊重”“对困境企业再生可能性的审慎考量”这三大价值内核，此亦应当成为所有破产法律人的思维坐标。

最后，借用英国诗人约翰·多恩的诗句：“没有人是一座孤岛。”在破产法的世界里，债权人、债务人、投资人、职工等多元主体的命运因法律程序而交织。作为法律职业共同体的一员，愿我们始终以敬畏之心对待每一场破产衍生诉讼，因为那不仅关乎个体权益的得失，更维系着市场经济法治化的根基。

张雪莲

2025 年 6 月 28 日